Das Gruppenbild auf dem Vor- und Nachsatz zeigt die Familie des Dichters und wurde anläßlich des 70. Geburtstages von Peter Rosegger (31. Juli 1913) aufgenommen.

Vordere Reihe von links nach rechts: Frau Paula Rosegger, geb. Hafner (Frau von Dr. Sepp Rosegger); Traudl Laurin, Enkelin, Tochter von Franz und Grete Laurin; Frau Anna Rosegger, des Dichters zweite Frau; Peter Laurin, Enkel, Sohn von Franz und Grete Laurin; dahinter Helfried Rosegger, Enkel, jüngerer Sohn von Dr. Sepp und Paula Rosegger; Peter Rosegger; Walter Rosegger, Enkel. älterer Sohn von Dr. Sepp und Paula Rosegger; Martha Rosegger, jüngste Tochter des Dichters.

Hintere Reihe von links nach rechts: Dr. Hans Ludwig Rosegger, jüngerer Sohn des Dichters; dessen Frau Emilie, geb. Börner; Dr. Bernhard Paumgartner, künftiger Schwiegersohn des Dichters, zur Zeit verlobt mit Martha; Frl. Hedwig Hafner, Paula Roseggers Schwester; Dr. Sepp Rosegger, älterer Sohn des Dichters; Anna Rosegger, älteste Tochter des Dichters; Grete Laurin, geb. Rosegger, mittlere Tochter des Dichters; deren Mann Franz Laurin, Linienschiffskapitän.

Eine Gemeinschaftsausgabe von L. Staackmann Verlag KG, München,
und Österreichischer Agrarverlag, Wien
Alle Rechte vorbehalten
© L. Staackmann Verlag KG, München
Gesamtherstellung: Wiener Verlag, Wien
ISBN 3 920 897 71 4

INHALT

GELEITWORT

Wie ich dazukomme, ein Geleitwort zu dieser Ausgabe von »Mein Weltleben« zu schreiben, ist mir nicht ganz klar. Sicher bin ich nicht berufen, aber ich wurde vom Rosegger-Verleger Staackmann dazu auserwählt.

Ich kann und will die Biographie unseres Peter Rosegger nicht kommentieren, ich möchte nur meine Beziehung zu unserem Waldheimatsohn erzählen:

Lieber Leser, im Kapitel »Unsere Nachbarschaft« steht geschrieben: »Auf derselben Sonnleiten, auf der das Großheidenbauernhaus stand, hatte sich auch in gleicher Höhe vor soviel hundert Jahren der Kleinheidenbauer festgesetzt ... die Söhne des Heidenbauers waren meine Jugendgenossen ...«

Auch hatte sein erster Lehrer, der gute Michel Patterer, beim Kleinen Heidenbauer seine Schule eingerichtet, als der Peterl anfing, sich mit dem Abc zu befassen: »... die Schule war damals beim Kleinen Heidenbauer, unserem Hause gegenüber auf dem Berge, jenseits des Fresenbaches, der Alpl durchzieht ... Da saßen wir in der Gesindestube um den großen Tisch herum ...«

Von diesem Hofe, dem Kleinen Heidenbauer, stamme ich. Mit einer Schar von Geschwistern — zehn sind wir im ganzen — besuchte ich die Rosegger-Waldschule. Schon im Schulalter wurde mir durch unseren damaligen Waldschulmeister Walter Kandler auch die menschliche Größe unseres Waldpoeten bewußtgemacht. Vorerst las ich mit Begeisterung die Waldheimatgeschichten und fand darin soviel Ähnliches zu meinem Aufwachsen. »Als ich zum Pfluge kam«, wer kennt sie nicht, diese Geschichte voll der Plage, aber auch voll Stolz. Wie ist sie mir auch oft schwer geworden, die harte Bergbauernarbeit, und sie hat doch immer befriedigt.

Auf derselben steilen Leiten am Kluppenegg, auf welcher der »Lenzen-Peterl« einst pflügte, hab ich einmal als Bub mit Jochochsen Heu geführt. Damals konnte ich nicht ahnen, daß mich einst das Schicksal zum Betreuer des Kluppeneggerhofes werden ließe. Vor zwölf Jahren bin ich über den Freßnitzgraben von der Sonnseite des Heidenbauern zur Schattseite des Kluppenegger herübergewechselt, um im Auftrag des Landes Steiermark das Geburtshaus Peter Roseggers und das Kluppeneggergut zu verwalten. In dieser Zeitspanne waren an die 350.000 Besucher beim Rosegger-Geburtshaus, und nur mit der tatkräftigen Hilfe meiner Frau Maria, die aus einem Bauernhof aus St. Kathrein am Hauenstein stammt, konnte ich meiner Aufgabe hier als Betreuer und Führer gerecht werden.

Mit vielen Rosegger-Verehrern bin ich ins Gespräch gekommen. Alle waren tief beeindruckt von dem Wunder »Peter Rosegger«. Wie konnte sich in dieser Weltabgeschiedenheit, in solch schlichter Bergbauernfamilie, ohne richtige Schulbildung, ein so großer Geist entfalten? Wenn uns auch dieses Buch helfen mag, manches zu begreifen, wenn wir auch sagen wollen, das Talent war angeboren, so bleibt doch das Wunder der Kraft, sich gegen alle Widrigkeiten, die unseren Schneiderpeterl beharrlich bis zu seinem 22. Lebensjahr verfolgten, durchzusetzen.

Für die Alpler Bauern war der schreibende Schneidergeselle vorerst nichts anderes als ein Spinner.

In der Lebensbeschreibung des fünfzehnjährigen Bauernbuben steht zu lesen: »Ein Haubtstück in meiner Jugend war auch dieses, das ich ville feinde hatte, den in der Nachbarschaft waren mir die Leide nicht hollt, obzwar ich auch wie andere Arbeitten mußte, so sagten sie doch: Er, der Lenzen Peterl sitzt den ganzen Dag in der Stuben, und Krazelt indem mir fremde Leide Holt und Gutt waren, und so kam es das ich mich manchmal hinaussähnde in die Weide Weld, um dort bei den Fremten mein Glück zu suchen . . .«

Und nachher, als er in der weiten Welt schon längst Anerkennung gefunden hatte, war er für die Einheimischen noch immer der »Lugndichter«. Daß man davon überhaupt leben konnte? Im Kapitel »Mein Heimweh«: Ein galliger Kleinhäusler rief mir zu: »Da ist er ja wieder, der Stadtzottel, der zu den Herrischen gegangen ist, weil er nit arbeiten will!« Auch störte die Waldbewohner, daß sie nicht immer ganz vorteilhaft davonkamen in seinen Waldheimatgeschichten und daß er dem Waldbauernbuben manches andichtete, was eigentlich andere erlebt hatten.

Im Vorwort zur »Waldheimat« sagt Rosegger: »Wenn ich nun aber in diesem Buche von Kindheits- und Jugendtagen des Waldbauernbuben erzähle, so muß man diesen Buben nicht allemal gerade auf meine Person beziehen. Man kann es tun, aber mit einiger Vorsicht. Die Erzählungen wollen zu jener Gattung von Wahrheit gehören, welche durch den Poeten ins allgemeine gehoben wird und den ganzen Menschen zeigt.« Und erst die Romane! Soviel erdichtetes Zeug.

Rosegger hat uns diesen Argwohn Gott sei Dank nicht übelgenommen. Er hat uns die Waldschule gebaut, und als wir dort lesen lernten, begannen auch wir unseren Rosegger zu verstehen.

Zu guter Letzt hat er dann ja doch noch ganz wahre Geschichten geschrieben, nämlich: »Mein Weltleben«. »Man muß gerungen haben ums tägliche Brot, man muß einmal aus einer schweren Krankheit genesen sein, man muß Gutes empfangen und Gutes gegeben haben, man muß sich ein Haus gebaut und einen geliebten Menschen gefunden und einen geliebten Menschen sterben gesehen haben, um zu wissen, was Leben ist.« In dieser Reife ist »Mein Weltleben« geworden. Darum kann man es als wertvolle Ergänzung zu seinem erfolgreichsten Werk »Waldheimat« betrachten. Wer Rosegger in seinem ganzen reichen Leben, das jedem von uns soviel geben kann, begleiten will, braucht diese Bände.

Leider war »Mein Weltleben« nun lange Zeit vergriffen. Es ist ein großes Verdienst des Staackmann-Verlages, wenn er durch eine Neuauflage diese Lücke wieder schließt und damit getreu seinem Streben, wertvolle Literatur zu verbreiten, nachkommt. Denn solange Gutes wirken kann, wird Böses zu erkennen sein!

Ich freue mich ehrlich über dieses Buch und möchte dich, lieber Rosegger-Verehrer, bitten, sei zu Gast bei unserem großen Sohn der schönen Waldheimat, bei Peter Rosegger, in »Mein Weltleben«.

Alpl, im Oktober 1977   *Franz Leitner*

MEINE ELTERN

Zuerst von der Mutter.

Vor vierzig Jahren, als ich ihren Todestag habe erleben müssen, sang ich ihr ein heißes, ein fast wildes Schmerzenslied. Seither ist jeder Erinnerungstag sanfter geworden und friedlicher und fröhlicher, und heute ist sie mir keine Gestorbene mehr; sie lebt wieder in jener Gestalt, wie sie mich als Knaben über die beblümten Felder hat geführt und liebliche Lieder gesungen, wie sie mich durch dämmernden Fichtenwald hat geleitet und viel heilige Mär hat erzählt von den Himmlischen, und auch von den Irdischen, die vor uns gewesen sind im Waldlande.

Der Wald war meiner Mutter angestammte Heimat. Aus seinem Dunkel kam sie heraus mit ihren wundersamen Geheimnissen, mit denen sie mich hat erfüllt. Sie war die Tochter eines Mannes, der in den Wildnissen des Kreßbaches und des Teufelssteingebirges die gefällten Hochwaldstämme zu kostbaren Kohlen glutete, wie sie die Hammerschmieden des Mürztales in jenen Zeiten benötigt haben. Und außer Kohlenbrenner ist ihr Vater — wie mir oft erzählt worden — auch Schulmeister gewesen, in dessen Hütte die Kinder der Holzknechte, Jäger und Kleingütler zusammenkamen, um das Lesen schwarzgedruckter Bücher und das Zeichnen der Rechnungsziffern zu lernen. Das Schreiben hat dieser Schulmeister die Kinder nicht gelehrt, weil er es selber nicht gekonnt hat. Und die beiden »schwarzen Künste«, die der Mann trieb, setzten ihn nicht in die Macht, seine Familie zu ernähren. Sein Weib stand auf einem nachbarlichen Kleingütel als Dienstmagd; auch das Töchterlein hatte sie bei sich, die kleine Maria mit dem dunklen Haar und den braunen Augen. Die Kleine wurde freilich nicht erzogen, wie man Kinder erzieht, nur die Bauernarbeit wurde ihr beigebracht, daß sie sich recht bald ihr Brot verdiene. Und als sie Heuen und Kornschneiden konnte, da konnte sie auch aus der Hauspostille lesen, wie es ihr ganz mühelos und nebenbei der Vater beigebracht. Dann kam die Maria auch auf den Allitschhof, der in Krieglach-Alpel noch heute als eines reichen Herrn Jagdhaus steht; dort diente sie etliche Jahre für Kost, Pflege und das allernotwendigste Gewand. Geldlohn gab es damals kaum in der Gegend, man brauchte auch kein Geld, weil jeder eine große Erbschaft bei sich trug — die Bedürfnislosigkeit. Von der freilich manchmal Übermenschliches verlangt worden sein mag.

Zu jener Zeit lebte in demselben Alpel ein junger Mensch, der nach des Vaters frühem Tode mit seiner Mutter einen großen Bauernhof zu bewirtschaften hatte. Schon seit Jahrhunderten saßen seine Vorfahren auf demselben Hof, insgemein genannt »beim Kluppenegger«. Sie waren arbeitsam und strenge und hochgeachtet und haben zeitweise das Richteramt geführt in der entlegenen Waldgemeinde. Sie sollen in der großen Hausstube unter einer Diele des Fußbodens eine Bibel verborgen gehalten haben, von der Reformationszeit her.

Dieser junge Mensch nun war eines Tages vor seine Mutter hingetreten mit folgender Darlegung: »Mutter! Von der Kuhhaut ist Leder übriggeblieben. Jetzt kommt der Winter, und das jüngere Dienstdirndel im Allitschhof geht barfuß. Soll ich ihm nit ein Paar Schuhe machen lassen?«

Die Mutter aber war ein strammes Weib, die antwortete: »Uh mein! Wieviel Jungleut gehen nit barfuß! Was kümmerst dich du just um die Allitschhofer Dirn?«

»Sie müßt's ja nit wissen, von wem die Schuh' kommen«, sagte er.

Da schaute sie ihm prüfend ins Gesicht, das er abwendete. Er hatte sich verraten.

»Wenn Leder da ist — meinetwegen!« Das war endlich der Mutter Bescheid. Eine Woche später hat die junge Maria im Allitschhof von unbekannter Hand ein Päcklein erhalten, und war ein Paar derbgenähter Winterschuhe drin.

Diese Schuhe haben die Trägerin in den Kluppeneggerhof geführt. Die Maria ist Braut des Lorenz Roßegger. Der Bursche war schon früher mit einer Bauerntochter verlobt gewesen, die gar so gerne getanzt hat. Als es sich aber bei einem Holzknechtball im Alpsteigwirtshaus herausstellte, daß der Lorenz nicht ungarisch und nicht wällisch tanzen konnte, nur zur Not ein wenig steirisch, da hat sie ihm die Verlobung gekündigt. Der Maria hingegen war's nicht ums »herumbären« auf dem Tanzboden, sie tat lieber singen und wußte eine Menge manierlicher und lustiger »G'sanger«, die sie — so schüchtern sie sonst war — mit heller Stimme hinjauchzte.
— Also, diese zwei Leutchen haben im Jahre 1842 zusammengeheiratet — ein Jahr vor meiner Geburt. Ein Jahr nach derselben fand ich mich, und zwar als Knäblein auf einem Schemel stehend, um die Mutterbrust erreichen zu können. Und als ich satt war, wird sie mich in die Arme genommen und ein Liedel gesummt, und wird das eingeschlummerte Kind in die Wiege gelegt haben. O ferner Tag mit deinem dämmernden Waldhause, mit deiner sanft schau-

kelnden Wiege und mit dem weißen Mutterantlitz darüber! O heiliger, glückseliger Anfang des Menschenlebens!

Und dann kamen die Jahre, da der Knabe, der Junge, der Bursche alles sieht, schaut, erlebt, nur die eigene Mutter nicht. Die ist da, ist so selbstverständlich wie Tag und Nacht; man kümmert sich nicht weiter um die Mutter, man zärtelt sie, man trutzt ihr in der gleichen Minute, man schreit sie an um den Milchbrei, man stürmt ins Freie zu wilden Spielgenossen, man ist störrisch und unfolgsam, man vergißt ihrer bei ausgelassenen Kameraden, man flüchtet in ihren Schutz, alles ohne zu bitten, ohne zu danken, man hängt mit ihr zusammen in grenzenloser Liebe — und weiß es nicht. Und diese grenzenlose Liebe, wie eng ist sie begrenzt! Es kommt der Tag, da zeigt es sich, daß nur in dieses einzigen Wesens Lichtkreis die Liebe gewesen, die *Mutterliebe*, die göttlich selbstlose, wie sie nirgends sonst auf Erden zu finden ist, und wie sie von allen Völkern der Erde gepriesen wird.

Ich weiß aus frühen Jahren kaum etwas anderes zu melden, als daß die Mutter wohl zehnmal des Tages in beblümtem Tonschüsselchen mir die gekochte Kuhmilch in die Hände gibt. Die Blümlein an der Innenseite des Schüsselchens innern[1] mich weit mehr als die Mutter, die wohl schmunzelnd zuschaute, wie mir der Trunk geschmeckt. Oft trinke ich die Milch gar nicht mehr aus Hunger oder aus Durst, sondern nur, damit im Geschirr die schönen Blümlein sichtbar werden. — Dann kamen die Zeiten der Waldgänge, der Kirchgänge. Ich möchte es wohl beschreiben, wie an jenen hohen Festtagen die Mutter gekleidet war. Ihr Brautgewand noch, es soll dem Vater ein paar junge Ochsen gekostet haben, und war sie reichlich wert. Ein ziemlich faltiger Wollenrock, in dessen dunklem Grund hellrote Röslein gewoben waren. Eine schwarzseidene Schürze, die immer ein wenig knisterte, wenn ich mit krampfigen Fäustlein dran festhielt. Dann eine schwarze Samtjoppe mit hochgebauschten Oberärmeln. Unter derselben ein großes kirschrotes Seidentuch mit weißen Fransen, das vorne über den Busen so gelegt war, daß es ein großes, hellglühendes Herz bildete. Ach, so was kann man nicht beschreiben, es wäre was für den Maler. Und über dem Haar, das an den Schläfen in zwei eingebogenen Strähnchen hervorlugte, die Goldhaube. Diese »Goldhaube« bestand teils aus Drahtgeflecht, teils mit schwarzer Seide überzogener Pappe, und hatte die Form eines alten römischen

---

[1] »innern« bzw. »Innerung« sind Wortschöpfungen Roseggers für »interessieren« bzw. »Interesse«.

Kriegshelms, nur daß rückwärts eine Seidenmasche[1] war und daß der Helmsattel und die aus feinem Draht geflochtenen breiten Ohrklappen mit vielen hundert runden blitzenden Goldscheibchen besetzt gewesen sind. Das war eine gar vornehme Bauernweiberfesttracht damals. In ihr ist meine Mutter mir noch gegenwärtig aus jenen Tagen, ehe die schlimmen Zeiten kamen. Zwischen dem seidenen Busen und der unerhört schönen Goldhaube hat ihr weißes, gutes Rundgesicht auf mich herabgeschaut, wenn wir die Waldstraßen gingen nach dem fernen Gotteshause der heiligen Katharina oder nach dem noch ferneren des heiligen Jakobus oder gar nach dem eine lange Tagereise fernen Wallfahrtstempel »Unserer Lieben Frau« in Maria-Zell. Unterwegs wunderbare Märchen, merkwürdige Sagen, deutsame Sprüche und heilige Lieder. Die Mutter hatte manchmal ein Bündel von Nahrungsmitteln auf den Rücken gebunden, und wenn ich sagte, ich sei müde, oder mich wetze der Schuh, so nahm sie mich auf das Bündel und trug uns beide, und ob sie müde sei oder ihren Fuß der Schuh wetze, danach hat niemand gefragt. Kehrten wir in ein Wirtshaus ein, so schnitt sie erst mir die Semmel in die Suppe, und wenn ich versorgt war, aß auch sie in ihrer langsamen bescheidenen Weise. Auch darum, ob sie Hunger habe und wohl satt werde, hat sie niemand gefragt.

Selten und seltener sang die Mutter ihre frohen Lieder, um so lieber die ernsten. Denn es war das Leben ernst geworden. Nach mir waren noch sechs Kinder gekommen, wovon zwei in der Wiege starben. Es waren Krankheiten gekommen und wirtschaftliche Mißgeschicke. Trotzdem suchten die Nachbarsleute in ihren Anliegen Rat und Trost und auch Hilfe bei meiner Mutter. Sie gab, solange sie hatte. »Wo werden wir denn hinkommen bei deiner Freigebigkeit?« rief einmal der sparsame Vater aus. »In den Himmel!« antwortete sie. Das war dem Vater recht, der sich allmählich mehr von den Werten der Welt abkehrte und religiösen Träumen hingab. Auch in der Not ließ die Mutter ihr Singen nicht. Während sie auf dem Acker Erdäpfel pflanzte, oder im Stall die Kühe molk, oder am Herd die Suppe kochte, sang sie mit ihrer schönen, leicht gedämpften Stimme Lieder vom Leiden Jesu oder von Unserer Lieben Frau. Und an Winterabenden beim Garnspinnen sang sie gemeinsam mit einer Magd, und wir Kinder saßen bei dem Vater am Tisch oder auf der Ofenbank und das Gesinde an den Wandbänken herum, und wir hörten zu und freu-

---

[1] Seidenschleife.

ten uns allesamt auf Jesu und Maria, die wir im Himmel sehen würden.

»Wenn mer nur schon drüben wären!« sagte da einmal der Knecht Markus, »über dem tiefen Graben. Die schmal' Brucken tu' ich fürchten.«

»Tschapperl!« entgegnete die Mutter, »hast ja Glander (Geländer) auf beid' Seiten.«

Sie meinten das Sterben, und die »Glander«, das waren Jesus und Maria.

Ein paar Elternworte aus jenen harten Zeiten habe ich mir gemerkt. So sagte mein Vater in seiner langsamen, sanften Weise: »Wenn dir wer was antut, Peterl, nix nachtragen, von Herzen verzeihen.« — Oder: »Alleweil bei der Wahrheit bleiben, nachher kann dir nix geschehen.« — Oder: »Nit verzagt sein, Leut', 's dauert ja nit lang auf der Welt.« — Oder: »In Kreuz und Leiden sich schön in den Willen Gottes ergeben.« — Oder: »Man soll halt auch mit schlechten Leuten gut sein.«

Und meine Mutter sagte einmal anläßlich eines Nachbarpfarrers, der fromm predigte und unfromm lebte: »Den Geistlern soll man zuhören, aber nit zuschauen.« — Ein anderes Mal tat sie den Ausspruch: »Essen und reden nit z'viel; trinken und strafen nit z'gach; schlafen und beten nit z'lang.«

Frömmlerisch war sie nicht. Doch deucht mir, es ist ihr manchmal bange geworden, wenn schon damals im Waldlande davon gesprochen wurde, es würde einmal eine Zeit kommen, da die Leute nicht mehr an Gott glauben. »O mein Gott!« sagte sie einmal, »wenn sie ihren Glauben verloren haben, was wird das für eine Trauer sein auf der Welt!« — Gute Mutter! Wenn du sehen könntest, mit welch ausgelassenen Freudensprüngen sie heute ihre Gottlosigkeit feiern! — Ihr Christentum bestand vor allem darin: fleißig arbeiten, den Leuten gut sein und unserem Herrgott vertrauen.

So ganz weltabgekehrt, wie endlich mein Vater, ist sie nie geworden. Sie war es, die das Haus noch so weit aufrechthielt, daß wir nicht gerade darben mußten. Und immer wußte sie sich auch anderen Leuten nützlich zu machen. Wenn in der Gegend wer krank war, brachte sie ihm Hausmittel oder zukömmliche Bissen. Wenn wer starb und die Leute an der Bahre in den Leichnächten Wache hielten unter Beten und Singen, da ist immer meine Mutter gebeten worden um ein Totenlied oder um einen Gesang von »Unserer Lieben Frau«, oder daß sie was vorlesen möchte aus dem Erbauungsbuch. Die meisten anderen hatten ihr bißchen Lesen ja längst vergessen oder konnten es wenigstens nicht so gut wie meine

Mutter. Sie las nicht trocken und eintönig, wie man »liest«, sondern lebendig und eindringlich, wie man spricht. Mein Vater, der keinen Buchstaben kannte, hat bei solchem Lesen die Mutter in Andacht und Freude betrachtet, voller Glück, daß er auf seinem harten Weg zum Himmel gerade *diesen* Kameraden hat finden mögen.

Freilich, auch ich konnte lesen, sogar schreiben. Aber das war meinen Eltern nicht das Richtige, denn ich las zuviel, und so in mein zwölftes Jahr gekommen, wollte ich gar nichts mehr tun als lesen und schreiben. Ein mißlungener Bauer. Nun begann meine Mutter hausieren zu gehen zu den Pfarrhöfen weitum mit ihrem Buben, der geistlich werden wolle. Was da zu machen sei, ihn ohne Geld in die Studie zu bringen? Sie fand kein rechtes Entgegenkommen und hat den Buben allemal wieder mit heimgebracht. Endlich — 's ist das ja schon zu oft erzählt worden —, als der Bub siebzehn Jahr alt war, hat ihn ihr ein Schneidermeister abgenommen. Das Schneidern wäre zwar auch nichts zum Lesen und Schreiben, aber immerhin schon eine wesentlich geistigere Arbeit als das Pflügen und das Dreschen. Das war meiner Mutter recht, da kam ich ja allsamstägig wieder nach Hause, und sie konnte mich in allem, wo es not tat, bemuttern. Aber als ich fünf Jahre später plötzlich in die Fremde ging, nicht als Handwerksbursche, sondern in die ferne große Stadt, um ein Student zu werden, und doch nicht auf Geistlich zu studieren — da ist ihr bange geworden. Sie war nicht mehr so gesund wie in junger Zeit, ist oft im Fiebern und Hitzen dahingelegen, dann doch immer wieder auf die Füße gekommen, mußte aber einen Stock haben zum Gehen; und die durch Arbeit und Gicht verkrüppelten Hände zitterten ein wenig, wenn sie sich auf den Stock stützten. Ihr Haar war noch glänzend schwarz und ihr Gesicht weiß und jugendlich. Sie soll heimlich tagelang geweint haben, als sie ihren Ältesten so in die dunkle Ungewißheit hinein verlor, aber zur Stunde, als ich reisebepackt vor sie hintrat: »Nun, Mutter, behüt Euch Gott!«, da hat sie mir ein Papierbildchen der Heiligen Jungfrau in den Sack gesteckt, hat mit dem Daumen über mein Gesicht ein Kreuz gemacht, und geweint hat sie keinen Tropfen. »'s Herz schwer machen«, soll sie zu meiner Schwester gesagt haben, »das hat's schon gar nit not; er geht eh hart fort.«

Bald kamen für die Mutter aber tiefere Leiden. Etliche Leute waren, besonders ein Kaplan in Krieglach, die redeten herum: der Kluppenegger-Peter zu Graz täte auf den Antichrist studieren und vom heiligen Glauben abfallen. Meine Mutter hat nichts drauf gesagt als: »Derlogen ist's. So ist er nit!«

Weil jedoch das Gerede immer ärger wurde, so hat sie eines Tages von ihrer Dienstmagd die Sonntagsjoppe entlehnt, denn sie selber besaß keine ungeflickte mehr, hat ein Handkörbchen genommen, ein Stück Rauchfleisch und einen Schnitten Weißbrot und den Stecken und hat sich auf den Weg gemacht nach Graz. Dort hat sie im lichten Zimmerchen einen munteren Bettelstudenten gefunden, in schwarzem Tuchgewand, das Haar hübsch mit Wasser geglättet und nach rückwärts gekämmt, und um ihn Bücher, lauter Bücher. Die Wäsche in der Lade war in guter Ordnung, das Bett mit weißem Linnen überzogen, und über dem Bette hing das Bildchen »Unserer Lieben Frau«, das sie ihm hatte mitgegeben. Nun sieht sie es, er ist bei guten Leuten und hat noch den Glauben. Aber als ich sie in der Stadt herumführte und zu meinen Bekannten und Gönnern, da ist sie auf der Straße ohnmächtig geworden und neben meiner zu Boden gesunken. Noch heute wundert es mich, wie gefaßt ich es ertragen konnte, als sie mehrere Tage lang im stockfremden Spitale lag zwischen vielen Betten und Kranken, weil es mir nicht gestattet war, sie in meinem Zimmer zu behalten. Indessen hat sie sich bald erholt und ist damals — so wie noch ein zweites Mal, als sie mich in Graz besucht — glücklich und glückselig nach Hause gekommen. Sie hatte gesehen, unter schlechte Leute war ihr Bub nicht geraten, und von einem Antichrist war an ihm auch just nichts zu verspüren.

Der nächsten Jahre Sommerferien habe ich daheim zugebracht im Vaterhause. Wenn ich bei meinen Büchern und Schriften saß, waltete sie emsig und froh um mich herum und ließ es nicht merken, wie krank sie war. Leid tut mir heute noch jeder Waldgang, jede Bergwanderung, die ich in jenen Ferien machte. Ich versäumte damit ja die letzte Lebenszeit der Mutter. Einmal habe ich sie mitgenommen, zu Wagen, auf einen solchen Ausflug, aber er hat ihr nicht wohlbekommen. Es ging nämlich in Alpel der Ruf um von einem Bauerndoktor in Fischbach, der nahezu Wunderkuren vollbringe. So führte uns eines schönen Sommertages der Vetter Steffl mit seinen Pferden dahin, durch die weiten hohen Wälder. Die Fahrt war lang und der Weg bergig und holperig und der Wunderdoktor — als wir endlich sein Haus erreichten — besoffen. Er untersuchte die Mutter wichtigtuerisch und sagte dann mit grölender Stimme: »Ja, mei liabe Kluppeneggerin, du muaßt sterb'n!«

Unser Kutscher hörte das und schrie dem Mann schauderhaft grob ins Gesicht: »Muaßt nit du ah sterb'n? Na, du wirst a so hin, alt's Kamel, gottverfluachts!«

Meine Mutter hat, solche Red' mißbilligend, krampfhaft aufgelacht, ist aber betrübter nach Hause gekommen, als sie ausgefahren war.

Sie lebte noch ein paar Jahre so weiter, manche Woche darnieder im Bett, dann doch wieder mühsam im Hause herumschaffend, gemeinsam mit ihrem gottergebenen Mann und den heranwachsenden Kindern, die nicht in die Fremde gegangen waren. Der Bauernhof war den Gläubigern verfallen. Die Meinen lebten im Altenleuthäusel kümmerlich dahin, aus steilem, steinigem Boden mit rastloser Mühe die nötige Nahrung grabend. Mein Vater hat noch viele Jahre gegraben, gelitten und gehofft — immer näher zu seinem Gott hin. Die Mutter erlebte es nur noch, daß eines Tages ein neues, gedrucktes Liederbüchlein ins Haus kam, das in ganz steirischer und gar deutlicher Weise verfaßt war und das ihr Sohn in der fernen Stadt zusammengedichtet hatte. Und es kamen weltfremde Leute ins dunkle Waldhaus und lobten ihren Sohn hoch über die Baumwipfel hinauf. Der Sohn aber strebte in der fernen Stadt seinem Lernen, seinen Arbeiten, seinem jungen Ruhme nach, bis er eines Tages im Winter 1872 die Nachricht erhielt, daß seine Mutter gestorben sei.

Und nun noch einiges von meinem Vater.

Wenn man von irgendeinem Menschen sagen kann: er taugt nicht für diese Welt, so muß das von ihm gesagt werden. Er taugte nicht für diese Welt, hat zweiundachtzig Jahre in ihr gelebt und ist als Fremdling, wie er gekommen, von ihr geschieden. Er war kein Sonderling, der in Einsamkeiten lebte, er war stets unter Menschen, verkehrte mit ihnen immer heiter und mit größtem Wohlwollen und hat sie anders genommen, als sie waren, so wie auch er von ihnen unverstanden blieb. Er lebte auf Erden eine andere Welt, ein Reich Gottes für sich, und das war freilich nur möglich, indem er allem abgekehrt war und blieb, was ihm dieses Reich hätte zerstören können. Er hat nie eine Schulstube gesehen, hat keinen Buchstaben, keine Ziffer gekannt, alles, was Schrift und Buch heißt, lag ihm vollkommen ferne. Von seinen Eltern hatte er in seiner Kindheit mehr durch das Beispiel als durch das Wort die christliche Religion erhalten; in seiner Pfarrkirche und in anderen Kirchen seiner Gegend hatte er die katholischen Lehren vernommen und die Gebote der Kirche beobachten gelernt. Das war und blieb fortan der Inhalt seines Lebens. Er wurde auf dem alten Bauerngute Nachfolger seiner Väter, aber sein wirtschaftlicher Grundsatz war nicht so sehr das Erwerben als vielmehr das Sparen. Er erwarb wenig und bedurfte für seine Person noch weniger. Er trank nicht, er rauchte nicht, er spielte nicht, er mied alles, was Geld kosten konnte, mit wahrer Ängstlichkeit, weil ihn das bei seiner geringen wirtschaftlichen Fähigkeit sehr bald in die größte Abhängigkeit von seinen Mitmenschen gebracht haben würde. Äußerlich war er von ihnen abhängig genug, aber in seinem Seelenleben bewahrte er sich mit einer milden, unumstößlichen Hartnäckigkeit die Eigenart und Freiheit. Äußerlich unterschied er sich nicht von seinen Standesgenossen; er arbeitete des Werktags wie jeder andere, nur vielleicht mit etwas geringerer Hast, er ging des Sonntags in die Kirche, wie jeder andere, nur daß er der erste im Gotteshaus war und der letzte im Freien. Er kniete in irgendeinem Winkel und unterhielt sich mit Gott, mit »Unserer Lieben Frau«, mit den Heiligen. Die Form, in der er mit den Himmlischen verkehrte, war das Vaterunser, das Ave-Maria, die er stets zu einem Rosenkranze flocht und aufopferte. Das ging sehr einfach zu, und war doch seine Seligkeit. Wäre er ein »Betbruder« gewesen, so würde ich den Mantel der christlichen Liebe darüberlegen, schweigen und mich befleißigen, nicht in seine Fußtapfen zu treten. Als das, was er war, sei er mir das große Vorbild, weil mit seinem Denken und seinem Vorbilde auch sein Wandel übereinstimmte, soweit das menschenmöglich ist. Ich wollte, es hätte ihn ein anderer so genau gekannt, um diesen ganz besonderen Menschen schildern zu können. Wenn ich es getan in meiner »Waldheimat«, in dem Bilde des »Heidepeters«, in dem Mundartstücke »Mei Voda«, so kann man sagen, da spricht der Sohn, da spricht der Poet, der liebende, der idealisierende. Und doch glaube ich in jenen Schriften eher zuwenig als zuviel gesagt zu haben, und ich bin auch heute nur schwer imstande, das Bild zu vervollständigen, schon aus Befangenheit in der Vorstellung, daß der moderne Mensch diesen Charakter doch nicht begreift.

Er war der weichmütigste Mensch, ich habe ihn oft betrübt gesehen, aber nie weinend wegen Erdenleides. Er begrub Kinder, er begrub sein Weib, er stand oft an Stätten herzzerreißenden Jammers — er kniete nieder auf die Erde und betete. Aber sein Auge wurde naß, wenn er von der Liebe des Herrn Jesus hörte oder von der Milde und Gnade »Unserer Lieben Frau«; die Träne stand ihm in den Wimpern, wenn ein Lied von den himmlischen Freuden gesungen wurde, wenn in der Kirche ein melodischer Choral erklang. »Ist schon das so schön, wie schön wird's erst im Himmel sein!« — Auf diese Erde, ihre Freuden und ihre Leiden, legte er eben kein Gewicht. »Es ist bald vorbei, es ist nur dazu da, daß wir uns in Geduldigsein und mit guten Werken eine glückselige Ewigkeit erwerben.« Je mehr Leiden hier, je mehr Freuden dort; je ärmer und verachteter auf dieser Welt, je reicher und größer im ewigen Leben. — Demgemäß sah und handelte er. Immer zufrieden, immer dankbar. Wenn er bei seinem eigenen Tische sich satt gegessen hatte, sagte er, den Löffel am Tischtuch abwischend, stets: »Guat und gnua. Gott vergelt's!« Die größte Angst hatte er vor dem Unrechttun; in der Liebe stieg er von niedriger Stufe zur höheren. In seiner Jugend, als die Leidenschaft zum Glücklichsein auch in ihm war, tat er Gutes aus Furcht vor den ewigen Höllenstrafen, die ihm auf der Kanzel und im Beichtstuhle so schrecklich geschildert worden waren, daß die arme Seele ächzte und sich aus Angst nicht genugtun konnte. Später tat er Gutes aus Liebe zu Jesus, »der für uns Menschen am Kreuz gestorben ist«. Und endlich tat er Gutes, »um damit arme Seelen aus dem Fegefeuer zu erlösen« und Mitmenschen auf dem Weg zum Himmel zu bringen. So war er allmählich zur reinen Nächstenliebe gelangt. In früheren Jahren stand er noch in der Engherzigkeit eines kümmerlichen Lebens; sein Weib war es, das arbeitsame, flinke, herzstarke, das ihm Hilfe für den morgigen Tag weissagte, wenn er heute die letzte Krume Brot hergab. Später gab er alles, was er hatte, ohne Aussicht auf Hilfe für den morgigen Tag. Er liebte sie gar nicht sehr, diese Hilfe, es war ihm am wohlsten in der an Not grenzenden Hablosigkeit. Bei der Leutschaft, die nur vor dem Tatkräftigen, Klugen und Listigen Respekt hatte, wenn sie von diesen auch stets übervorteilt wird, genießt ein solcher Mensch keine besondere Achtung. Sie verspotteten ihn, sie gönnten ihm sein Mißgeschick, das er oft leicht hätte ablenken können, während er sich sorglos und, wie ihnen schien, zwecklos mit den Himmlischen unterhielt. Nur wenn über irgendeinen der Nachbarn das Unglück kam, da erkannten sie in ihm den barmherzigen Mann, dessen Mitleid und Trostspenden so köstlich waren. Wenn er an Brandstätten, an Krankenbetten saß, da ward der sonst so stille, unbeholfen sich ausdrückende Mann beredt, da legte er den hohen Wert dessen aus, was Feuer, Krankheit und Sterben nicht zerstören konnten — des Ewigen und Göttlichen.

Seine ganze Seelennahrung war das Priesterwort, das er als buchstäbliches Gotteswort annahm. Geistliche, die ihres weltlichen und manchmal sogar Ärgernis erregenden Lebenswandels wegen nicht seine Zuneigung besaßen, suchte er trotzdem auf im Beichtstuhle, wo sie nicht als die sündigen Menschen, sondern anstatt Gottes saßen, und die Messe, die sie lasen, war ihm nicht minder heilig, als hätte sie der frömmste Bischof gelesen. Er machte überhaupt zwischen Geistlichen keinen Unterschied. Dem armen Dorfkaplan küßte er mit derselben Ehrfurcht die Hand als dem Kirchenfürsten. Dem festlichen Pompe zu Ehren hoher Prälaten blieb er am liebsten fern. Am Worte Gottes hielt er unerschütterlich fest, und wenn er veranlaßt wurde, hätte kein Kardinal die Gebote besser verteidigen können, als dieser Mann es tat, dessen kindliche Einfalt in allen weltlichen Dingen sprichwörtlich war. Von vielen Kirchengelehrten unterschied er sich dadurch, daß er die kirchlichen Satzungen nicht bloß kannte, sondern auch nach ihnen lebte, in seinem Gemüte sie vertiefte und im Sinne des Evangeliums vergeistigte. Er wohnte bei der Messe tatsächlich der Kreuzigung Christi bei. Nach dem Gottesdienst blieb er immer längere Zeit allein in der Kirche, um den Heiligen in demütiger Vertraulichkeit sein Anliegen mitzuteilen und sie um ihre Fürsprache bei Gott zu bitten. Anliegen hatte er große, schwere. Für sich und seine Lieben, die er in den Gefahren der Welt wußte, die ewige Seligkeit zu erbitten, das hatte er in späteren Jahren zur Aufgabe seines Lebens gemacht.

Man hatte schwer an ihm gesündigt. Man hatte ihm vorgestellt, daß seine verstorbenen Kinder im Fegefeuer schmachteten, weil keiner so fromm ist, um »vom Mund auf« in den Himmel zu kommen. Er hörte in den Nächten diese armen Seelen an sein Bett treten und um Hilfe flehen, und man hatte den bei der Geistlichkeit Trost suchenden alten Mann damit abgefertigt, »daß nach den Lehren der heiligen Kirche die Fegefeuerspein der Verstorbenen sehr wahrscheinlich sei, und zwar um so wahrscheinlicher, als in diesem besonderen Falle noch lebende Verwandte sich zu sehr dem Weltlichen ergeben, ja sogar Abtrünnige wären, anstatt für die armen Seelen im Fegefeuer gute Werke zu verrichten«. Da ist denn der arme geängstigte Mann oft tagelang wie verloren umhergegangen, in den langen Nächten schlaflos gewesen und hat nichts gehört als das Weinen und Stöhnen der lieben Kinder im schrecklichen Feuer. Es war ja wohl ein verruchter Sohn vorhanden, der gegen einzelne kirchliche Einrichtungen öffentlich auftrat und sie Mißbräuche nannte, als wären sie dem Evangelium Christi zuwider und der wahren Sittlichkeit von Schaden. Diesen kritischen Sohn legten sie dem alten Manne schwer auf das Gewissen und stellten dem Vater die Möglichkeit der Verdammnis in Aussicht, wenn es ihm nicht gelänge, sein verirrtes Kind auf den rechten Weg zu bringen. Aber der Zunder der Zwietracht, den man in die Familie geschleudert, zündete nicht. Der alte Mann war zu gütig und liebreich, um die Eintracht zu zerstören; er belehrte nur, er bat nur, er betete nur, und den Sohn rührte dieses innige Bitten mehr, als die Drohungen der Phariten[1] ihn erschreckt hatten. Seine Weltanschauung stand freilich längst fest, so gut wie die des Vaters, und eines Tages hatte ein greiser Priester zum alten Manne gesagt: »Euer Sohn ist nicht böse, er ist nur anders als Ihr, er sucht auch das Gute in seiner Art. Saget nichts mehr zu ihm und betet unablässig zu unserem Herrgott, der wird alles recht machen.« — Man hat die Veränderung wohl wahrgenommen, die von diesem Tage an in dem Greise vorgegangen, er war nicht mehr der grüblerische, besorgte, gequälte Mann, er war der sanfte, heitere Vater. Aber viele und viele Jahre hatte das Fegefeuer gewährt, in dem man diese schuldlose Seele auf Erden gefangenhielt. Haben sie wohl ermessen, was gerade dieses weiche Herz gelitten unter ihren brutalen Vorstellungen, die nur für hartgesottene Sünder berechnet sein können? — Was frommt es, Einzelheiten zu schildern. In seinem Geiste lag nichts als Verzeihung und in diesem Sinne — Schweigen.

Die äußeren Verhältnisse hatten sich längst geändert, er lebte nicht mehr hoch oben im alten Hof. Sein Weib war tot, seine Kinder hatten sich im Lande zerstreut. Er besuchte von Zeit zu Zeit jedes, länger aber blieb er nur bei dem, das am ärmsten war. Er dürstete nach Armut, und was er bekam, das gab er wieder hin. »Wer zwei Röcke hat, der gebe einen davon dem, der keinen hat«, er nahm es wörtlich. Weitere Eigenschaften an ihm waren die Dankbarkeit und die Demut. War er bei dem Sohn zu Tische, so dankte er nach demselben wie ein fremder Armer, nicht bloß seinen eigenen Kindern, sondern auch den Dienstleuten in der Küche. War es zu Hause oder in der Kirche, er setzte sich stets auf den unscheinbarsten Platz. Auf der Gasse ging er an Standespersonen, die ihn gerne im voraus grüßten, mit demütigem Danke vorüber; begegnete er einem Bewohner des Armenhauses, so hatte er für ihn stets eine freundliche, zumeist gemütlich heitere Ansprache. Nie ein böses Wort der Mißgunst, nie ein Fluch, nie ein unanständiger Ausdruck, nie eine entschiedene Willensäußerung, nie eine vorlaute Behauptung, immer sanft, sich selbst zurückstellend und bescheidend, dabei stets von einem warmen Humor, mit leichter Selbstironie, manchmal auch mit einem munteren Witz gewürzt — jene heimliche Seelenvergnügtheit, gleichsam darüber, daß er den Wirrnissen der Welt so glücklich entkam.

Dem Weltleben war er vollkommen unzugänglich geblieben, und wenn er einst von seinem gütigen Richter gefragt werden wird, in welchem Jahrhundert er gelebt hat, so wird er es nicht wissen.

[1] »Leuchten«.

Fünfzig Jahre lang sah er den Dampfwagen, den Telegraph an seinen Augen vorüberziehen, er kehrte sich nicht weiter daran, höchstens daß er manchmal so nebenhin seine Verwunderung aussprach, wie über ein Taschenspielchen, das den Zuschauer verblüfft, weiter aber nichts bedeutet. Ein paarmal wurde er in theatralische Schaustellungen geführt, er verließ sie kopfschüttelnd. Die großen Stadthäuser, die Pracht der Anlagen, er sah sie etliche Male, aber sie schienen ihm kaum einer Kopfwendung wert; hingegen hatte er in einer Auslage zufällig einmal ein bedrucktes Blatt Papier betrachtet, von dem die Leute sagten, daß es eine Tausendguldennote sei. Davon sprach er jahrelang, daß er einmal einen Tausender gesehen! »Ein armes Weib hätte mit ihren Kindern ihr Lebtag davon zehren können, und hier lag er im Glaskasten nur so für die Neugierigen.« Die Weltereignisse, sosehr sie in seinem Dorfe auch widerhallen mochten, an ihm gingen sie spurlos vorüber. Vom Krieg im Jahre 1866 wußte er nichts anderes, als daß der Schmiedhofer Knecht, der Hansjörg, dabei zugrunde gegangen sei. Hingegen beschäftigten ihn lebhaft die Vorstellungen, daß der Antichrist ins Land kommen, die Kirchen zerstören und die Menschen verführen werde, und dann war er unerschöpflich an Zuversicht, wie man diesen Erbfeind vertreiben könne: durch gar nichts anderes, als durch den festen Glauben an Jesus und durch das Gebet zu »Unserer Lieben Frau«. Daß man vor allem sittsam leben müsse, das verstand sich ihm von selbst.

Einer seiner Söhne hatte sich, wie schon angedeutet, mit der Welt eingelassen. Bei einem Ehrentag des Sohnes, der im heimatlichen Dorfe festlich begangen wurde, war der Vater nicht zu sehen. Freunde suchten ihn und fanden ihn nicht. Er kniete in einer entlegenen Waldkapelle und bat »Unsere Liebe Frau«, den Sohn nicht eitel werden zu lassen, und daß durch solche Weltfreude niemandem der Blick zu Gott verdunkelt werde. Hohe Herrschaften waren gekommen, um den Vater zu grüßen, sie wollten ihn stolz machen, und machten ihn nur bang. So viel Glück, so viel Lust, so viel Ehre — es ist kein gutes Zeichen für die arme Seele! Die Bestrebungen seines Sohnes lagen ihm gänzlich fern; wenn dieselben gelobt wurden, so hörte er es gleichgültig, erst wenn die Redlichkeit des Sohnes betont wurde, blickte sein mildes Auge demütig dankbar auf. Der alte Mann war manchmal umschwärmt von zugereisten Leuten, die ihn schmeichelnd ausfragen wollten, er ließ sich nicht und durch nichts aus seinem engen Kreise locken, er benahm sich in altgewohnter Weise, trug sein Bauerngewand, entgegnete den Reden kurz und schlicht in seiner altväterischen Bau-

ernmundart. Das Hochdeutsch der Fremden, er verstand es nur
schwer, die Lobsprüche beantwortete er mit heiterer Einfalt damit,
daß er nicht wisse, ob es wahr sei — und dann ging er wieder
langsam seiner Wege. Mit keinem Schritt, mit keinem Worte und
mit keiner Gebärde wurde er seiner alten Bauernart untreu.

Sein Ereignis bildete die jährliche Reise nach Maria-Zell, die er
infolge eines alten Gelübdes zu machen pflegte. Er wollte sie stets
zu einer Bußreise gestalten, aber es wurde allemal eine Vergnü-
gungsreise daraus, so sehr freute er sich an den schlechten Wegen,
an den wunden Füßen, an dem stundenlangen Knien auf Sandkör-
nern und an dem Beten und Fasten. Als er schon sehr gebrechlich
war und doch gerne noch einmal »Unsere Liebe Frau« in Zell
sehen wollte, spannte jemand zwei schöne Rößlein an einen für-
nehmen Wagen, setzte den alten Mann hinein auf den weichen
Samtsitz und fuhr mit ihm zwischen den hohen Gebirgen hin gegen
Maria-Zell. In großen Wirtshäusern wurden ordentliche Mahlzeiten gehalten, in den Herbergen war für ein gutes Bett gesorgt, und
in der Wallfahrtskirche wurde es eingerichtet, daß der Greis ohne
Gedränge und langes Warten die Sakramente empfangen konnte.
— Von dieser Wallfahrt war er betrübt, fast mißmutig nach Hause
gekommen. War das eine Pilgerfahrt gewesen? Nein, das war eine
hoffärtige Lustreise gewesen — so kurz vor dem Sterben! — Er
legte sich jetzt manche besondere Bußübung auf, um die arge
Ungehörigkeit wieder zu sühnen.

Verschiedene Male war versucht worden, ihm für sein Alter eine
selbständige Häuslichkeit einzurichten oder wenigstens eine beque-
mere Lebensführung zu verschaffen. Er war dankbar dafür und
lehnte es ab. Ihn zog's allemal zurück zu seinem bäuerlichen Sohne,
dem einzigen, der dem Bauernstande treu geblieben war. Der besaß
im Tale einen erheirateten Hof; sein gleichmütig freundliches Wesen, sein fleißiges Weib, seine muntere Kinderschar gefielen dem
alten Manne noch am besten. Da gab es allerhand Sorgen und
Kümmernis, da war der Weg zum Himmel noch am deutlichsten
sichtbar — da blieb er. Sooft er sich auch bei seinen übrigen Kindern einfand, sosehr man ihn überall gleichsam auf den Händen
trug — er kehrte stets ins alte Bauernhaus zurück, und dort fühlte
er sich wohl.

Alles Ungewöhnliche, alles, was von außen an ihn herantrat,
war ihm unheimlich. Die Beziehungen der Seinigen zu weiteren
Kreisen, zu anderen Ständen, zu höherstehenden Menschen, waren
ihm unheimlich. Alles, was unter der Marke Genuß, Ehre, Macht
in der Welt sonst so sehr gesucht ist, ihm war es unheimlich. Er

verkehrte am liebsten mit den Ärmsten und Vergessensten seinesgleichen oder mit den kleinen Kindern seiner Kinder. Mit diesen redete er von Gott und dem Himmel, führte sie über die Felder hin und betete unterwegs mit ihnen laut den Rosenkranz. Die Kinder hingen am »Aehndl« mit der größten Zärtlichkeit. Sooft er von der Kirche heimkam, hatte er für sie ein »Guderl« im Sack, sooft sie von manchmal herben Schelten der Eltern zu seinen Knien flüchteten, hatte er für sie ein schützendes Wort, und seine Erzählungen von Jesus, von »Unserer Lieben Frau«, von den lieben Engeln und frommen Heiligen waren ihrer reinen Kinderphantasie zum Entzücken. Manchmal, wenn diese Kinder so recht nahe an sein Herz kamen, betete er, daß sie in früherer Jugend sterben möchten, damit sie den Gefahren der Welt entrückt wären und damit er hoffen könnte, mit ihnen einst in der ewigen Seligkeit zu sein.

So weltabgekehrt war er achtzig Jahre alt geworden. An diesem Tage suchten die Seinigen ihm Ehren anzutun, aber er flüchtete in einen dunklen Winkel der Kirche und hielt wohl eine innere Rückschau nach lieben Menschen, die, später geboren als er, längst vor ihm heimgegangen waren. Als er zum Festmahl geholt wurde, sah er, daß dort sein Bildnis mit einem Kranze geschmückt war, da sagte er gar nichts als die Worte: »Heut sollt' halt mein Weib noch leben.« — Und saß voller Demut bei Tische, still bedacht, manch guten Bissen seinen Enkeln zuzuschieben, und daß ihm innerlich wohl war, bewies nur manchmal ein launiges Wort, das er sprach. Zum Angebinde erhielt er einen Sack voll Silberkronen, in denen er ein Weilchen gemütlich mit den Fingern wühlte, zu hören, wie das klingt. Dann ging er mit dem Sack hin und verteilte das Geld an seine Enkel und an die Bewohner des Armenhauses.

Bald nach diesem Tage fing sachte die Auflösung an, welche zwei Jahre lang währte. Sie zeigte sich zuerst darin, daß er sehr wenig redete; dann, daß er nicht mehr frühmorgens aufstand, wie er es winters und sommers getan hatte, um in die ziemlich entfernte Kirche zu gehen, endlich, daß er sitzen blieb, wo er saß, liegen blieb, wo er lag, so daß man ihn oft erst zu sich bringen und führen mußte. Manchmal wieder ging er mit müden, zitternden Gliedern unruhig im Hause umher, als ob er etwas suchte, und wenn er angeredet wurde, so blickte er mit seinen guten, trübe gewordenen Augen hilflos drein und entschuldigte sich dann durch ein halbes Wort, daß er gar so einfältig geworden sei. Nie sprach er eine Klage aus, nie einen Wunsch; wenn er — zu einem Worte veranlaßt — den Mund auftat, so kam eine halb scherzhafte Bemerkung hervor. Man hatte befürchtet, daß seine religiösen Anliegen in der letzten Zeit neuerdings und für ihn quälend hervortreten könnten — das war ganz im Gegenteil, er redete nicht mehr davon, er begehrte keinen Priester, kein Sakrament mehr, wie sonst, wenn er krank gewesen war; er betete nicht mehr und beteiligte sich mit kaum einer Miene, wenn im Hause das Tischgebet gesprochen wurde. Er war fertig, in heiterer Ruhe, halb lächelnd, halb schlummernd träumte er hinüber. So hatte er's doch erbeten, das selige Ende, und so war er den Gefahren der Welt entkommen.

An einem heißen Julitage war es gewesen. Ich hatte einen jüngeren schwerkranken Bruder besucht, der im Krankenhause eines Nachbarortes einer operativen Behandlung hingegeben war. Nach dem Besuche hatte ich vor, eine größere Bergpartie zu machen. Da war mir auf derselben plötzlich zumute: kehre um. — Die Empfindung schien mir ganz grundlos, aber sie war sehr heftig, ich gab ihr nach und ging nach Hause. Es war Mittag, die Luft schwül und schwer. Kaum zehn Minuten zu Hause, kam das Töchterlein meines älteren Bruders mit der Nachricht: der Aehndl sei so schlecht geworden. Ich ließ beim Wirt sofort das Wäglein einspannen, packte den Arzt auf und fuhr in das nächste Dorf zum Bauernhause. Beim Eintritt in die Stube hörte ich Gebete murmeln, sah ich auf dem Tische das Licht brennen. — Er lag in seinem Bette wie immer, wie er bei meinem letzten Besuche am Abend zuvor gelegen war. Und doch anders! Das offene Auge war wie halb gestocktes Eiweiß, die Wangen lehmfarbig, eingefallen, die trockenen, blutlosen Lippen zuckten unter den langsamen, röchelnden Atemzügen. Die rechte Hand war angeschwollen und lag auf der Brust, von der die Decke leicht zurückgeschlagen war. Die Brust war eingefallen, flach wie ein Brett. In der Linken hielt er ein messingenes Kruzifixlein ans Herz gedrückt. Der Arzt fand, daß hier nichts mehr zu tun sei, und ging fort. Ein Nachbar, welcher für solche Ereignisse im Dorfe geholt zu werden pflegte, um die Sterbegebete zu sprechen, murmelte sie. Wir riefen dem Aehndl zu, laut riefen wir die Namen seiner Kinder. Er hörte nichts mehr, das Auge war starr, der Atem wurde leiser und langsamer. Der Nachbar begann wieder zu beten. Es waren schreckliche Gebete, sie lauteten von der Gefahr der Sterbestunde und des ewigen Verlorenseins. Das paßt ja für ihn nicht! rief es in mir. Eine der Anwesenden erfaßte des Sterbenden Hand und sagte schluchzend: »So behüt Euch Gott, Aehndl! Bittet für uns im Himmel!«

Er hatte nichts mehr gehört, gesehen, gefühlt, längst umfing ihn die Liebe Gottes.

Als dem letzten Atemzug keiner mehr gefolgt war, hatte man die Wanduhr stehen lassen, sie zeigte auf eins. Dann kam das Weib, das im Dorfe die Toten zu waschen und anzukleiden pflegte. Ich ging zu meiner Frau, zu meinen Kindern, die dann auch kamen, um noch einmal in sein Antlitz zu schauen. Er hatte einen weißen, gestutzten Vollbart, wie er ihn während der letzten Monate getragen. Aber er hatte nicht mehr die Runzeln im Angesicht, das war fast glatt geworden, und die wenigen Haarsträhnchen am Hinterhaupte waren nicht mehr weiß, waren wieder fast lichtblond, wie sie einst in jungen Jahren gewesen. In den Zügen lag der Ausdruck einer unendlichen Behaglichkeit. Auf dem schwarzen Rock über der Brust lagen einige Heiligenbildchen, nach alter Sitte von den Seinen ihm mitgegeben. Aufgebahrt war er in der Stube, in der er seit vielen Jahren gewohnt hatte und gestorben war. Zu seinen Häupten ein Marienbild und ein Kruzifix, an beiden Seiten Lichter und Blumen. Ein weißes Tuch hüllte den schmalen Körper ein. Die kleinen Enkel standen verdutzt umher und wußten nicht, was das zu bedeuten habe, mit dem Aehndl. Zur Tür waren Hühner und Küchlein hereingeflattert, sie gackerten und piepsten um die Leiche herum, wollten sich nicht verscheuchen lassen, huschten neben und unterhalb der Bahre durch, so daß es war wie ein Kranz von sprudelndem, wirbelndem Leben um den Toten.

Dem schwülen Tag war ein Sturm gefolgt, er riß die Fenster auf und blies die Bahrlichter aus und wehte das weiße Tuch von seinem Haupt hinweg. Blitze warfen ihren roten Schein an die blassen Wangen, über den Dächern rollte der Donner, aber den Frieden des Schläfers konnte nichts mehr stören. In der Nacht kamen Leute, die an der Bahre wachten und beteten.

Am dritten Tage haben wir ihn zur Kirche getragen, zu seiner geliebten Pfarrkirche, und vor das große Kruzifix, wo die Särge seiner Vorfahren gestanden, ist er während des Requiems hingestellt worden. Es war nicht so leicht, die dem allbeliebten Greise zugedachten Ehren fernzuhalten, so daß das Begräbnis ein schlichtes, seinem Stande angemessenes blieb. Meine Hand zitterte vielleicht, als sie im Namen von Kindern und Kindeskindern den Kranz aus Rosen auf den Sarg legte. — Lehnte er ihn nicht ab? Verhüllte diese irdische Zier nicht das Kreuz auf dem Sargdeckel? — In der Morgenstunde ging der lange Trauerzug hinauf zum Friedhofe, der zwischen Wiesen und Feldern liegt. An den Bergen strichen die Nebel herum, und ein Regenschauer wehte herab. Glück bedeutet es, wenn's am Hochzeitstage regnet. Vierundzwanzig Jahre früher hatte man mitten auf diesem Kirchhofe sein Weib begraben, jetzt war die Reihe gerade einmal herum, so daß seine Ruhestätte knapp neben der ihren zu liegen kam, zur rechten Seite. So hat sie der Zufall von neuem getraut. Unter denen, die Erdschollen hinabwarfen auf den Sarg, war auch ein junger blasser Mann, der schwer nach Atem rang. Sein jüngster Sohn. Er war aus dem Krankenhause hergekommen, um auf diesen Sarg hinabzustarren. Sechzehn Tage später haben wir ihn an die Seite des Vaters gebettet.

Mich hatte dieser treue Vater genau dreiundfünfzig Jahre durchs Leben geleitet. Seine Grablegung war an meinem Geburtstage.

MEINE GESCHWISTER

Von fünf lebenden Geschwistern war ich das älteste. Mein Bruder *Jakob,* zwei Jahre jünger als ich, war in der Kindheit mein eifriger Spielgenosse, dann gingen unsere Neigungen auseinander. Ich überließ ihm das Recht der Erstgeburt, das Anrecht auf den Hof. Der jedoch war, von Mißgeschicken verfolgt, nicht mehr zu retten. Der Jakob hatte keine Lust, mit zugrunde zu gehen. Auch er ging davon, ging in die Fabrik, um — Bauer zu werden. Wie hat er denn das angefangen?

Ich habe es in meinem Tagebuch so angemerkt: Mein Bruder Jakob ging von der Scholle fort und wurde Eisenwerksarbeiter. Mit seiner jungen Kraft setzte er ein, mit strengem Fleiß trieb er es beständig, jahrelang. Dabei schaute er weder nach links noch nach rechts, sondern geradeaus gegen das ihm sichtbare Ziel, das sonst niemand ahnte. Etliche hielten ihn für einen Streber, der etwa irgendwo was Bürgerliches und Wohlhabendes erhaschen wolle. Sozialdemokratische Anfechtungen nahten, die hielt er sich mit spitzen Ellbogen schweigend vom Leibe. Seine Arbeit machte er gut und gründlich, hingegen ließ er sich von den Vorgesetzten nicht ein Pünktchen Ungebührlichkeit gefallen. Einmal wurden unvertragsmäßige Überstunden von ihm verlangt, es war nach einem Brande; er machte sie, ohne ein Wort zu sagen. Das zweite Mal begehrte man von ihm ohne besonderen Anlaß Überstunden, da ging er hin und »dankte der Arbeit«. Ein anderes Mal kam er in der Fabrik so zwischen heißen Öfen zu stehen, daß er vor unbändigem Durst mehr an Bier vertrank, als was der Taglohn ausmachte. Er dachte, das ist kein Geschäft, und »dankte der Arbeit«. Er wußte, wofür er seine Gesundheit aufzusparen hatte. Verließ er das eine Gewerke, tat sich ihm schon das andere auf, denn er war als tüchtiger und verläßlicher Arbeiter bekannt. An Feierabenden, wo die anderen sich in Wirtshäusern gütlich taten, ging er gerne in der Landschaft umher und beschaute sich die Bauernhöfe. An Sonntagen ging er über die Alm und betrachtete sich das weidende Vieh. Dann arbeitete er wieder frisch und munter im Eisenwerke.

Und als der Jakob sechs Jahre lang Werksarbeiter gewesen, hatte er sich zweitausend Gulden erspart. Da verließ er die rauchenden Schlote, ging ins Gebirge hinauf, erwarb sich einen Bauernhof, heiratete ein frisches Dirndl, erzeugte acht gesunde Kinder und wurde ein wohlhabender Mann. Bargeld gab es nicht, aber auch keine Schulden. Nicht einmal Sparkasseschulden, ohne die heutzutage kein Grundbesitzer mehr auszukommen glaubt. Sein Hauptbesitz lag in einem großen Viehstand. Und nicht einmal modern rationell betrieb er die Wirtschaft, sondern noch immer nach altem Schlag, wie er es bei seinem Vater gelernt hatte. Und doch ging es aufwärts. Unermüdliche Arbeitsamkeit, Redlichkeit und Sparsamkeit, das war seine ganze Wirtschaftspolitik. Seine Kinder läßt er aber doch in landwirtschaftlichen Anstalten abrichten, damit sie auch »für die Neuzeit taugen«.

In seinem siebenundsechzigsten Lebensjahre lähmte ein Schlaganfall seine rechte Seite. Da hatte er eines Morgens aus seinem Bette halb lallend gerufen: »Du, Weib, geh her. Das ist spaßig, jetzt hat mich's Schlagel g'streift!« Und zu mir sagte er später: »Das hätt' ich gar nit glaubt, daß das Schlagel so komod' ist. Gar nix weh tun, kein Schwindel, kein Ohrenklingen — auf einmal ist die Hand und der Fuß tot. Wenn's letzte Schlagel ah nit schlimmer is, als 's erst, nachher bin ich eh zufrieden.« Die lange Zeit seines Siechtums trug er mit Geduld, sein größter Schmerz war, nicht arbeiten zu können. »Sonst bin ich jeden Tag bereit zum Sterben«, meinte er ruhig. »Jungheit bin ich ah amal recht krank gewesen. Haben mich schon abg'leuchtet (die Sterbekerze angezündet). All sind wir im größten Elend gewesen mit der Wirtschaft in unserer allerschlechtesten Zeit. Aber dennoch han ich selben nit sterben mögen. Heut geht's mir besser, und dennoch sterb' ich gern. Gelt, das is g'spaßig!« — Nach zweijährigem Siechtum ist er im Frieden gestorben.

Meine ältere Schwester *Apolonia* blieb, nachdem der große Hof in fremde Hände gefallen war, mit der jüngeren bei den Eltern im Altenleuthäusel, und sie pflegten die siechende Mutter. Nach deren Tode heiratete sie einen Eisenwerksarbeiter im Mürztal. Sie lebte in glücklicher Ehe, starb aber in noch jugendlichem Alter, fünf Kinder zurücklassend.

Die jüngere Schwester *Maria* folgte mir nach dem Tode der Mutter nach Graz, wo sie in der jungen Wirtschaft, als meine Frau gestorben, die Haushälterin war. Nach meiner zweiten Verehelichung diente sie ein paar Jahre lang im Hause unseres Freundes und Gönners Edler von Reininghaus. Dort heiratete sie den Wirtschaftsgärtner, mit dem sie sich später durch Fleiß und Sparsamkeit bei Leibnitz in Untersteiermark eine eigene Gärtnerei erwarb. Zwei frische, arbeitsfrohe und gutherzige Kinder erhellen ihr anspruchsloses Leben.

Am trübsten hatte sich das Erdenleben meines jüngeren Bruders

Nikolaus gestaltet. Noch als schwächlicher Knabe mußte er in fremden Bauerndienst treten, entwickelte sich unter Arbeitslast nur langsam, endlich aber zu einem stattlichen schmucken jungen Mann. Einige Jahre lang hatte auch er im Eisenwerk gearbeitet. Doch bei seiner stillen, beschaulichen Natur liebte er nicht den Umgang mit oft rohen, stets unzufriedenen Gesellen, liebte auch nicht rauschende Unterhaltungen; er zog in freien Stunden Spaziergänge in ländlicher Natur vor, baute sich in seiner Weise eine ideale Welt und war heiter und zufrieden — bis auf eins. Frei und selbständig wollte er werden, und so sah er nach einem kleinen Bauerngütchen aus, dessen Besitzerin, eine Witwe, er heiratate. Damit hatte er, der weichmütige, friedliebende Mensch, nichts gewonnen von dem, was er erhoffte. Da nebst seinem nun gedrückten Gemütszustand sich ein hartnäckiges Halsleiden einstellte, das schon einmal in der Kindheit sich angemeldet, so hat er sehr traurige Wochen und Monate zugebracht, bei mir in Graz und in Spitälern. Dann reiste er wieder heim in ein freudloses Haus. Doch immer wieder kam er zu mir, saß stundenlang auf der Lindenbank und konnte das, was ihn gedrückt haben mag, nicht mehr sagen, denn sein Hals »wollte zuwachsen«. Noch einmal wankte er seiner Behausung zu, wo er eines Abends einem Erstickungsanfall plötzlich erlag. Kaum neununddreißig Jahre lang hat das Leben dieses guten armen Menschen gewährt. Wir bestatteten ihn an der Seite seines Vaters, der sechzehn Tage vor ihm gestorben war.

Unser Vater hat öfter erzählt, daß er und seine zahlreichen Geschwister immer zusammengehalten hätten wie die Halme einer festgeraidelten Korngarbe. Nun, bei uns Geschwistern war's auch so. Trotz der großen Unterschiedlichkeit unserer Lebensstellungen und Ziele sind wir einig geblieben. Soweit wir uns etwa nicht verstanden haben, hat eins den Standpunkt des andern stets wohlwollend geachtet. Ich habe die tiefgründige Verehrung für das Bauerntum nie verloren, und ebenso hoch hielten die Geschwister meinen Beruf, wenn sie ihn nicht etwa gar überschätzten.

Eine gewisse Seelenstimmung hatten meine Geschwister stets mit mir gemeinsam, so daß ihnen meine Art nicht allzu fremdartig erschien. Bruder Nikolaus hat mir einmal gesagt: »Peder, däs is kamodt. Was ich mir immer amal denk und nit aussag'n kann, däs kannst *du* dichten.«

So viel, so wenig von den Geschwistern. — Ferner waren zahlreiche Verwandte da, die »Freundschaft«. Halb Alpel war uns vervettert und vermuhmt. Ich denke nur an zwei Oheime. Der Anderl, ein Bruder meiner Mutter, war Holzknecht, weil er ein freier

Mann sein wollte. Der Holzknecht kann jede Woche die Arbeit aufsagen und um ein Häusel weitergehen, was beim Bauernknecht nicht zutrifft. Der Anderl ging gern »um ein Häusel weiter«, und wenn er dann von »Fremden her« manchmal zu uns auf Besuch kam, wußte er allerhand Späße, und von ihm habe ich das erstemal gehört, was wir Ironie nennen. Wenn ihm die Mutter zum Essen vorsetzte, war sein Spruch: »Is nit not, han eh gestern 'gessen.« Dabei der Wolfshunger. »Mirzl«, sagte er zu seiner Schwester, »dih kann ih halt völli nit leid'n, dih!« Denn er hatte sie sehr lieb. Zu mir sprach er einmal: »Peder, wenn du so fortwachsest, stoßt aufs Jahr mit deinem Köpfl beim Mond an!« Es war sehr lustig, wenn der Vetter Anderl solche Reden tat.

Der andere war der Vetter Franzl, der jüngere Bruder meines Vaters. Zur Zeit meiner Kindheit war auch er erst ein Knabe, aber ein besonderer. Er war der einzige in Alpel, der in die Schule ging. Nach St. Kathrein, das war ein weiter Weg. Er war auch Ministrant, und einmal am Fronleichnamstage sah ich es, wie er dem Pfarrer Messe lesen half, in der weißen »Geistlerpfaid« (Ministrantenhemd) mit dem kirschroten Schulternhüllerl, und wie er dann bei der Prozession vor dem »Allerhochwürdigsten« daherging und mit dem Silberglöckel klingelte. Für das Ministrieren hatte der Franz täglich einen Kreuzer bekommen, und davon hatte er auf einem Jahrmarkt etwas gekauft, das vielleicht mein Schicksal ward. Ein Buch. Die Volksbibel mit vielen Bildern von Pater Waibel. Später, als der Franzl schon längst Zimmermann geworden war, ist diese Bilderbibel immer noch in unserem Hause gewesen; ich habe darin das Lesen versucht. Doch lieber als die Buchstaben waren mir die Bilder, die man mit der Schere herausschneiden konnte. Und eines Tages ist dieses Buch nur mehr ein zerschnittener, zerknüllter Fetzen gewesen. Aber vergessen habe ich es nicht mehr können, dieses alte Buch, das ich so liebreich zugrunde gerichtet hatte. Reichlich zwanzig Jahre später hat ein alter Freund in Wien, der Schriftsteller Friedrich Schlögl, der von meiner alten Liebe wußte, mir dieselbe Volksbibel von Pater Waibel neuerdings verschafft. Ich besitze sie noch heute, und wenn ich in ihr blättere und die Holzschnitte betrachte, da denke ich an den längst heimgegangenen Vetter Franz, der mit mir einst dieselben Bilder angeschaut und ausgedeutet hatte.

UNSERE NACHBARSCHAFT

Der Mann hatte seit langem keine Ruhe mehr gegeben. Jahr für Jahr kam er einmal zu mir und mahnte mich an meine Rückständigkeit. Da ich schon die Leser zum Zeugen meines Lebens gemacht hätte, so müßte ich nun noch von der Waldheimat des näheren erzählen.

»Als ob ich von der Waldheimat nicht schon zuviel Näheres erzählt hätte!« rief ich einmal aus.

»Zuviel, das mag sein. Aber nicht genug«, antwortete das literaturhistorische Orakel. »Sie haben Wahrheit und Dichtung gebracht. Aber Sie haben bisher immer noch versäumt, die Grundlage zu stellen, die Grundstimmung Ihres Waldheimatlebens zu zeichnen. Sie sollten uns doch einmal ganz undichterisch die wirklichen Leute Ihrer Waldheimat beschreiben, die Sie in Ihrer Jugend umgeben, und inwieferne dieselben etwa auf Ihr inneres Leben bestimmend gewirkt haben. Auf derlei kommt es uns Literaturschnüfflern sehr an. Wenn Sie es selbst nicht tun, so tut's gelegentlich ein anderer, und dann pflegt es schief zu werden.«

Daran hatte ich nun zwar selber schon gedacht, aber zu große Bedenken getragen, diese autobiographischen Erinnerungen aus der Kindheit noch weiter zu vermehren. — »Die Leute von Alpel! Selbst möchte ich nichts über sie schreiben«, sagte ich zu meinem Literaten, »doch Ihnen einige flüchtige und unzusammenhängende Erinnerungen diktieren, wenn Sie sie anmerken wollen, dazu entschließe ich mich. Es dürfte ja manches Nebensächliche nicht genauso gewesen sein, als es mir, dem unerfahrenen Kinde, vorkam. Im ganzen soll's wohl eine wahrheitsgemäße Skizze der Bauerngesellschaft geben, die vor sechzig und siebzig Jahren in Krieglach-Alpel gelebt und mein bescheidenes Werden beeinflußt hat.«

Auf seine Frage, ob ein solches Diktat dann auch gedruckt werden dürfe, verlangte ich nur, daß für diesen Fall einige Namen geändert werden müßten. Von jenem Geschlechte leben zwar nur wenige mehr, aber selbst von den wenigen möchte es keinem angenehm sein, wenn mancherlei Menschlichkeiten berührt werden, die er mit seinem Namen zu decken hat.

Nach solcher Vereinbarung habe ich einmal vom Krankenbett aus meine Erinnerungen an die Leute von Alpel diktiert, wie hier folgt.

Denken Sie sich, ich sitze als fünf- bis zehnjähriger Knabe mitten in Krieglach-Alpel, auf jenem alten Gehöfte zum vorderen Kluppenegger, das nachher poetischerweise der »Waldbauernhof« genannt worden ist. Das nächste unserer Nachbarshäuser war der hintere Kluppeneggerhof. Erwachsene brauchten zu ihm sechs Minuten, Kinder und Hunde die Hälfte. Auf diesem Gehöfte hauste der Thomas mit seiner gestrengen Ehewirtin und mit seinen fünf Kindern. Der Thomas war ein lustiger, gemütlicher Geselle, aber sein Weib brachte ihn eheliebsterweise so weit, daß er sie schlug. Hernach ging sie davon und klagte den Leuten ihr Unglück. Dann kehrte sie heim und wollte ihm den Herrn zeigen. Sie warf ihm den Buckelkorb nach. Da tat er nichts desgleichen. Sie warf ihm den Melkzuber an den Rücken, da schrie er: »Auweh!«, dann hieb sie ihm den Ofenbesen um den Kopf, da blieb er ganz still, legte seine Sonntagsjoppe an und ging ins Wirtshaus. Dort verbrachte der Thomas seine glücklichen Zeiten. Häufig war's, daß er nächtig an unserem Hause vorüberging, heimzu. Er sang Trutzliedeln auf sein Weib. Doch je näher er seinem Hause kam, als dessen Herr und Besitzer er im Grundbuche stand, je schweigsamer und schlichter gehabte er sich. Er strebte nicht der Ehekammer zu, sondern legte sich ins Strohgelaß. Der Thomas ist jungheit gestorben. »Der kunnt noch lang leben, wenn er nicht so viel gesoffen hätt'!« sagten die Leute. Seine Witwe schluchzte: Sie sollten nicht so schimpfen auf ihn. Sie soll's schwer verwunden haben und sich heilig vorgenommen, mit ihrem zweiten Mann lieblicher zu sein.

Dieser Eheleute ältestes Kind, der Hieserl, war mit mir gleichen Alters, aber nicht in gleicher Länge. Maßen der Holzfäller nicht so groß zu sein braucht wie der Baum. Nur ein weniges machte der Hieserl sich an meinen Beinen zu schaffen, und ich lag allemal. Doch ich hatte nichts dagegen, wenn mich der Kleine umwarf. Er schmunzelte, und dabei waren an seinen Wangen immer zwei Grübchen, die mir's antaten. Ward er aber zornig, dann gab es Nasenstüber mit Blut — so hoch langte er noch. Nach dem vergossenen Blute gingen wir wieder vergnügt nebeneinander einher und plauderten vom Vogelfangen oder auch vom Schmetterlingsspießen oder von einem andern Lausbubensport. Hieserls älteste Schwester, die Everl, war später einmal eine ganze Woche lang meine Geliebte, aber sie wußte nichts davon. In der folgenden Samstagnacht wollte ich ihr's sagen gehen, da brach unter ihrem Fenster der Holzstoß, den ich erklettert hatte, zusammen und weckte das ganze Haus, nur die Everl nicht. Darauf ließ ich's sein.

Zum oberen Kluppeneggerhof gehörte ein Altenleuthäusel (in unserer Gegend auch »Gasthäusel« genannt), darin wohnten die

Ausnehmer: der alte Toni und sein Weib. Der Toni kam oft zu uns herüber, setzte sich an den Herd und hustete. Er konnte stundenlang husten. Und wenn er sich ausgehustet hatte, bekam er von meiner Mutter gewöhnlich ein Stück Brot, und dann siffelte[1] er wieder heimwärts.

Der Toni war in seiner Jugend aus der Hienzengegend ins Alpel gekommen. Gern sang er noch im hohen Alter, wie es ihm beim ersten Fensterln an der Kammer seines nachmaligen Weibes ergangen war:

>D Liab wa noud gwain,
Is scha schwoud gwain,
Wa wul roud gwain
Mai Stain,
Didl zuegwain,
Rigai firgwain,
Hau a sou wieda mian gain.«

(Die Lieb wäre not gewesen, ist schon spät am Abend gewesen, war ganz überflüssig mein Stehen; das Türlein ist zu gewesen, der Riegel vor gewesen, habe so wieder müssen fortgehen.)

Der Toni sagte immer »schein« statt schön. »A scheins Gwond; scheini Mentscha; Scheinheit vageaht.« Vielleicht kommt es davon, daß mir schon damals und auch im späteren Leben Schönheit und Schein in einem Begriff zusammenfielen, in den des inhaltlosen Scheins, von dem man sich nicht soll blenden lassen.

Sein Weib hatte immer den Nasenwärmer im Gesicht stecken. Sie war eine der letzten Weiber, die kurzrohrige Pfeifen rauchten, und sie tat es tapfer wie ein Mann. Sie war dabei sehr ernsthaft und sprach nicht viel, und mir fiel es manchmal auf, daß rauchende Weiber wortkarg sind, wodurch der Nutzen des Krautes genug erhärtet erscheint. Das Altenleuthäusel hatte einen heiligen Winkel; in der Tischwandecke waren viele in Glas gefaßte Heiligenbildchen aufgehängt, und diese Kunstgalerie war es, die mich oft ins Häusel lockte, wo ich manchmal auch ein bißchen Rahm zu schlekken bekam oder gedörrtes Wildobst. Diese alten Leute hatten zwei halberwachsene Buben: den Michel und den Oswald. Und wenn es bei uns viel Arbeit gab, so halfen sie uns für Kost und gute Worte. Wir waren auch oft auf der Weide beisammen, und sie wußten allerhand Spielarten. Einmal war es auf der Kuhhalde. Da banden sie mir die Füße zusammen, legten mich sachte auf den Rasen, schrien laut, es kämen Räuber und liefen davon. Der Os-

[1] schlich.

wald kam aber bald zurück und sagte, er müsse sich mit mir messen. Er wollte sich auf mich legen; dem wehrte ich mit beiden Händen ab. Dann nahm er mich bei den Füßen, zog mich die steile Halde hinab, und zwar ungewollt gerade mitten durch einen breiten Kuhfladen, so daß ich ein abscheuliches Geschrei erhob. Der Oswald löste mir die Füße und war sofort bereit, die Kleider mit mir zu tauschen; aber ich ging darauf nicht ein, sondern lief, auf das höchste erzürnt, unserem Hause zu, um dort über den Missetäter ein Strafgericht zu erwirken. Der Oswald eilte mir schmeichelnd nach, nannte mich seinen liebsten Kameraden und gelobte, nie mehr etwas dergleichen mit mir zu beginnen. Als das nichts fruchtete, suchte er mich mit Gewalt zurückzuhalten, aber ich entwand mich und eilte in den Hof. Dort ging ich in die Bodenkammer, zog ein anderes Gewand an, gestand der Mutter, daß ich ausgerutscht wäre und Unglück gehabt hätte, und damit war der kritische Fall aus der Welt geschafft. Der Oswald ist erst vor wenigen Jahren gestorben, aber noch in seiner letzten Zeit hat er sich erinnert an die Kuhfladenaffäre und an meine Großmut.

Weiter hin auf der Höhe das Riegelbauernhaus, ein altes Anwesen, aus dem ein Teil unserer Familie stammte. Der nunmehrige Besitzer gab sich als ein einfältiger, stiller Mensch, hatte es aber faustdick hinter den Ohren, was besonders beim Holz- und Haferhandel zum Vorschein kam. Für mich hatte der Riegelbauer, wenn wir uns begegneten, allerlei Anreden. So sagte er gern: »Petrus, was spricht Paulus?« oder: »Peter und Paul sein zween Faul'«, oder: »Peter, wann er nit liegt, so steht er.«

Sein Weib sah man immer mit vermummtem Kopfe; sie hatte der Gicht wegen den Kopf stets mit vielen Tüchern umwunden, so daß man von der Alten nichts als die Nasenspitze sah.

Diese zwei Bauersleute litten an der Arbeitswut. Sie konnten nicht genug arbeiten, nahmen sich kaum Zeit zu Mahlzeiten, und bald nach Mitternacht begannen sie den neuen Tag. Sie hatten drei Kinder, die etwas schief gewachsen waren. Der älteste, der Patritz, hatte einen solchen Höcker, daß der Bauer meinte, er sei höchstens für einen Schneider tauglich. Und so ist dieser Patritz bei meinem späteren Schneiderlehrmeister mein Vorgänger geworden. Nicht selten hat nachher der Meister zwischen dem Buckligen und mir Vergleiche angestellt, die fast nie zu meinem Vorteil ausgefallen sind. Die alte Riegelbäuerin hatte eine Eigenschaft, die sie in der ganzen Gegend bekannt und gefürchtet machte. Sie litt an religiöser Schwärmerei und nahm sich trotz ihrer Arbeitsgier manchmal Zeit, in die Nachbarshäuser einzufallen und Bußpredigten zu halten.

Ich bekam dabei reichlich meinen Teil ab, denn mein vieles Bücher-lesen kam ihr verdächtig vor, und sie sprach stets ihre feste Zuver-sicht aus, daß ich in die Hölle kommen würde. Sie ist schon lange im Himmel.

Hinter dem Riegelbauernhof unten im Hochtale stand das Gra-benbauernhaus, das ganz abgewirtschaftet war und nur noch eine Person unter seinem Dache barg. Aber was für eine Person! Ich habe sie in jenen Zeiten nicht selten in meinem Vaterhause gese-hen. Sie hatte ein breites Gesicht, kleine, zwinkernde Augen und war immer zum Lächeln aufgelegt. Aber sprechen tat sie nicht viel. Es war etwas Geheimnisvolles um ihren ganzen Kreis. Sie war die beste Freundin meiner Mutter, und meine sechs jüngeren Geschwi-ster soll alle miteinander diese Frau ins Haus gebracht haben. Ja, es ging das Gerücht, daß sie auch mich gebracht hätte. Wenn ich in die Gegend kam, schlich ich gerne um das stille Grabenbauernhaus herum, spähend, den dunklen Dingen auf den Grund zu kommen. Bis ungefähr in meinem dreizehnten Lebensjahr mag ich gespäht haben. Um diese Zeit, manchmal auch früher, hört bei den Kindern die fragende Wißbegierde auf, woher sie kommen.

Hinter dem Grabenbauernhof auf dem Berge stand der Peter-bauernhof. Der Besitzer desselben war ein Bruder meines Groß-vaters. Er war ein kleiner, emsiger Mann, mit stark abgeschabter Knielederhose und grünen Strümpfen und mit einem stets bartlo-sen, munter gemütlichen Gesicht. In der rechten Hosentasche hatte er eine Lederscheide stecken, darin ein großes Messer und einen messingenen Wetzer, denn er war der Schlachtmann von Alpel.

Wo eine Kuh, ein Schwein, ein Schaf zu schlachten war, da wurde er gerufen, und es machte mich geradezu an ihm irre, wie dieser lustige, gutmütige Vetter Peterbauer kaltblütig das Messer ins Fleisch stoßen konnte. In unserem Hause mußte ich ihm beim Ausweiden oft helfen, und da sagte er einmal, das Inwendige einer Sau habe die allergrößte Ähnlichkeit mit dem Inwendigen eines Menschen. Da ich das nicht glauben wollte, rief er, mich am Arm fassend: »Das wern ma gleih sehn, wern ma halt amal nach-schau'n.« — Da habe ich ihm's ungeschaut geglaubt.

Von den Bauernhöfen in Alpel standen nicht wieder zwei so nahe beisammen als der des Peterbauer und des Michelbauer, als ob sich eines allein hier schon fürchtete. Sie hießen zusammen die Graneck-häuser. Dort hörten die Haberfelder und die Wiesen auf. Von ihren Fenstern aus sah man nur ein Wasser, das sich durch das letzte Wieslein hinabschlängelte, und weiterhin Waldwildnis, nichts als Waldwildnis. Der Michelbauer baute zu jener Zeit sich ein

Wohnhaus. Das uralte war vermodert über den Einwohnern, so daß der Moderstaub bei jeder leisen Erschütterung den Leuten in die Suppenschüssel schneite. Von unserer Bergeshöhe aus hörten wir nun ein ganzes Jahr lang das Pochen und Hämmern der Zimmerleute, bis der Dachstuhl mit seinem Sparrengitter weiß herüberleuchtete. Dieses Leuchten des weißen Dachstuhlsparrens hat einen der wonnigsten Kindeseindrücke in mir hinterlassen. Das erstemal sehen ein Haus bauen! Das war gar so freudig feierlich.

Vielleicht war's auch darum, weil man sah, daß von allen anderen Bauernhöfen her schmuckgekleidete Mägde gegen das neue Haus zogen, mit großen Kopfkörben, in denen die Nachbarn Weißbrot, Milch, Butter und Speck schickten als Beitrag zur Verköstigung der Zimmerleute. Damals hat's noch keine Versicherungsanstalten gegeben; doch wenn einem was passierte, wenn er auf Hilfe anstand, da war er nicht verlassen, da sind alle für ihn eingetreten. Noch als dritter Graneckerhof, der schon im Walde stand, war die Hube eines Großgrundbesitzers, der Eigenjagd hatte. In diesem Hause wohnte ein Forstmann, der Saufüssel genannt. Das war ein fremder, eingewanderter Jägersmann, der für die Gutsherrschaft die Forstverwaltung besorgte und den Wildschützen die Finger wegschoß. Der Mann behauptete, alle Alpler wären Wildschützen, nur daß sie sich nicht erwischen ließen; und da er denn einmal einem im Gesicht geschwärzten Hasendieb den Daumen wegschoß, ohne ihn zu erwischen, triumphierte er: »Na, jetzt werden wir's bald sehen, welchem der Finger fehlt.« Aber in ganz Alpel fehlte keinem ein Daumen.

Alpel war damals zu vier Seiten, also ringsum, besetzt mit Jagdhäusern als Zwingburgen wegen Wildschützen. Die Menschen waren nicht von der Polizei geschützt, aber die Hasen und Rehe. Zu wundern war es nur, daß man alle möglichen Leute als Wilderer eintrieb, die sich irgendwie verdächtig machten, nur nicht die Wildschützen selber. Ein paar solcher Gesellen waren schon unter uns, wir kannten sie recht gut, aber sie starben an Altersschwäche, bevor sie verraten wurden.

Von den Graneckern rechts ab an breiter Bergesböschung stand der Zettelbauernhof. Von dem weiß ich nichts mehr, als daß er in seinem Altenleuthäusel einen merkwürdigen Schuster hatte. Dieser Schuster Ernest litt immer an Bauchweh, und sein altes Frauchen mußte alleweil mit ihm auf die Ster[1] gehen, um sein Leiden durch erwärmte Kleienpölsterchen zu lindern. Beide trugen das Mißge-

---

[1] Als Handwerker im Hause des Kunden arbeiten.

schick mit standhaftester Geduld und wußten durch ihre Anspruchs-
losigkeit und Bereitwilligkeit sich auch die Geduld der Leute zu
erhalten. In bauchwehlosen Zeiten trieb die Ernestin vermittels
eines Tragrückkorbes einen kleinen Handel mit Eiern und Geflügel
zwischen dem Jakelland und dem Mürztal.

Vom Zettelbauer abwärts in der Talschlucht lag das Müllerhaus.
Der Müller hatte neben seinem kleinen Landgütchen eine Mühle
mit drei Gängen, womit er denen von Alpel, die keine Mühle hatten, den Roggen und den Hafer mahlte. Der Müller war ein sehr
sänftiglicher Mann, ging auch selten an einem Bildstöckl vorüber,
ohne eine Andacht zu verrichten, aber der böhmische Schneider
Johann, der beim Müller Schnaps trank (man bekam einen dort),
der sagte einmal bei Betrachtung eines Mautanteils spaßhaft: »Du,
Müller, du wirst schon auch einmal abhängig werden, von etwas,
das höher ist als du.« — Der Müller lachte dazu, wie immer, wenn
man ihn irgendwie beschuldigte. Das Lachen war seine Verteidi-
gung — und keine schlechte. Ich merkte mir den Ausspruch des
Schneiders, obschon ich ihn nicht recht verstand, und erst später, als
ich in einem Buche las, daß man im Mittelalter die allzu eigennützigen Müller und Bäcker gerne an den Galgen gehängt hatte, leuchtete mir des Schneiders tiefer Spruch von der »Abhängigkeit« ein.

In diesem Müllerhaus erkrankte eines Tages eine junge Magd,
zu der ich den Geistlichen holen mußte. Und nach den Sterbesakra-
menten, als alles in schweigender Andacht war, rief die Sterbende
plötzlich laut aus: »Josef, Josef, du bist mein Verderben, sonst
kunnt ich als reine Jungfrau sterben.« Dieser Ausruf ist auch etwas,
was mir mit gleichsam eiserner Klammer in die Seele geschlagen
wurde. Ich wußte nichts weiter von den Verhältnissen der Magd,
die wir am dritten Tage begruben. Aber noch heute, wenn ich an
den Überresten des Müllerhauses vorbeigehe, fallen mir jene flam-
menden Worte eines unglücklichen Naturkindes ein.

Unweit des Müllers, etwas mehr in die Sonne gerückt, auf steilem Berghang, stand der Auenbauernhof. Der Auenbauer unterschied sich um ein paar Grade von den übrigen Alplern. Er trug
gern schwarzes Gewand, auch werktags; er gehörte zu jenen wenigen, die mit Weib und Kind sich des Morgens vom Gesinde abson-
derten, um ihren damals neuzeitigen Kaffee mit Milchbrot im
Nebenstübel verzehren zu können. Er interessierte sich für die
Medizin und hatte aus persönlicher Neigung Tierarzneikunde be-
trieben, weil er sagte, die Tiere wären besser und dankbarer zu
behandeln als die Menschen; und ich glaube selber, daß ich erkleck-
lich geschimpft haben würde, wenn er mir, wie seinen Ochsen, das

aufgelöste Glaubersalz oder das Pechöl maßweise in den Rachen hätte schütten wollen. Doch war der Auenbauer ob seiner Kunst weit gesucht, und wenn er einmal mit einem Tiere Unglück gehabt hatte, so deutete er es dahin, als sei es ihm eben einmal so aufgesetzt (bestimmt) gewesen. Der Auenbauer hatte sich nebst dem Kaffee auch noch einer anderen Kulturerrungenschaft zu erfreuen und ließ es gerne hören, daß er bei der steirischen Sparkasse Kredit habe — schier um tausend Gulden. Um solches Ansehen haben sich allmählich auch andere Alpler-Bauern beworben.

Ein paar Jahre vorher, als ich zum Bewußtsein trat, hatte die Familie des Auenbauers ein großes Unglück getroffen. Der Alte, der Vater Auenbauer, war eines Tages mit seinen halberwachsenen lustigen Töchtern in den Wald hinaufgegangen, um eine Riesenfichte zu fällen, die hoch über alle Bäume in der Gegend hinausgeragt hatte und nun bestimmt war, im Winter die Hausstube zu wärmen. Während der Arbeit, durch einen Windstoß, fiel der Baum unrichtig und zerschmetterte die beiden Mädchen, die nicht mehr ausweichen konnten. In einer Bettblache haben sie knochenweise nach Hause getragen werden müssen. Ich habe an dieses Unglück denken müssen, sooft ich den Auenbauer, der also seine Schwestern verloren hatte, zu Gesichte bekam, und war wohl der Meinung, daß er immer nur deshalb sein schwarzes Gewand am Leibe trage.

Der Auenbauer war es auch gewesen, der später dem alten hausierenden Michael Patterer ein kleines Schulhaus baute. Doch ist die Schule nach des Lehrers Tod wieder aufgelassen worden, und der Auenbauer siedelte, obwohl er das Haus vielleicht im letzten Sinne für sich selbst als Altenleutstübel bauen ließ, von Alpel fort, ins breite Tal, wo er an der fremden Welt bald vergangen ist.

Bisher sind wir auf der Schattseite von Krieglach-Alpel gewesen, jetzt wollen wir zur Sonnenseite, wo die Bezirksstraße geht, an die sich wie Perlen an der Schnur Häuser und Höfe reihen.

Das erste dieser Häuser, zum Ofenberger. Ein Jagdhaus, an dessen Außenwände Raubvögel der vorhergegangenen Jahrzehnte ihr fahles Geflügel angenagelt reckten. In dieses Haus sowie in mehrere nachbarliche war ich als Schulknabe oft gekommen zum hausierenden Lehrer. Da saß denn der kleine alte Jager Hausl pfeifenschmauchend an der Tischecke und beobachtete schmunzelnd die jungen Weltbürger in ihren wissenschaftlichen Bestrebungen, und guckte jedes Büblein auch wohl daraufhin an, ob nicht etwa ein Wildschütze in ihm steckte. Ich meinerseits dachte mir bei seinem Anblick: Was der schon für liebe Tierln erschossen hat, so einer sollte gar nicht bei unserem Tisch sitzen. Ich wußte freilich nicht, daß wir bei *seinem* Tische saßen und daß er zu jeder Stunde das Recht hatte zu sagen: »Packt zusammen und schaut, daß ihr weiterkommt, ich brauch den Tisch zum Knödlessen.«

Der nächste Bauer war der Holzbauer. Das Haus stand hoch auf dem Berg, meinem Heimathause fern gegenüber, und wenn der Nordwind leise strich, konnten wir den Hilferuf vernehmen des alten Holz-Martin, wenn er von seinem Weibe mit einem Brennscheit ums Haus gejagt wurde. Auch das kleine, hastige, stets gemütlich dreinschauende Martinlein hielt sich gerne bei unserem Tisch auf, wenn die Schule in seinem Hause war. Dieser Tisch war ihm eine Art Gottesfriedenskreis, wo er von seiner Eheliebsten nichts Besonderes zu fürchten hatte, solange der Lehrer in seinem Regimente war. Dann allerdings machte sich der Alte mit der Schuljugend davon. Übrigens spielte er die Rolle des Siemandls[1] weniger gezwungen als aus freiwilligem Humor. In seiner weichmütigen Art war ihm als leidendem Teile das Selbsterbarmen ein Bedürfnis. Im Ernstfalle aber bekam die Schläge sie. Das Weib des Holzbauers war auch unter dem Namen »die Essigbäuerin« bekannt, weil sie bei ihren Mägdekammern die Türangeln mit Essig befeuchtete, damit sie quiekstsen. Die Bäuerin behauptete, bei Mägdekammern sei der Essig nächtig ein weit besserer Schutzengel als der »Weihbrunn«. Die beiden Holzbauernleute waren übrigens wohlgelitten. Wenn sie bei Hochzeiten schöne Lieder sangen, da waren sie auch in Harmonie miteinander.

Unterhalb des Holzbauers, in ein feuchtmooriges Wäldchen hineingebaut, stand die »Zigeunerkeuschen«. Die Einwohner waren Schustersleute. Aber ich kann mich nicht erinnern, daß sie irgendwo in der Gegend als Schuster gearbeitet hätten; auch war gerade nicht viel Zigeunerhaftes an ihnen, als daß sie eingewanderte Leute waren, die ein herrisches Gewand trugen, etwas bräunliche Gesichter hatten und nie Fühlung mit der übrigen Einwohnerschaft bekommen konnten. Die Kinder dieser Leute schrieben sich »Finger« und hatten unter dieser Benennung weit mehr zu leiden als unter dem Titel »die Zigeunerschusterskinder«. Diese Kinder waren schreckig und verängstigt, ließen sich mit uns nie in Spiele ein. Wenn sie bei sich zu Hause waren, so warfen sie die wenigen Kleider, die sie sonst am Leibe trugen, von sich und liefen in Hütte und Wald nackend herum. An die Haustür der Zigeunerhütte waren Bilder genagelt von der Schlacht bei Leipzig, welche ich mir auf meinem

---

[1] Ehemann, der unter dem Pantoffel steht.

Schulwege immer gern näher betrachtet hätte, was aber wegen eines bestimmten scharfen Geruches, der die Zigeunerhütte umgab, nachgerade peinlich war. Dieser Geruch schien der armen Leute Schutz zu sein, er schnitt den Verkehr ab und sonderte also strenge die harmlosen Fremdlinge von den Alplern. Viel später in meinem Leben, zu Pilsen in Böhmen, war ich einem der einst so kleinen Finger begegnet, als hübschem stattlichem Mann und Beamten des dortigen bürgerlichen Bräuhauses. Von einem gewissen Heimatsgefühle bewegt, hatte er sich mir, der dort seine Vorlesung hielt, vorgestellt. Und wir fühlten uns sofort in der Fremde als trauliche Landsleute, während wir einst in der Kindheit Heimat urfremd aneinander vorübergegangen waren.

Etwas weiter unten stand der Steinbauernhof. Er stand auf der Straße und hatte mit Kohle an seine Haustür geschrieben: »Wer sein Haus baut an der Straßen, muß die Leute trinken lassen.« Es war ein Wirtshaus, aber nur bedingungsweise, das heißt, wenn die Leute auf dem Felde nichts zu tun hatten oder wenn die Steinbäuerin den Kellerschlüssel nicht verloren hatte. Gewöhnlich, wenn junge frische Leute oder gar solche, die auf dem Wagen dahergefahren kamen, Wein haben wollten, hatte sie den Schlüssel verloren, und nur im Mostkrug sei noch ein guter Rest vorhanden. Anders er, der Steinbauer. Wenn jemand Most bei ihm verlangte, so hatte er nur den Schlüssel zum Weinkeller zur Hand. Beim Steinbauer war jährlich einmal Christenlehre. Da kam irgendeines Herbstsonntagnachmittags aus Krieglach der Kaplan, setzte sich in die Zechstube unter die Leute und hielt irgendeine christliche Auslegung. Ein Kaplan fragte bei dieser Gelegenheit die Alten wie die Jungen ein wenig nach dem Katechismus aus. Der hatte sich aber schon im nächsten Jahre zu beklagen, daß bei seiner Christenlehre die Leute ausblieben, worauf ihn der Pfarrer auslachte: »Das wern's Ihnen wohl denken können, warum. Ich brauch die Leutln nicht zu examinieren, ich weiß auch so, daß sie nichts können.«

Der nächste am Steinbauer war der Höfel. Ein junger, derber, grobrediger Bursche; wollte man mit ihm auskommen, so mußte man ihn übersehen und überhören, und so wollen auch wir ihn übergehen. Trotz seiner stark zynischen Art war er als Arbeiter sehr beliebt, ihm war kein Baum zu dick und kein Stein zu schwer und kein Stier zu stark, er bewältigte alles.

Des Höfels weitere Nachbarin war die Maria Theresia von Alpel. Eine alte Witwe, die ihren Hof mit dem großen Gesinde ganz allein beherrschte. Am Sonntag war ihre stattliche Gestalt in dunklen, rauschenden Seiden auffallend würdig. Auf dem Kirchwege war sie stets von mancherlei Leuten umgeben, die ihr Anliegen vortrugen, als wäre sie Richterin der Gemeinde. Wo es einen Zwist, einen Handel, eine Feindseligkeit gab, da ging man dieses Weib, die Donnerhoferin, um Vermittlung an, und sie schlichtete mit gutmütigem Gebrumme und zu gegenseitigem Wohlwollen jeglichen Streit. Einmal hatte diese Kleinbäuerin selbst über den Ortsrichter ein Urteil gefällt, und er fügte sich.

Hinter dem Donnerhofe, fast oben am Waldrande, über welchem die östlichen Almkuppen sich erheben, war der Allitschhof. Aber auf ihm saß ein alter Jäger, der gern aufs Wild ging und die Eigenschaft hatte, nie etwas zu treffen. Die Wildschützen entschuldigten ihn recht gern und meinten lachend zueinander: »Der Oberjäger kann nix dafür, er hat halt krumpe Schrett[1].« Einmal lud dieser Jäger die Bauern von Alpel zu einem großen Herrenjagen ein; sie nahmen alle diese Ehre gern an, aber als es sich herausstellte, daß sie nur als Treiber befohlen worden waren, da sagte der Steinbauer laut: »Na, wenn wir schon Treiber sein, so treiben wir halt den Herrn Jager über unsern Grund hinaus. Der Jager hat bei uns Bauern nix z'tun.« Darauf hat ihnen der Jäger auf Jahre lang ihre Wald- und Almrechte an Holz und Weide geschmälert.

Nun wenden wir uns näher dem Herzen von Alpel. Da ist der Großheidenbauernhof. Der Großheidenbauer war der kleinste Mann in ganz Alpel, genoß aber ein gewaltiges Ansehen. Das freundliche Lächeln seines runden Vollgesichtes soll manchem schweres Geld gekostet haben. Ich weiß es nicht. Ich habe nur Gutes von ihm erfahren. Aber er bildete sich was ein darauf, den Ruf eines schlauen Viehhändlers zu haben, und ist überhaupt noch kein Viehhändler zum Gericht gelaufen, wenn man ihn einen durchtriebenen Luderskerl gescholten. Der Heidenbauer war's ja nicht. Der Heidenbauer verstand sich aufs Vieh. Er hatte das schönste Vieh in ganz Alpel und bezahlte den geraden Rücken eines Kalbes doppelt so hoch als einen eingesattelten Rindsbuckel. Wenn er mit der Mehlbutte von seiner Mühle hinaufging gegen sein Haus, da sammelte sich hinter ihm alles Vieh, das mit Glockengeläute und Kehlgeschrei ihm das Geleit gab, dabei aber lüstern war auf manche Handvoll Mehl, mit der er schließlich die Ehre wettmachte. Jedes Jahr einmal trieb der kleine Mann nach Mariazell zum Viehmarkte, wobei er auch allemal seine Wallfahrt verrichtete. Das ordnete er aber so an, daß die Ablaßbeichte *nach* dem Kuhhandel kam. »Das bin ich meinem Seelenheil schuldig«, sagte er. Da er sich gerne selber über sich

[1] »krummes Schrot«.

lustig machte, so wird er mir diese Verbuchung nicht für übel nehmen, maßen der Spötter selbst noch in der menschlichen Haut steckt, während der Heidenbauer längst mit allem im reinen ist.

Der Großheidenbauer besaß ein Nebenhäusl, das mitten im Walde stand, unweit der Straße, und manchem Fremden für eine Räuberburg galt. Das hatte der Einwohner des Häusels selber ausgesprengt, weil er Ruhe haben wollte vor Handwerksburschen, die das Handwerk grüßten. Denn bei diesem Mann im Walde war ein Handwerk zu grüßen. Der Mann hieß der »krump Schneider«, er war Gemeinde-Kleidermacher in Alpel. Aber nur, wenn er Zeit hatte. Zu den Faschingszeiten oder wenn sonst Lustbarkeit war in der Gegend weitum, da ging er »bratelgeigen«, das heißt, geigte den Leuten zum Tanze auf für eine Portion Braten und das dazugehörige Getränke. Da waren Wirt und Gesellschaft immer in Sorgen. Bekam der Schneider nicht viel zu trinken, so geigte er nicht, und bekam er viel zu trinken, so *konnte* er nicht geigen. Das Allerunangenehmste, sagte dieser Schneider gerne, sei ihm das Wirtshaus. Besonders, da ihm der Wein nicht gut tue. Diesem Weine, so erzählte man spaßeshalber, verdankte er auch den Doppelbruch seines linken Beines; aber nicht der Wein hatte ihn geworfen, sondern die Holzknechte von Kreßbach, die er im Rausche so lange gehänselt hatte, bis sie ihn stumm machen wollten. Weil aber ein Schneider mit gebrochenem Fuß noch weit mehr schreit wie mit gesundem, so war dieser sein Ruhm weit in der Gegend verbreitet worden, daß zwei Maß Wein und drei Holzknechte dazugehörten, um einen Schneider zu werfen. Ob seine Hosen und Joppen sehr großen Anklang fanden, das will ich grundsätzlich nicht entscheiden, denn auch ich selber bin einmal wer gewesen und weiß, was über Kollegen zu sprechen und zu verschweigen ist. Aber das ist festzustellen, daß seine Geschichten und Märchen die Bewunderung von ganz Alpel erregten und in mir junge Phantasien aufjagten wie geschreckte Rehlein im Walde. Die ganzen langen Abende auf der Ster erzählte er Märchen, wovon er aber vertraulich manchmal beigab, daß auch ein bißchen Dichtung dabei sei; und wenn die erzählten Ereignisse so unerhört wurden, daß die Gesichter der Knechte in die Länge gingen und die Weiber vor Angst zu stöhnen anhuben, schmunzelte der Schneider irgendeinem nächsten Nachbarn zu: »Ich bin doch ein rechtes Mistvieh, was ich die Leut anlugen kann!« Der krump Schneider hatte mehrere Söhne, die ihre beständig kranke Mutter mit rührender Hingabe pflegten, wenn sie nicht selber in der Nachbarschaft milde Gaben sammeln konnte. Einen dieser Söhne fand ich viele Jahre später im Eisenwerke

Witkowitz als braven Vorarbeiter; er hatte dort einen Verein, »Die Mürztaler«, gegründet, ein Zeichen, daß aus unserer Waldgegend auch andere in jenem großen Industrieorte lebten und gerne ihrer grünen Heimat gedachten.

Auf derselben Sonnleiten, auf der das Großheidenbauernhaus stand, hatte sich auch in gleicher Höhe vor soviel hundert Jahren der Kleinheidenbauer festgesetzt. Die beiden Höfe standen, wenn auch tiefer liegend, uns ungefähr gegenüber über den weiten Graben. Die Entfernung war so weit, daß, wenn sie drüben ackerten und ernteten, wir wohl die Personen zählen, aber sie nicht erkennen konnten. Der Franzl Heidenbauer war eine stattliche, behäbige Gestalt, dessen behagliche Lebensführung ihm immer bei den Augen herausleuchtete oder in einem tiefen, volltönenden Lachen vibrierte. Wenn einer in der Gegend aus tiefer Brust recht volltönig auflachte, so war es sprichwörtlich: Der lacht wie der Franzl Heidenbauer. Der Franzl Heidenbauer war stets sehr nachbarlich. Er ließ auf seiner Getreidemühle jeden mahlen, der selbst keine hatte. Er besaß einen riesengroßen Eisenkessel, der auf schwerem Wagen nur mit drei Paar Ochsen befördert werden konnte. Mit diesem Kessel fuhr er zur Herbstzeit zu den Nachbarhöfen, um dort in ihm das reife Kohlkraut zu überbrühen, wie ein derartiges Verfahren bei dem sogenannten Gruben- oder Schachtkraut nötig ist. Für diese Arbeit nahm der Heidenbauer nie Bargeld, sondern nur ein bescheidenes Prozent von Krautköpfen. Die Söhne des Heidenbauers waren meine Jugendgenossen. In freien Stunden eilten wir jenseitig zum Bache, der tief in der Talwiese zwischen dem Heidenbauerngut und unserem Grund die Grenze zog. Dort fingen wir mit der Hand die Forellen aus dem Bache, brieten sie auf freier Wiese und dünkten uns bei dieser Lebensfülle großartiger als die Prinzen im Märchen. — Die Heidenbauernjungen versprachen also dieselben Lebemänner zu werden, als der Vater es war. Aber sie sind in früher Jugend gestorben. Der alte Franzl überlebte sie lange.

Ohne Tabakspfeife hat man den Mann nie gesehen. An einem Wirtshause wird er seit der Kinder Tod nur selten vorbeigegangen sein. »Essen und Trinken«, sagte er, »hält Leib und Seel z'sammen.« Das geschah alles mit Gemessenheit und Behaglichkeit. Von tieferen Wirtschaftssorgen, die sein klemmiges Gut sowie sein kränkliches Weib ihm etwa machten, hat nie jemand etwas erfahren. Er ging eines Tages durch schnellen Tod so vornehm aus dem Leben, als er dasselbe geführt hatte.

Aber da liegt heut vor mir ein altes Gebetbuch, in Leder gebunden, mit Lederschließe, stark abgegriffen und verraucht. Das erste

weiße Blatt ist an beiden Seiten voll von einer klein gefitzelten
Bleistiftschrift, die schwer entzifferbar also lautet:

»1858 in *Märtzen*. Ist der Nachbar Heidenbauer zu uns kommen, sonst allemal lustig, heute sehr traurig. Er hat zwei große,
starke Buben, den Franzl und den Petzl. Und den älteren, den
schönsten, kräftigen Franzl haben sie ihm in Bruck zu den Soldaten behalten. Der Franzl will nicht, weil das Soldatenleben ein
Graus ist, und der alte Heidenbauer ist zu den Herren nach Bruck
gefahren, daß sie sehen, wie alt er schon ist, und er kunnt den
Franzl um kein Streich graten daheim in der Wirtschaft. — Aber,
sagen sie, er hätt' ja noch einen zweiten Sohn! — Ja, sagt er, ist
aber noch klein und letz und bringt in der Arbeit noch nix für-
wärts. — Sollt' ihn herzeigen! sagen die Herren. Desweg ist der
alte Heidenbauer in der Zwicken, denn es ist nit wahr, daß sein jüngerer Sohn noch klein und letz ist, er ist groß und stark. Und wo
nimmt er jetzt einen letzen Buben her, den er den Herren kunnt
aufzeigen für seinen Sohn Petzl! Derohalben ist der Alte zu uns
kommen und mein Vater möcht' so gut sein und ihm auf einen Tag
seinen letzten Bub leihen, den er in Bruck für seinen jüngeren Sohn
wollt herzeigen. Nachbarschaftlich ist mein Vater immer gewest,
und so sind wir am kommenden Tag nach Bruck gefahren, der
Heidenbauer und ich, und hat mir's unterwegen eingelernt, daß
ich vierzehn Jahre alt bin und Petzl Steinreuter heiße und des
Kleinheidenbauers Sohn sei. Die Herren haben's glaubt, haben den
Franzl ausgestrichen, und wir haben auch künnen heimgehen. In
der Freud hat mir der alte Heidenbauer, was am selben Tag mein
Vater ist g'west, ein Gebetbüchel kauft, dasselbig, wo ich jetzt die
Begebenheit hineinschreib zum Andenken. Als wie nachher die
Rekruten fort haben müssen, auswendig mit Geschrei, inwendig mit
Traurigkeit, da hat der Franzl daheim bleiben dürfen in großer
Freudigkeit. Aber der Herrgott hat ihm's nit geschenkt. Nit ein
Jahr geht um, kommt eine Bois (?) in unsern Gai (Gau), das Nervenfieber geheißen, hat etlich junge, kräftige Leut mitgenommen —
darunter auch den schönen, starken Franzl Steinreuter vom Heidenbauern. Und wie nach sieben Jahren die Soldaten frisch und
gesund sind zurückkommen aus der weiten Welt, ist der Franzl
schon verwesen gewest.

Dieses Büchl ist ein Bußgedenken, weil ich han mitgeholfen und
bin schuldig zu beten.«

Diese Aufschreibung nimmt mich merkwürdig mit, denn ich weiß
von der Geschichte.

Nach dem Heidenbauer kam im Tale unten der Grabler, den sein Gütchen hatten die Nachbarn eng zusammengedrückt. Er hatte an Feldern und Wiesen kaum die Hälfte von dem, was jeder andere besaß. »Für einen Bauer bin ich zu klein und für einen Häusler zu groß«, war sein Sprichwort, wenn er sich bescheiden prahlen wollte. Aber so engbrüstig der Grablerhof war, so hochgemut war der Grabler. Er war der einzige, der mit seinem Weibe einmal die vierzehntägige Fußreise nach dem Luschariberge gemacht hatte, der in Kärnten ganz hinten an der italienischen Grenze steht. Es war damals für gute Katholiken Brauch gewesen, diesen Wallfahrtsort zu besuchen. Verlobt dahin hatten sich manche, aber als es mit der Reise ernst werden sollte, war weder Zeit noch Geld vorhanden. Nur der arme Grabler hatte beides aufgebracht und sich damit ein besonderes Ansehen für seine ganze Lebenszeit erworben. Die Familie des Grablers war mit uns auf das engste verbunden. Meine Eltern hatten alle Kinder des Grablers und seines Weibes aus der Taufe gehoben, und umgekehrt waren wir alle die Taufkinder der Grablerleute. Es hat nichts gegeben, in welchem wir uns gegenseitig nicht in die Hände gearbeitet, nicht aus kleinen und großen Nöten geholfen hätten. Immer empfand es der eine Teil für eine große Ehre, wenn er dem anderen eine Gefälligkeit erweisen konnte. Eines der Grablerkinder, die kleine Walburga, starb in ihrem frühen Lebensjahre, sie war gleichzeitig mit einer anderen Mädchenleiche auf dem Krieglacher Friedhofe begraben worden. Am nächsten Tage fand man die beiden Leichen, mit dem Messer an der Brust geöffnet, in einem Walde. Es war eine Untat des Aberglaubens, und erst viele Jahre später hat es auf dem Sterbebette der Täter selbst einbekannt, daß er die Leichen aus dem Grabe geholt, um mit den Herzen derselben böse Gewitter zu zaubern. Die armen Grablerleute haben das in der Gegend beispiellose Ereignis mit verehrungswürdiger Ergebung getragen. Die Nachkommen jener Grablerleute, so mager es ihnen immer ergangen, sitzen heute noch auf ihrem Gütchen — von Wildnis umwuchert —, während die meisten der damals wohlhabenden Bauernhöfe dahin sind.

Vom Grabler anwärts, auf einem anderen Berge, stand der große Zislerhof, über dem, so groß und reich er war, das Verhängnis lag. Der Zislerwastel, eine schlanke, schwerfällige Gestalt, sagte mit seiner Fistelstimme zu allem ja, auch wo er nein tat. Er hatte immer Augenkatarrh. Immer sah man ihn mit dem blauen Knoten seines Sacktuches die geröteten Augen trocknen, so daß es war, als weine er. Zu letzterem wäre wahrlich auch Ursache gewesen. Der

Mann führte einen geradezu dämonischen Kampf gegen den Geldgeiz und gegen die Höllenangst und ist unterlegen.

Die Leute sagten, er habe viel Geld vergraben gehabt. Das sagten sie damals von manchem Bauern, bei dem sie keines auf der Hand sahen. Auf seinen Vorteil verstand sich der Wastel freilich; sie hatten ihm das gerne verziehen, weil er sonst gutmütig und nachbarlich gewesen war. Einmal war ihm aus seiner Mühle Mehl abhanden gekommen, aber er sagte nichts. Und da redete eines Tages der Kohlenbrenner vom Maßwald auf ihn hin: »Wie geht's alleweil, Nachbar Wastel?« — »Auf der bessern Seiten nix nutz«, antwortete der. »Ich höre, sie haben dir ein Bündel Mehl aus der Mühle gestohlen.« — »So!« sagte der Wastel, »nachher bis du es selber gwest; ich hab' zu niemand was gsagt.« Der Kohlenbrenner war dumm erschrocken, weil er glaubte, da gebe es keinen Ausweg, gestand es ein und bat um Verzeihung: »Nur nit unglücklich machen einen armen Familienvater!« — »Du wirst mir sechs Monat lang Holz hacken«, verlangte der Wastel, und der arme, alte Waldteufel hat's des lieben Rufes wegen getan. Der Wastel hatte sein Lebtag kein ihm gestohlenes Gut so gut verwertet als dieses Bündel Mehl. — Groß Unglück hatte der Wastel mit seinen Kindern. Durch sie wollte er sich von der Hölle befreien, die er so sehr fürchtete. Eine seiner Töchter gab er ins Kloster; eine zweite verirrte sich zur Winterszeit auf die Wölzeralpe, wo sie im Frühjahr tot gefunden wurde. Ein Sohn wurde beim Fuhrwerk von einer Heufuhre erschlagen. Ein zweiter heiratete eine alte Witwe, die einen großen Bauernhof besaß. Nach ihrem Tode nahm er ein junges Weibsbild zu sich, das ihn bestahl, allmählich ums Gut brachte, als er erkrankt war, ihn zu Tode drangsalierte und dann, um dem Gerichte zu entkommen, nach Amerika floh. Die Mutter litt unter allen Schlägen still für sich. Der Wastel aber klagte laut hin, daß seine Seele ewig verloren sei, und eines Tages hat man ihn im Walde erhängt gefunden. Das ist die Geschichte derer vom Zislerhause. Heute ist vom großen Hofe nur ein Steinhaufen da, über den sich die Wildnis breitet.

In Zislers Altenleuthäusel wohnte der Zimmermann Hansl. Er war der schöpferische Mann von Alpel. Wo ein Haus oder ein Stall oder eine Hütte oder eine Mühle gebaut wurde, er tat's und sammelte dazu die nötigen Gewerbsleute. Er baute auch alle Tische, Krippen, Bänke, Kästen, Wiegen und Särge, die in der Gegend nötig waren. Als die St. Kathreiner in ihrer Kirche dem Gekreuzigten ein Heiliges Grab stifteten, war es der Zimmermann Hansl, der aus weichen Fichtenbrettern ein Monumentalgebilde herstellte, das, wenn auch nicht seinen Namen, so doch seine Seele in die Zukunft hineintragen wird. Das Weib des Zimmermanns Hansl war eine so resolute Persönlichkeit, daß seine ganze Herrlichkeit zu Hause versagte und er, der im weiten Lande bekannte Meister, daheim in der kleinen Hütte der Niemand war. Eine Sache, die in Alpel ziemlich oft vorkam und anderwärts auch nicht selten zu finden sein soll.

Dieses Paar hatte ein Ziehtöchterlein, wir nannten sie die Hansl-Kathel, das war eine Turteltaube, sie kicherte immer, sie lachte immer, sie war die personifizierte Glückseligkeit und hatte auch Ursache dazu. Sie heiratete nachher den berühmten Siegfried. Und das war so: In Krieglach hatte sich eine Bauerngesellschaft zusammengetan, die Volksschauspiele aufführte. Mit Vorliebe: Die Genoveva. Ein junger hübscher Bursche spielte stets den Siegfried. Als aber dieser Siegfried mehrmals die Turteltaube von Alpel gehört hatte, verließ er seine Genoveva, bei der ohnehin immer der Gollo im Spiele war, und heiratete die Hansl-Kathel.

Das Haus in Alpel, welches für mich den größten Reiz hatte, und das ich sonntags manchmal wie ein Heiligtum besuchte, war der Schmiedhoferhof. Seinen Namen hatte er von der kleinen Hausschmiede, in der der Schmiedhofer nebst seiner gewöhnlichen Arbeit den Bauern das ländliche Werkzeug herstellte. Aber das war es nicht, was mich so sehr an dieses Haus zog. Der Bruder des Schmiedhofers war Geistlicher, der einige Male nach Hause kam und uns Alpelleuten, die um ihn zusammenkamen, den Segen gab. Der Sohn des Schmiedhofers war ein kleines aufgewecktes Bübel, das zu Graz in der Studie saß, um auch Geistlicher zu werden. Als dessen Vater, der Schmiedhofer, gestorben war, heiratete die Witwe einen stattlichen Holzknecht, der die Vaterstelle an dem Knaben treu übte und ihn fertig studieren ließ. Das waren nun ganz köstliche Leute, der Schmiedhofer mit seiner sprichwörtlichen Arbeitsamkeit und seiner Belesenheit, die er aus dem Walde mitgebracht hatte; mit seiner Klugheit, durch die er dem angrenzenden Gutsherrn einen großen Servitutenwald[1] abgewonnen hatte; dann die Schmiedhoferin, diese freundliche, gerngebige Bäuerin, die keinen Fremden aus dem Hause gehen ließ, ohne ihn mit einem Stück Brot oder einem Kuchen zu beschenken; endlich das Studentl, mein Freund Urban, dessen Schulferien für mich eine Lernzeit wurden, weil er mir alle seine Bücher borgte zum Durchstudieren. Was

---

[1] Servitut = dingliches Nutzungs- und Gebrauchsrecht an einer fremden Sache.

waren das für köstliche Leute! Der Schmiedhofer hatte sich schon als Holzknecht eine kleine Büchersammlung erworben, von der er mir das Passende zum Lesen gab. Er war ein überaus tatlustiger, kluger und dabei durch und durch redlicher Mann und eine heitere Natur. Im Hause war alles so fein, reinlich und würdig, beinahe wie in einem Pfarrhof. Das habe ich besonders schmerzlich empfunden, daß, als später die Auswanderzeit kam, auch die Schmiedhoferleute ihren schönen Hof verließen und fortzogen. — Vom Urban wird hier noch zu lesen sein.

Hinter dem Schmiedhof, im letzten Tale, wo sich das Teufelssteingebirge mit seinen unabsehbaren Wäldern erhebt, im Schatten des untersten Waldrandes, stand das Maßbauernhäusel. Dort wohnte ein kleines, altes Weiblein, das an der linken Halsseite einen so großen Kropf hatte, daß es ihn, in ein blaues Tuch gewickelt, gleichsam wie ein Bündel auf der Achsel trug. Die »Lantsch-Mirl« wurde sie genannt, weil sie einst aus der Lantschgegend eingewandert sein soll. Sie lebte im Sommer vom Beerenklauben und Schwammsuchen, im Winter vom Garnspinnen für Nachbarn. Von dieser Person ging die Sage um, daß sie den Mond singen höre! Das nahm mich ein wenig wunder, obschon es zu glauben war, daß der Mond manchmal sang — zog er doch sein Gesicht just so ins Breite wie unsere Magd, wenn sie lustig jodelte. Jene Nacht, da ich beobachtete, war still wie die ewige Ruh, ich horchte mit Fleiß; der Vollmond hatte sein singendes Gesicht — aber ich hörte nichts. Dann sah ich die Lantsch-Mirl einmal auf dem Kirchweg vor mir dahinpendeln mit ihrem Bündel auf der Achsel. Die fragst heut, ob's wahr ist! dachte ich und lief ihr nach. »Lantsch-Mirl! — Lantsch-Mirl!« — Laut rief ich, sie hörte es nicht. Da erfuhr ich erst, das alte Weiblein war ganz taub. — Und sie hörte den Mond singen! — » Just deswegen«, sagte unser Knecht Markus, der Schalk, »wir andern Leut' hören nix von da oben herab, weil uns der Lärm von da herunten das Gehör verschlägt. Wären wir töricht (taub), täten wir nix auf der Welt, aber das himmlische Singen hören.« O du guter alter Markus, wie oft habe ich seither über diesen Ausspruch nachgedacht!

Die Lantsch-Mirl hatte einen Bruder. Das war der Maßbauern-Seppel, zur Sommerszeit Ochsenhirt auf der Seßler-Alm, im Winter Stubenhocker und Spintisierer über die Welt, soviel man ihrer von seiner Hütte aus sah. Dieser Seppel hatte einmal folgenden Traum. Er ging eines Sommermorgens auf die Alm zur Herde. Da bemerkte er, daß er in seiner Hosentasche den Kastenschlüssel und das lederne Geldbeutelchen mit einigen Kupfermünzen bei sich trage. Wozu brauche man auf der Alm solche Sachen? Nur, daß man sie verlieren könne. In der Absicht, unterwegs sie irgendwo zu hinterlegen, kam er auf der Knittlerhöhe zur alten Buche, die am großen Steinhaufen stand. Er hub einige Steine ab, legte Schlüssel und Geldbeutel in die Höhlung und deckte sie mit einem platten Steine sorgfältig zu, um beim Heimgang die Sachen wieder mit sich zu nehmen. Aber beim Heimgang hatte er einen anderen Weg eingeschlagen, und Schlüssel und Beutel blieben im Steinhaufen. So hatte dem Maßbauern-Seppel geträumt. — Später, als dieser Mann wieder einmal wirklich auf die Alm ging zu seinem Vieh und an jenem Steinhaufen vorbeikam, ward ihm die Erinnerung an den Traum so lebhaft, daß er hinschaute und den platten Stein über den andern gerade so liegen sah, wie er ihn im Traum wollte hingelegt haben. Wundershalber hub er den Stein auf, und was fand er unter ihm? Einen alten, von Rost zerfressenen Schlüssel und ein verschimmeltes Lederbeutelchen mit fremdartigen Münzen, die ganz mit Grünspan überzogen waren. Anfangs war der Hirte erschrocken über diesen seltsamen Fund, dann lief er ins Tal zu den Leuten und zeigte ihn und erzählte den Traum, der ihn dazu geführt hatte. Die Leute vermuteten, es würde ein wertvoller Schatz sein und der Schlüssel würde zu einem geheimnisvollen Tore gehören, das erst gefunden werden müsse und das gewiß die fabelhaftesten Reichtümer in sich berge. Aber der Maßbauern-Seppel ließ sich nicht betören; den Schlüssel mit seinem Roste und die alten Münzen mit ihrem Grünspan verschloß er in seinen Kasten. — Mir war damals die Geschichte sehr merkwürdig vorgekommen, ich weiß bis heute nicht, was darüber zu denken ist.

Nun kommt die Pechölbrennerhütte. Eine wunderliche Waldfamilie. Den letzten derselben haben wir erst vor kurzem zu Bette gebracht. Ja, der Kraxel war der letzte derer *von der Pechölbrennerei,* die am Fuß des Hochbürstling vor sechzig Jahren in einer Köhlerhütte gewohnt haben. Das Pechölbrennen im Walde nährte damals schon seinen Mann nicht mehr, geschweige eine ganze Familie. So hat sich Vater Pechölbrenner bei uns in den Bauernhöfen als Tagelöhner brauchen lassen, und geschah es, daß abends, wenn er nach Hause ging, ganz zufällig etwelche Kleinigkeiten mit ihm mitgegangen waren. Sei es ein halbes Laib Brot oder ein Sackel Erdäpfel, oder eine alte Hacke, oder irgend etwas anderes. Wenn dann der Pechölbrenner darob zur Rede gestellt wurde, verwunderte er sich lebhaft, was er denn lauter an sich haben müsse, daß ihm die Dinger anhingen wie ein schlechtes Hundel dem fremden Herrn! Er gab die Sachen allemal sogleich zurück, denn er war in seiner Art grundehrlich. — Das Weib des Pechölbrenners, eine fleißige Person, konnte gute Dienstplätze haben, nahm aber keinen an. Sie zog es vor, für alle zu sein. Sie war die Nothelferin von Alpel. Gab es wo ein krankes Leut oder Vieh oder ein Stubenauswaschen, oder eine Schafschur, oder eine große Rübenvesper, oder irgend etwas anderes, wozu man ein »gescheites redsames Leut« braucht, so wurde die Pechölbrennerin geladen. Die war gar seherisch und wußte die Geheimnisse aller Häuser von Alpel und teilte sie nur unter dem Siegel des Vertrauens mit — neue Heimlichkeiten dafür eintauschend. So führte sie einen ertragreichen Handel mit allen dunklen und tiefen Dingen, die das Alpelvolk unter sicheren Hüllen verborgen wähnte. — Die zwei Töchter dieser Pechölleute waren einmal bei uns Dienstmägde gewesen. Die ältere, genannt die »Hannerl«, konnte singen; tönend, als ob sie in einen großen hohlen Topf hineinsänge, lehrte sie mich das Lied »Es kam ein schöner Ritter ins Land« und andere Balladen, wobei sie immer so sehr in den Helden verliebt war, daß sie laut seufzte und daß ihre schwarzen Augen groß und rund hervorquollen. — Einmal in einer Nacht lief diese Magd in die Schlafstube meiner Eltern und schrie zum heiligen Engel Michael auf, daß er sie beschütze, denn es stelle ihr der böse Feind nach; der habe ihr den langen Schwanz schon um den Hals gewickelt, zum Ersticken, und sie gehe nicht mehr zurück in ihr Bett. Sie erwischte das Tischmesser und fuchtelte damit herum, jeden Teufel bedrohend, der sich ihr nahe. Dabei hatte es, als die Leute zusammenkamen, ganz den Anschein, als meine sie den Knecht Stoffel, von dem wir wußten, daß er ihr einmal gehuldigt hatte. Am nächsten Tag erhielten wir vom Viertelrichter den Auftrag, die Hannerl in eine Strohkammer einzusperren. Aber sie brach durch die Bretterwand aus und flüchtete sich in die versteckte Köhlerhütte zu ihren Eltern. Mehr weiß ich von ihr nicht. — Viel lustiger war es mit ihrer jüngeren Schwester, der lachenden Mirzel. Die tat immer lachen; war sie allein, so lachte sie leise, war sie in Gesellschaft, so lachte sie laut, wußte aber durchaus nicht immer, warum. Beim Lachen wurlete ihr Kröpflein am Halse so emsig auf und nieder, daß wir alle mitlachen mußten; und daß *wir* über dieses Kröpflein lachten, steigerte in ihr das Lachen bis zum Jauchzen, bis zum Röcheln endlich, bis zu Tränen, bis sie sich den Magen hielt, weil ihr schon alles weh tat, und sie lachte über ihr Lachen und über ihr Jauchzen und über das Wehtun — weshalb sie sonst noch lachte, das wußte sie nicht. »Die lachende Mirzel«, das ist ihr Ruhmestitel geworden.

— Später, als man ihren Vater begrub, am Grabe hat sie gerade-so gelacht, das Kröpflein wurlete auf und nieder, das Jauchzen gellte, das Röcheln setzte ein, und die Tropfen, die liefen in zuckenden Sprüngen über ihre schmalen Wangen herab. — Jetzt haben wir erst nicht gewußt, hatte sie früher immer gelacht — oder immer geweint.

Das Jüngste dieser Pechölbrennerfamilie war ein Junge und hieß Hansel; wir haben ihn auch Kraxel genannt, weil er ohne seine hölzerne Rückentrage, die Kraxe, nie gesehen wurde. Er versah Botendienste zwischen Alpel und den Holzknechten der hinteren Heugräben. Er trug Brot, Speck, Wäsche und Tabak. Einmal habe ich den Kraxel spaßeshalber gefragt, wieviel er von seiner Trage stets zu stehlen pflegte. Er antwortete: »Fürs Stehlen kommt man in d' Höll. Derowegen nehm ich die Sachen lieber so.« Die Holz-knechte wußten das und gaben ihm deshalb keinen Lohn. Er tat's umsonst und lebte dabei nicht schlechter wie jeder andere, nur ehr-licher. Er erzählte mir auch einmal, wie es im Himmel ausschaut. »Der Himmel, du, da wurdst spannen! Der ist so groß wie zehn Köhlerhütten zusammen! Oben ist ein großes Loch, da fliegen die Engerln aus und ein, die weißen, und tun schön Achting geben, daß s' nit rußig werden. Und im Bett gibt's alle Wochen frisches Stroh, mein Lieber! Und alle Sonntag Hirschenes — weil das Jagern erlaubt ist. Nur im siebenten Himmel oben ist's Jagern ver-boten, weißt.« — Auf meine Frage, warum das gerade im höchsten Himmel, bei den größten Heiligen der Fall sei, antwortete der Kraxel: »Das weiß ih ah nit, leicht eppa, weil beim Verbotenen die Freud' noch größer ist.«

Na, heute wird der gute Waldbär ja Gewißheit haben, weshalb im siebenten Himmel oben das »Jagern« verboten ist. — So waren diese Pechölbrennerleute, wovon der letzte nun gestorben ist. — Sind auch heiße, wirre Leben gewesen. Vorbei. Selbst dieses einzige Gedenkblattel verweht der Wind schon morgen.

Endlich habe ich noch von einem letzten Hofe zu sagen. Der war ganz rückwärts im Engtal. Hoch oben an der Berglehne. Es war der größte Hof von Alpel — der Knittlerhof. Er hatte zwölf Knechte und zwölf Mägde. Er hatte nebst dem großen sonstigen Viehstand zwei Pferde und die eigene Jagd. Er war der fürderste von Alpel. Es ward aber seine Fürstlichkeit nie recht zum Ausdruck gebracht. Weder bei der Richterwahl noch bei den anderen öffent-lichen Angelegenheiten. Doch daß er das Seine redlich beitrug, muß zugestanden werden. Der reiche, mächtige Knittler war körperlich etwas klein und eckig geraten. Er stotterte ein wenig, und das S auszusprechen machte ihm mehr Mühe, als einen Heuschober in die Scheune zu tragen. In seinem zusammengekniffenen Gesichte staken ein Paar große Rundaugen, mit denen er die ganze Welt und vieles Schöne und Gute, das ihm offengestanden wäre, glücklich übersah, mit denen er aber richtig das schönste Mädel ausfindig machte, als es zum Heiraten kam. Das Mädel war eine Kellnerin aus Krieglach, wußte aber nachher auf ihrem einsamen Hofe wie eine Königin zu herrschen. Ganz Alpel zitterte, wenn die junge Knittlerin zornig, mit den Augen zwinkernd, ihre Strafreden hielt. Vor ihr bestand niemand. Sie wußte jedem was anzuhängen, und wer sie gottverlassen vielleicht an ihre Herkunft erinnerte, der bekam etwas sehr Brennendes auf die Wange. Vom Knittlerhof bis ins Mürztal ging Jahr für Jahr, tagaus, tagein der Holzkohlenwagen, und es war dem Knittler nicht möglich, das Geld, das ihm diese Kohlenwagen brachten, am Sonntag, wenn er mit seinem Steirerwägelchen in die Gegend fuhr und seinen Freunden Feste gab, ganz zu vertun. Und als der Mann schon recht viel Geld hatte, wollte er natürlich noch mehr haben. Plötzlich verkaufte er seinen Hof für eine so ungeheure Summe, daß die Leute ihre Hände über den Kopf zusammenschlugen; aber schon nach wenigen Jahren stellte es sich heraus, daß er die weitgedehnten Gründe mit den herrlichen Waldbeständen um dreimal zu billig verkauft hatte. Die Familie zog ins Mürztal, wo ihr Name heute verschwunden ist.

Wir machten in unserer Beschreibung die Runde und biegen nun wieder dem Mittelpunkt zu.

An das Knittlergut grenzten schon wieder die Gründe des hinteren Kluppeneggers und des vorderen Kluppeneggers mit meinem Neste. Mein Vaterhaus stand ungefähr im Mittelpunkte der Gemeinde. Und in ihm war das kleine Brennpünktlein, in das sich alle Strahlen aus der Umgebung einigten zu jenen Gestalten, die viel später in den Waldheimatgeschichten festgelegt worden sind. Die ersten Eindrücke auf meiner Weltwander.

Nun könnte ich noch erzählen von den Hunderten von Kindern und Greisen, Dienstboten und Einlegern, die diese Häuser mitbevölkerten, von den Holzknechten, Kohlenbrennern, Pechschabern, Jägern, Hirten, Hausierern usw., die in den einsamen Hütten wohnten. Könnte erzählen von Charaktergestalten, fein ausgesponnenen Lumpereien, großen Schicksalen und tapferen Heldenhaftigkeiten. Vielfach in meinen Schriften habe ich es ja getan, aber je weiter und tiefer ich mich hineindenke in dieses abgrundtiefe Volkstum, je unerschöpflicher kommt es mir vor. Fast alle jene Menschen, die in meiner Kindheit mir Genossen gewesen, liegen auf dem kleinen Anger, draußen zwischen den Feldern, südlich des Ortes Krieglach. Die meisten von ihnen mußten längst wieder aus dieser ihrer Wohnung ziehen, weil es auf dem Friedhofe nicht jene Altenleuthäuseln, nicht jene Ausgedingestübeln gibt, wie sie noch zu jener Zeit im lebenden Bauerntum gewesen sind. Aber jeden Schädel, den der Totengräber hervorwühlt, vielleicht schon das wiederholte Mal, kann ich in die Hand nehmen: »Grüß dich Gott, Vetter (oder Muhme)! Weißt du noch — damals? Du hast längst ausgeschlafen, und ich habe immer noch nicht Feierabend.«

Einstweilen muß ich nun zu Ende schreiben, wie es mir und meinen Lebensgenossen weiter ergangen ist auf Erden.

MICHEL PATTERER

Der liebe alte Michel!

Er war nicht zuständig in der Gemeinde, wo er darbte, hätte jedoch anderswo noch bitterer gedarbt als bei den armen Waldbauern. Er war Schullehrer in Kathrein am Hauenstein gewesen. Weil er aber in einzelnen Dingen etwas freier dachte, als es sich vor dem Jahre 1848 empfahl, so kriegte er seinen eigenen Pfarrer zum Feind. Und das wollte für einen Schulmeister was heißen zur selbigen Zeit. Der Konflikt wurde zwischen den beiden Männern persönlich. In einer Urkunde wird Patterer nebensächlich erwähnt, daß er »verjagt« worden sei.

War also jetzt ein alter Bettelmann da.

Nachdem der Michel mehrere Nächte auf den Strohscheunen und unter Heuschobern herumgelegen war, standen die Bauern der kleinen Nachbarsgemeinde Alpel zusammen und hielten Rat. Die Kinder dieser Waldberge gehörten eigentlich nach Krieglach, aber weil sie dahin an die drei Stunden und länger zu gehen gehabt hätten, so waren sie nach Kathrein eingeschult worden, wohin sie nur ein bis zwei Stunden Wegs hatten. Übrigens kümmerte sich weder Krieglach noch Kathrein viel um die Waldbauernkinder von Alpel, Zwang war überhaupt keiner, und die meisten schickten ihre Kleinen nicht in die Schule. Die Schule, das sei nur so für herrische Leute. Wenn der Bauer seine Arbeit lernt und sein Vaterunser kann, nachher ist's genug.

Da waren aber in Alpel etliche Bauern: der Heidenbauer, der Knittler, der Grabler und der Schmiedhofer und andere, die einigten sich dahin, den abgedankten Schulmeister nach Alpel zu nehmen. Da könne er von Haus zu Haus ziehen — in der einen Woche zum Heidenbauer, in der anderen zum Grabler und zu allen Bauern herum, welche Kinder hätten; die Kinder könnten allemal in das Haus zusammengehen, wo sich der Schulmeister eben befinde, und von ihm lesen, rechnen und schreiben lernen. Der Michel hat dafür sein Mitessen beim Leuttisch und seine Liegestatt auf dem Heu oder im Handwerkerbett, wo sie eins frei haben.

So ward es, und der alte brotlose Schulmeister nahm es mit tausend Vergeltsgott. Die ersten Wochen war er beim Knittler, dann kam er zum Kleinheidenbauer, wo er längere Zeit blieb, hernach mußte er hoch auf den Berg zum Holzbauer-Martin, wo er länger als ein Jahr lebte und lehrte. Die Kinder kamen in das betreffende Haus zusammen, das eine brachte dem Schulmeister ein Säcklein Mehl mit von der Mutter, die »schön grüßen lasse«, oder ein Stückchen Selchfleisch, oder ein Körblein Erdäpfel für den Schulmeister, auf daß der Bauer, bei dem er war, eine kleine Beihilfe habe, ihn zu verköstigen.

In den freien Stunden ging der Schulmeister zu den Nachbarn, wo er Kinder wußte, und warb für seine Schule und war nicht böse, wenn er irgendwo zur Mahlzeit zurechtkam, daß er sich zum Tisch setzen und mit dem Holzlöffel, wie sie damals in Alpel noch gebräuchlich waren, mitessen durfte.

So war der Michel Patterer eines Tages auch zu uns gekommen. Es war im Jahre 1848 und ich damals fünf Jahre alt. Ich erinnere mich noch des Anblicks, als er zur Tür hereintrat — ein schlanker Mann in schwarzem Gewand und einen hohen Zylinderhut auf dem Kopf. Der Kopf mit seinen dünnen, grauenden Haaren war etwas vorgebeugt, das Gesicht mit der scharfen Nase und den blauen Augen war hager und glatt rasiert. Der Rock war bis an den Hals zugeknöpft; als er ihn gelegentlich ein wenig auseinandertat, schaute aus dem inwendigen Sack ein langes Pfeifenrohr hervor. Er wurde von meiner Mutter leidlich fein begrüßt und eingeladen, beim Tisch niederzusitzen; hernach eilte sie in die Küche, um dem seltsamen Gast eine Eierspeise zu kochen. Ich blieb in großer Beklommenheit an der Tür stehen, zwischen Stube und Küche, damit ich den fremden Mann betrachten und nötigenfalls zur Mutter flüchten konnte. Da lockte er mich zu sich. Wie er zum lebzeltnen Reiter kam, ich weiß es nicht, aber er hielt einen in der Hand und sagte mit heiserer, aber freundlicher Stimme zu mir, wenn ich schon an etwas saugen wollte — denn ich saugte an meinem Zeigefinger —, so möge ich dem Lebzeltroß in den Schweif beißen. Langsam strich ich an der Wand hin, bis ich ganz nahe bei ihm war — und das ist meine erste Begegnung gewesen mit diesem Manne. Bald hub er an, mir von der Schule vorzusagen, wie es da fein hergehe, es kämen lustige Bürschlein zusammen; da würden allerlei Spiele getrieben, geschrien, gesungen, munter gerauft. Das lockte mich nicht, denn ich war die fremden Buben nicht gewohnt und kein Liebhaber von Springen und Raufen. Als er aber dartat, wie ich Bücheln bekäme in der Schule und Schreibzeug, und Lesen und Briefschreiben lernen würde, wie er mir da allerhand erzählen wolle und wie wir mitsammen gut Freund werden möchten — da war ich sein.

Meine Eltern hatten anfangs wohl ihre Einwände. Ich sei ja noch zu klein zum Schulgehen, hätte kein rechtes Gewand dazu, würde mir die Buchstaben noch nicht merken und könne unterwegs über den Grablersteg ins Wasser fallen. Weil diese Einwände vom Schulmeister entkräftet wurden, wobei ich ihm wacker half, so gaben meine Eltern endlich ihre Einwilligung, und meine Sache war es nun, dieselbe so rasch als möglich zu vollführen.

Die Schule war damals beim kleinen Heidenbauer, unserem Hause gerade gegenüber auf dem Berge, jenseits des Fresenbaches, der Alpel durchzieht. Es waren unser dort etwa acht oder zehn Schulkinder, ich darunter weitaus der kleinste und unbedeutendste, das so mit unterlief, sich weder im Schlimmen noch im Braven auszeichnete, mit den anderen nicht viel umtat, sondern nach der Schule allemal den kürzesten Weg nach Hause lief zur Mutter.

Schulstunden waren täglich, mit Ausnahme der Sonn- und Feiertage, von 8 bis 11 Uhr und von 12 bis 3 Uhr. Da saßen wir in der Gesindestube um den großen Tisch herum bei unseren Bücheln, und der Schulmeister ging während des Unterrichts die Stube auf und ab und rauchte seine lange Pfeife. Wenn hernach die Leute mittags zum Essen kamen, mußten wir eilends abräumen, dann setzte sich der Lehrer unter die Knechte und Dirnen; die Schüler liefen — wenn sie von der nächsten Nachbarschaft waren — nach Hause, die anderen hatten ein Stück Brot oder einen besseren Bissen bei sich, den sie auf der Ofenbank oder draußen auf dem Anger unter den Kirschbäumen verzehrten. Ich hätte über den weiten und tiefen Graben in einer Stunde nicht hin- und zurückkommen können, daher gab mir die Mutter zumeist einen Eierkuchen mit, den ich aus dem fettigen Sacktuch schlug, unter der alten Wettertanne des Heidenbauerhofes verzehrte und dabei sehnsüchtig hinüberblickte auf mein Heimathaus. Hernach, wenn drinnen der Tisch wieder abgeräumt war, trat der Schulmeister vor das Haus, steckte zwei Finger in den Mund und tat einen hellen Pfiff, das Zeichen zum neuen Beginn der Lehrstunden, und die Kinder versammelten sich.

In den Sommertagen, wenn die anderen zu Hause behalten wurden zur Arbeit, war ich mehrmals der einzige Schüler. Da nahm mich der Lehrer an der Hand und führte mich hinaus in das nahe Gehölz; dort setzten wir uns ins Moos, und einmal, als wir so beisammensaßen, sagte er ganz leise zu mir: »Du bist halt der einzige, mein Peterl, der mich nicht verläßt. Schau, ich schenke dir was.« Einen alten Pfeifendeckel aus Messing gab er mir, den er noch früher an seinem Rockärmel glänzend gerieben hatte. Ganz glückselig darüber — er wie ich — nahmen wir nun das »Taferl« und das »Namenbüchel« in die Arbeit. Ich hatte wohl ein Jahr zu tun, bis ich über diese Abc-Schützen-Literatur hinauskam und zum

»Kleinen Katechismus« und zum »Zweiten Lesebuch« aufstieg. Später war auch das »Evangeliumbuch«, aus welchem allsamstägig das Stück des folgenden Sonntags gelesen wurde. Und das nach dem eigenen Lehrplan des »Ketzers«, denn weder Katechet noch sonst eine Schulbehörde hat sich viel nach der wandernden Schule in Alpel umgesehen.

Als etwa ein Jahr dahingegangen war, fand die Heidenbäuerin, daß sie den Tisch in der großen Stube vormittags zum Strudelziehen und nachmittags zum Bohnenklauben brauche; die vielen fremden Kinder täglich im Haus mit ihrem Lärm und ihren Unarten mögen wohl auch zuwider gewesen sein, kurz, wir übersiedelten zum Holzbauer. Dort war ja das alte Bäuerlein Martin, das sich an den vielen Kindern ergötzte und während der Schulstunden in einem Ofenwinkel hockte und fortweg mit beifälligem Kopfnicken zuhörte.

»Der Kleine, der Kleine, das ist schon ein Sakermentsracker, der kann's!« sagte er einmal; ich bin noch heute der Meinung, daß es mich angegangen, als ich ein Lesestück herabschrie. Während wir nach Vorlagen uns im Schreiben übten oder auf den Schiefertafeln Rechenaufgaben ausarbeiteten, las der Schulmeister dem alten Bauern die Zeitung vor, die er vom Tabakskrämer in Kathrein bekommen. Dieselbe war zwar schon aus dem Jahre 1845 oder 1846, aber das machte nichts, es hat auch zu jener Zeit Neuigkeiten gegeben.

Um die Osterzeit pflegten wir rotgefärbte Eier in die Schule mitzubringen, auf die uns der Schulmeister mit der Spitze seines Taschenmessers allerhand Figuren ritzte, Herzen und Kränze. Am besten gelang ihm das Kreuz und die Dornenkrone Christi.

Noch erinnere ich mich an meine Schreibvorlage, die ich die Jahre durch wohl an hundertmal abgeschrieben hatte. Der Ketzer-Schulmeister hatte mir folgende Vorlage aufgesetzt: »Gott erkennen, ihm dienen, seine Gebote genau beobachten, das verschafft uns Gottes Liebe und Wohlgefallen und gibt uns Trost in jeder Lage unseres Lebens.«

Im Laufe der Jahre begannen sich die feineren Kleider, die der alte Michel aus seiner besseren Schulmeisterzeit herübergebracht hatte, aufzulösen. Der Dechant von Birkfeld mochte vielleicht ahnen, daß dem abgesetzten Lehrer Unrecht geschehen, oder war es lediglich sein christlicher Sinn, der den Büßern milde ist — wie das auch sei, er schickte dem abgesetzten Schulmeister manches alte Kleidungsstück, bisweilen auch ein Päcklein Tabak. Aber das dauerte nicht immer, und so sah man den Alten in seinen freien

Stunden im Viehhofe des Holzbauern Streu hacken, Scheiter schichten, Dung krauen, klappernde Holzschuhe an den Füßen, eine schlotternde Lodenjoppe am Leibe und einen zerfahrenen Seidenzylinder auf dem Haupte. Manchmal hat's einen Groschen Geld gesetzt für Rauch- oder Schnupftabak — gelegentlich schwelgte er in beiden —, sonst aber trocknete und beizte er zu diesem Zwecke sich Buchenblätter und anderes Gekräute. — Wenn ihr mich nach seiner Vergangenheit, nach seiner Jugend fragt, ich wüßte nichts davon zu erzählen. Er soll aus dem Unterlande gekommen und seiner Tage ein besseren Ständen angehöriger munterer Bursch gewesen sein. Daß er nichts Schweres auf dem Herzen trug, das zeigte die Heiterkeit seines Gemütes und die freundliche Ergebung, mit der er seine Armut trug.

Weil der alte Holzbauer immer um den Schulmeister und seine Kinder war, mit dem ersteren fabelte und mit den letzteren scherzte und darüber nachgerade auf das Holzspalten vergaß, dem er trotz seiner morschen, zitternden Knochen noch zu obliegen hatte, so behauptete sein Ehegesponst, das ein scharfes Weib war, der Schulmeister verderbe ihren Mann, und somit mußte der Michel endlich wieder aus dem Hause.

Nun kam er zum Ofenberger. Das war eine Hube des Gutsbesitzers Baron Seßler Herzinger, die, zum Jagd- und Forsthause hergerichtet, in ihrer Stube Platz bot für den Schulmeister und seinen Anhang. Der hochherzige Gutsbesitzer nahm die Schule nun in seinen Schutz. Der Schulmeister bekam vor allem ein ordentliches Bett, und die Förstersleute behandelten ihn mit großer Achtung und Fürsorge.

Die Holz- und Köhlersleute der Umgebung begannen nun die Schule zu bevölkern, auch Bauernkinder vom Freßnitzgraben und Trabach kamen, und so nahm die Anstalt einen hübschen Aufschwung. Wir kriegten einen neuen, langen Tisch, der in der Mitte Löcher hatte, so daß man Tintentiegel hineinstellen konnte. Der Schulmeister bekam ein neues Lineal, das aber einigen von uns ein bißchen unglatt vorkam. Auch die Schulordnung wurde etwas strammer gespannt, und der Schulmeister schmauchte einen besseren Tabak.

Nun war von meinem Heimathause die Schule eine ganze Stunde entfernt. Ich mußte über Feld und Wald steil abwärts in den Graben, ich mußte dann eine Weile dem Wasser entlang und jenseits ansteigen auf steinigem Wege bis zur Alpsteigstraße, auf welcher ich endlich gemach bis zur Ofenbergerhube weitergehen konnte. Im Sommer war's recht gut, nur daß mir die Straße widerlich war der vielen fremden Leute wegen, die dort immer fuhren und gingen — auch Zigeuner waren darunter und Juden, die, nach altem Dafürhalten, jedes Christenknäblein für einen Brunnenständer hielten, um sich daran mit Christenblut zu laben. Unser Schulmeister ließ das freilich nicht gelten, sondern sagte uns einmal: Branntwein sei ein höllisches Getränk, aber des könnten wir überzeugt sein, der Jude saufe lieber den schlechtesten Fusel als das frischeste Tröpflein Christenblut. Trotzdem schlich ich mit Umgehung der Straße lieber an den waldigen Schluchten und Hängen hin; und war mir schon durch die Entfernung das Schulgehen verleidet, so war das noch mehr durch die größere Anzahl der Schüler der Fall, die den Wettstreit erschwerte. Im Rechnen war ich schon beim Heidenbauer zurückgeblieben; wenn in Beispielen von fünf Äpfeln die Rede war, so dachte ich immer mehr an die Äpfel als an die Ziffern. Im Schreiben war mir der Markus Burggraber über geworden, weil er, wie wir den Spaß schon damals hörten, das Brot allemal mit hartem T schrieb, es mochte nun neu- oder altbacken sein. »Du wirst schon lernen, es hart zu schreiben«, sagte mir der Schulmeister einmal, »wenn du das Brot erst hart verdienen mußt.« Im Evangeliumauslegen stand ich aber hoch über allen, leider war wöchentlich nur ein einziges Mal Gelegenheit, mich in dieser Herrlichkeit zu zeigen. Wenn ich schon die Woche über gerne daheim blieb, um beim Vieh zu walten und zu schalten, am Samstag versäumte ich die Schule selten.

Wenn ich jedoch einmal längere Zeit nicht mehr in die Schule gegangen war, dann kam mir der erste Gang dahin gar sauer an, und ist's wohl einmal gewesen, daß mein Vater mit der Ochsenpeitsche nachhelfen mußte. Die Peitsche hat mehr geknallt als getroffen, und haben sie es jenseits des Tales gesehen und gehört und in der Schule erzählt. »Es schmerzt mich ein wenig«, sagte mir hierauf der Schulmeister im Vertrauen, »daß dich die Karabatsche muß herschicken zu mir. Wenn wir zwei beieinander mit dem Buch draußen unter dem Kirschbaum sitzen eine halbe Stunde lang, so holen wir die andern leicht wieder ein. Desweg sollst nicht verzagt sein. — Närrisch Kind! Läßt sich lieber schlagen, als daß er zu mir hergeht.«

Einmal bin ich unterwegs in die Schule vom Steg hinab in den Bach gefallen. Der Heidenbauer-Franzl zog mich heraus, trug mich in die Schule und rief: »Da hab' ich heut einen großen Fisch gefangen.« — »Wenn's nur kein Stockfisch ist«, lachte der Schulmeister, entkleidete mich und legte mich in sein Bett, bis mein Gewand wieder trocken geworden.

Zur Winterzeit war der Weg in die Schule besonders hart. Der holperige Pfad im hohen, gefrornen Schnee mußte mehr geklettert als gegangen werden. Auf den Höhen schien wohl oft die Sonne, aber im schattigen Tieftal lag eine blaue Luft, die wie mit Messern an meinem Gesichte kratzte. Wenn der Bach, der neben mir herging, so fest überfroren war, daß ich kaum ein Murmeln von ihm hörte, so war's noch nicht am ärgsten, aber wenn das Wasser, vom Frost emporgehoben, über dem Eise dahinrann, weiß und sulzig, und wenn das Floß unserer Mühle auf einer festen, vielsäuligen Eiswand lag und das Mühlrad mittendrin strotzte wie eine eingemauerte Nonne, dann stand's schlimm um meine Nase und um meine Finger. Den Zehen war auf solchem Gang allemal eine Weile kalt, allmählich hörten sie aber auf, sich zu beklagen, und ich wußte nichts mehr von ihnen.

Wenn ich oder andere Schüler in diesem Zustande endlich in die Schule kamen, klapperte der Rand der Lodenhosen um die Schuh', wir mußten uns auf die Bank setzen, und der Schulmeister löste einem und dem anderen das ineinandergefrorene Schuh- und Strumpfwerk von den Füßen. Und wenn die krebsroten Zehen in der warmen Stube anhuben, grausam weh zu tun, so legte er frischen Schnee auf oder kaltes Kraut, und wenn darauf der Schmerz noch größer wurde, daß wir wimmerten, lief der Schulmeister rasch in seine Kammer um die Geige — denn er hatte eine — und schritt die Stube auf und ab und geigte uns was Lustiges vor.

Wenn endlich der Unterricht anheben konnte, da legte er die Geige hin und sagte: »Liebe Kinder, ihr müßt die Schule teurer kaufen als andere Leut', gebt wohl acht, daß ihr nur auch was lernt.«

Hierauf sprachen wir im Chor das übliche Gebet:

> »Heiliger Geist,
> Komm zu verbreiten
> Über uns dein Gnadenlicht,
> Daß wir immer weiter schreiten
> In Erlernung unsrer Pflicht,
> Mache uns zum Lernen Lust,
> Hilf, daß wir in unsrer Brust
> Das Erlernte wohl behalten
> Und im Guten nicht erkalten.«

Heute, da dieser Anruf nach sechzig Jahren wieder aufsteigt in meiner Seele, rührt er mich; dazumal war uns aber das Gebet zum Schluß des Unterrichts lieber:

»Vater, segne diese Lehren,
Die du durch des Lehrers Mund
Deinen Kindern machest kund,
Uns zum Heil und dir zu Ehren;
Präge sie durch deinen Geist
Tief ins Herz, daß wir im Leben
Stets zu handeln uns bestreben,
So wie dein Gebot uns heißt.«

Der Takt der letzten Verse brachte unser Blut schon allemal in richtige Wallung, mit der wir dann hinauspolterten ins Freie, war es zu einem Schneeballgefecht, war es zu einem kühnen Ringen auf grünem Anger, war es zu einem Verstecken- und Fangenspiel hinab durch den Wald — war es zu einer anderen Kindeslust.

Meine Blödigkeit hatte sich endlich verloren, ich war im Anstiften einer der Findigsten; am liebsten trieb ich solche Spiele, bei denen es sich nicht um Körperstärke handelte, denn bei diesen zog ich gewöhnlich den kürzeren. Mit ein paar schneidigen Jungen hatte ich dicke Freundschaft geschlossen, und dieses Gefühl der Zusammengehörigkeit mit den Kameraden gab meinem engen Wesen eine ganz neue Richtung und Glut und hätte mich allmählich meinen Eltern und Geschwistern entfremden können, wenn mein Schulbesuch nicht gar so oft unterbrochen worden wäre. Einmal waren es notwendige Arbeiten daheim, die mich daran hinderten, einmal war es Regen und großes Wasser, oder es war der scharfe Winter, oder es war ein langwieriger Husten oder sonst Krankheit an mir oder an anderen, wobei ich entweder im Bette liegen oder nach dem stundenweit entfernten Langenwang, Krieglach, Ratten oder Fischbach zum Arzt gehen mußte. Ich bin von 1848 bis 1854 — wenn ich die großen Unterbrechungen abziehe — im ganzen doch kaum über ein volles Jahr in die Schule gegangen.

Da kam denn der alte Schulmeister bisweilen und suchte mich auf und fragte mich ganz trübselig, weswegen ich ihm denn untreu werden wolle? Daß ich sein liebster Schüler sei, das vertraute er nicht mir, sondern anderen, und ich habe es erst erfahren, als nachher der Schmiedhofer zu mir sagte: »Schaufel ihm auch du eine Schaufel voll hinab, Peter, dich hat er am liebsten gehabt.«

Ich hätte dem alten Schulmeister aber einmal etwas wahrhaft Schlimmes antun können, wenn's geglückt wäre. Das Alpel ist ziemlich weit und hat viele Täler, und die Häuser sind zerstreut oben und unten. Die Ofenbergerhube war einem Teil stark entlegen, besonders uns Kluppeneggerleuten. So warf ich mich mit

Beistimmung meiner Eltern auf, für meine jüngeren Geschwister und für die etlichen Kinder unserer nächsten Nachbarn eine besondere Schule zu errichten — und ich wollte der Schulmeister sein. Da die Leute der irrigen Meinung waren, einer könne den anderen soviel lehren, als er selber kann, und sich mit meiner Wissenschaft im Lesen, Rechnen und Schreiben zufriedengaben, so nahmen sie meinen Vorschlag an und schickten ihre Kinder zum zehnjährigen Kinde in die Schule. Ich hielt mich mit großer Wichtigkeit bereit an unserem Tische, als sie kamen. Der Anfang war auch ganz erbaulich; die einen mußten Abc hersagen, die anderen mußten buchstabieren, und ich hatte mein Lineal in der Hand und schritt würdevoll die Stube auf und ab. Das war in der ersten Stunde, in der zweiten gab es schon Fetzen. Die Ursache des Streites weiß ich nicht mehr, er verpflanzte sich rasch über die Bücher und in die Haare, und als ich dazwischenfuhr, um zu schlichten, hieb mir der Wald-Hiesel den kleinen Katechismus ins Gesicht. Weil ich diese kirchliche Anmaßung nicht auf sich beruhen lassen wollte, so kam es zu einer schneidigen Balgerei, bis die Mutter erschien und mit dem Kehrbesen dazwischenfuhr. In kurzer Zeit hatte die Schule sich selbst wieder aufgelöst.

Etwa im Jahre 1854 war es, als der Auenbauer in Alpel den alten Schulmeister Michel Patterer in ein neugebautes hübsches Häuschen aufnahm, das beiläufig mitten in der Gemeinde stand und also zum Schulhause besonders geeignet war. Der Auenbauer hatte das Haus als Altenleutstübel für seine eigenen alten Tage erbaut, da aber die Kinder noch klein — erst in den Schuljahren — waren und es mit dem Ausgeding also noch lange Zeit hatte, so eignete er im kleinen Bau ein Stübchen für den Schulmeister und die Schule.

Das Häuschen stand ganz abgesondert von anderen Menschenwohnungen auf freiem Feldabhang, vor ihm war das blumige Wiesental, hinter ihm hub der Wald an.

Nun hatte der gute Michel einmal wirklich ein Heim, in dem er frei walten und gestalten konnte. Die Kinder brachten ihm Lebensmittel, und er kochte für sich selbst und pflegte sich, so gut es ging. Ich kam nur wenigemal in das neue Schulhaus, denn obzwar der Schulmeister immer sagte: »Den Peter kann ich nicht auslassen, der tut's nicht für euch Bauern!« so behielt mich mein Vater endlich doch daheim bei der lieben Arbeit. Um dieselbe Zeit war es freilich auch, daß meine Mutter in aller Welt herumging bitten, es möchte sich jemand meiner annehmen und mich studieren lassen. Ich war zu solchem Zweck in verschiedenen Schulen: etliche Wochen in Kathrein, etliche Wochen in Krieglach, etliche Tage in Birkfeld. Es war nichts.

Weil zum alten Schulmeister niemand kam als die Kinder, und er sich selber nicht hervortat, so vergaßen die Leute allmählich seiner. Wenn er irgendwo gesehen wurde, so ging er gar langsam einher und war gebückt und hatte immer und immer denselben Rock an. Der war stets säuberlich gebürstet, überall schon bis an die Fäden. Die Stiefel klafften dort und da ein wenig auseinander, waren aber stets sorgfältig gewichst und das magere Gesicht glatt rasiert und freundlich. — So sah man ihn, so war man ihn gewohnt, und dachte nichts weiter. Es war der »alte Schulmeister«, und wenn einer darüber nachgedacht, so hätte er gemeint, die alten Schulmeister müßten alle so aussehen.

Am Morgen des 31. März 1857 ist er tot gefunden worden. Er lag auf seinem Bette wie schlafend.

Jetzt erinnerten sich die Leute, es wäre ja schon etliche Tage keine Schule mehr gewesen und es habe geheißen, der Schulmeister sei krank. Als man seine Sachen ordnen wollte, hat man die Größe der Armut erst gesehen, in der er so friedsam dahingelebt und so einsam gestorben war.

Bei seinem Begräbnis waren wir alle beisammen, und als sie den schlanken, weißen Brettersarg durch den Wald des Seichtweges hinan- und durch den Wald des Alpsteiges hinaustrugen gegen Krieglach, folgten wir Kinder hinten nach, und ich und mein kleiner Bruder — der übrigens die Schule nur selten besucht hatte — mußten das Vorbeten besorgen, der Kleine in hoher, der Große in tiefer Stimme, daß es gar lebfrisch hinklang zwischen den Bäumen. Ich dachte unterwegs hin und am Grabe nichts als an mein Vorbeten; ich hatte nicht einmal Zeit für die Traurigkeit. Aber auf dem Heimwege — ich hatte mich beim Pfarrer in Krieglach aufgehalten und war der letzte —, als ich allein durch die stillen abendlichen Wälder hinging, da kam es mir erst ins Herz, was geschehen war und wen wir begraben hatten.

Als ich am Schulhause vorbeikam, konnte ich es trotz des Grauens nicht unterlassen, durch das offene Fenster hineinzuschauen in die kleine, schaurig stille Stube. Da waren die Schulbänke mit den Tintenklecksen, und an der Wand, wo das Bett gestanden, lag ein langer Bretterladen; am oberen Ende desselben stand noch das Kruzifix und die ausgelöschte Ampel . . .

MEINE JUGENDKAMERADEN

Noch gar nichts habe ich von den Haselgrabern erzählt, und wie frisch haben sie fast sieben Jahre lang in mein Leben gegriffen.

Karl Haselgraber, insgeheim »Mesner« genannt, in St. Kathrein am Hauenstein. Nördlich vom Kirchenhügel im Tale, jenseits des Baches stand sein stattliches Haus, der untere Teil gemauert und weiß getüncht, der obere Teil aus Holz gezimmert und wetterbraun. Heute ist dort eine Wiesenfläche, nicht ein Stein liegt mehr auf dem andern. Nur das »Hauskreuz« mit dem weißen Christus steht noch am Fußsteig, der über die Wiese führt. Einst ringsum frohes Leben fleißiger Leute, junger Menschen — heute Schweigen. Der Karl Haselgraber war in seinen jüngeren Jahren Schullehrer gewesen in Falkenstein bei Fischbach. Dann hatte der »schöne Karl« die Mesnertochter von St. Kathrein geheiratet und ein Geschäftshaus aufgetan. Zur Zeit meiner Erinnerung war er ein Mann in den hohen Fünfzigern, mit rundem, bartlosem, wohlgerötetem Gesicht, grauendem, kurzgeschnittenem Haare, immer still, heiter und zufrieden. Er betrieb eine kleine Bauernwirtschaft, eine Getreidemühle, eine Lodenwalche und eine Wachszieherei. Das war dem vielseitigen Manne aber lange nicht genug, seine Hauptbeschäftigung bestand in einer größeren Krämerei, der er ein Gewölbe seines Hauses eingeräumt hatte und in der man alles billig zu kaufen kriegte, was die Bevölkerung von St. Kathrein fürs Leben, für die Wirtschaft, für Vergnügungen und Genuß bedurfte: Sicheln, Küchengeschirr, Kleiderstoffe, Zucker und Kaffee, Zwirn, Branntwein, Schreibzeug, Schulbücher, Südfrüchte, Seife, Kerzen, englischen Balsam, Spielkarten und noch lange so fort. Waren, wie sie der Mann einst auf der Buckelkraxen aus Graz heimgetragen, später schon durch die Eisenbahn bezogen hatte. Da gab es denn vor und in dem Mesnerhause Leute und Leben, und zur kalten Winterszeit drangen die eckigen Bauernriffel dem Haselgraber sogar in die Wohnstube, setzten sich auf die Wandbänke, rauchten starken Tabak und spuckten auf die Fußdielen.

Die Beschäftigung als Kaufmann war aber noch immer nicht Haselgrabers Hauptberuf. Täglich frühmorgens stieg er den mit Fichten und Birken bewachsenen Steinhügel hinan zur weithin leuchtenden Kirche, wo er beim Gottesdienst den Mesnerdienst und überhaupt als Kirchenpropst den Hausdienst der Kirche zu besorgen hatte. Zu Weihnachten richtete er das »Kripperl« auf, in der Fastenzeit verhüllte er die Bilder mit blauen Tüchern, zu Ostern stellte er das »Heilige Grab« her, zu Pfingsten ließ er vom Dachraum den »Heiligen Geist« in die Kirche herabbaumeln, zu Fronleichnam hing er die Fahnen an die Stangen, zu Allerseelen stellte er die Totenschädel auf den Altar, am Katharinenfeste schmückte er den Altar mit Blumen aus Papier und Leinwand.

Dieser Kirchendienst vor allem war es, der mich kleinen Buben, wenn ich aus dem Alpel nach St. Kathrein kam, an den Karl Haselgraber gezogen hatte. Ich bot ihm bei solchen Kirchenbesorgungen einmal meine Helfersdienste an, wonach er mich einlud, in sein Haus zum »Suppenessen«. So mag ich das erste Mal in dieses Haus gekommen sein, das mir — besonders während meiner Handwerkerzeit in St. Kathrein — fast zur zweiten Heimat geworden war.

Der Karl Haselgraber, der, nebenbei gesagt, immerwährender Gemeindevorstand war, hatte sich auch die Aufgabe gestellt, dem mit ihm gleichalterigen Pfarrer, Johann Plesch war sein Name, allsamstägig mit einem Schermesser die Bartstoppeln vom Gesicht zu schaben, wofür ihm allemal ein Seidel Wein aufgewartet wurde. Als aber der Pfarrer bei der Predigt einmal den Kaufmann gerügt hatte, weil der die verkauften Waren in schlechtgesinnte Zeitungen einwickele und somit ein Gift im Volk verbreitete, kam am nächsten Samstage der Rasierer nicht, und der Pfarrer mußte mit dem Bartstoppelgesicht die Sonntagspredigt halten, die also wahrscheinlich wieder borstig ausgefallen sein wird. Historisch ist nur, daß der Rasierer seinen Streik bald wieder aufgab. Karl Haselgraber war ein frommer Mann, aber die Grazer »Tagespost« hatte er nicht abbestellt. Die Zeitung mit ihren Neuigkeiten war anfangs mit eine Ursache, weshalb ich so gern ins Mesnerhaus ging. Auch hatte der Haselgraber in seiner Dachbodenstube viel altes Papier und Bücherwerk (großenteils wohl vom Fetzenmarkt stammend), in dem ich kramen durfte und von dem ich mitnehmen durfte, was mir gefiel.

Frau Haselgraber, die Mutter meiner Freunde, von denen ich erzählen will, war nicht mehr am Leben. Sie war eine geborne Orthofer, die Schwester der Mutter meines Lehrmeisters gewesen. Schon deshalb fühlte ich mich, der Lehrling des Meisters, ein wenig zur Familie gehörig.

Was mich jedoch fest und immer fester an das Mesnerhaus in St. Kathrein am Hauenstein band, das waren die jungen Haselgraber. Der alte Karl, schon das wiederholte Mal verheiratet, hatte zahllose Kinder, ich kam nie recht darauf, wie viele eigentlich; die meisten waren in den Bauernhöfen zerstreut schon im Dienste. Zu Hause waren noch die heranwachsenden Burschen Eustach, Johann und Dionys und zwei Dirnlein, Magdalena und Marie. Diese jungen Haselgraber sind für die Feierabende und Sonntagsnachmittage meine Spielgenossen geworden. Allerhand Allotria haben wir miteinander getrieben. Gerne führten wir Buben in entlegenen Heuscheunen von mir gleich an Ort und Stelle gedichtete Komödien auf. Wir machten Bergpartien, so auf den Teufelsstein, auf das Stuhleck, auf den Wechsel, erzählten einander Geschichten und Schwänke, wie wir sie aus Büchern gelesen, kritisierten solche Bücher, lobten die Freisinnigen und verdammten die Glaubenslosen. Die Haselgraber lasen gerne und hatten wie ich Sinn für kirchlichen Kultus, bei dem sie mitwirkten. Der Eustach war Kirchengeiger, der Johann Lichtanzünder, ein anderer Bruder Vorbeter, der Dionys Ministrant, die Marie Chorsängerin, die sich besonders mit alten lieblichen Krippenliedern mir unheimlich tief ins Herz sang. Solchergestalt waren die Anregungen bei den Haselgrabern, die unser geistiges und geselliges Leben weckten und uns einander immer unentbehrlicher machten. War ich in der freien Zeit nicht bei ihnen, so besuchte mich von ihnen einer und der andere in meinem Vaterhause, das eineinhalb Stunden von St. Kathrein entfernt stand.

In meiner nächsten Umgebung Alpel hatte ich weder Freunde noch Spielgenossen. Die Nachbarsbuben hatten andere Wege, ich wußte weder mit ihnen noch sie mit mir was anzufangen. Ziemlich schweigsam lebten wir aneinander vorüber, obgleich ich mich zu bedachtsamen Unterhaltungen und lustigen Streichen hätte finden lassen. Mir tat deshalb das anlebsame schalkige Wesen der Haselgraber wohl, und wenn sie mit landläufigen Witzen in mir den »Schneider« neckten, so machte ich mir nichts draus, sondern lachte mit. Ich war ihnen der »gute Kerl«, mit dem sie sich gerne ergötzten; sie waren mir mehr. — Wenn ich heute die Schriften durchlese, die ich in jenen Zeiten zusammenphantasiert habe (wohlgewogen nicht minder als 15 Pfund schwer), so erschrecke ich fast vor der leidenschaftlichen Freundschaft, mit der ich an den Haselgrabern hing. Mündlich wird sie sich nicht arg geäußert haben, da war alles zu sehr mit Schalk und Spaß durchsetzt; aber meine schriftlichen Ausbrüche! Ich dachte nur an die Haselgraber, feierte nur sie, schrieb nur für sie, und alle meine Erzählungen, Dramen, Betrachtungen, Bekenntnisse, Gedichte waren nur für die Haselgraber bestimmt. Ihnen zu Ehren schmückte ich die Hefte mit allerlei schönen Bildern und trug sie in ihr Haus. Auf das Fensterbrett legte ich die Schriften, sagte nichts, aber lauerte heimlich, ob sie wohl gelesen würden. — An eine besondere Anerkennung kann ich mich nicht erinnern, und wenn sie mich einmal einen »Dichter« nannten, so war das stets mit ein bißchen Spott gewürzt. Der alte Herr bekam bisweilen schulmeisterliche Anwandlungen und wollte mir die Rechtschreibung angewöhnen, mit der es, weiß Gott, schaudervoll stand. Mir aber war mehr darum zu tun, *was,* als *wie* man schreibt. Und mein *»Was«* war ihnen mehr gleichgültig als das Wie. Nein, eitel gemacht haben mich meine Haselgraber nicht. Nur, wenn ich etwa mit einem allein eine Wander tat, wurde manchmal ein ernsthaftes Gespräch geführt über mancherlei und auch über mein Geschreibe, so daß es schien, als sei doch stellenweise etwas davon in ihren Sinn gekommen. Wenn ich nach Wochen die Sachen am Fensterbrett wieder zusammenpackte, blickte mich so ein armes Heft, an dem ich nächtelang geschrieben, traurig an, als wollte es sagen: Kein Mensch hat mich gelesen! — Der Lesepreis von zwei Kreuzern für den Band, dazu bestimmt, um mir Papier und Tinte zu kaufen, wurde von jemandem sogar dahin mißverstanden, als *bekäme* der Leser zum Lohn für das Lesen zwei Kreuzer! Also das Geschäft hat nicht geblüht, obschon die Haselgraber manchen Bogen Papier gestiftet hatten. Besonders die kleine Maria, manchmal schnippisch, dann wieder treuherzig gestimmt, die legte mir bisweilen vertraulich einen jungfräulich reinen Bogen vor, um sich heimlich darüber zu ergötzen, wenn sie dann darauf ein in gemalte Rosen eingekränztes, angehendes Liebesgedicht fand mit der Überschrift: »An M. H.« — Gelesen wurden solche Gedichte, das besagte einmal ein zartes Billettlein, in welchem sie dem Schneiderbuben freundschaftlich riet, er möchte sich mehr um Männerhosen denn um Weiberröcke kümmern. Das sei aber ein Mißverständnis, berichtete ich im nächsten Heft: »Ich dächte nicht an Weiberröcke, sondern was drinnen stecke.« Aber dann kam doch wieder ein weißer Bogen von ihr, und er kam doch wieder zurück mit dem angehenden Gedicht, das »nach Küssen von der Süßen« plangte.

Weniger bedenklich war mein Verhältnis zu ihren Brüdern. Eustach hatte ein paar Jahre früher im Seminar zu Vorau gesessen, seine schnelle Auffassung, sein Scharfblick ging weit über das Bauernuniversum von St. Kathrein hinaus. Er hatte eine gefällige Art und war ein hübscher Junge. — Johann, der schlanke, war zartsinnig, weichmütig, zu versteckten Schelmereien geneigt und zu allen Streichen aufgelegt. — Dionys war der Zurückhaltendste in gewöhnlicher Verfassung und der Herlebigste in der Erregung. Alle drei hatten Mutterwitz, ein geradezu wunderbares Gedächtnis für alles, was sie aus Büchern gelernt, aus Zeitungen gelesen, aus Predigten vernommen, und wußten gelegentlich alles so vorzubringen, daß man sie für gebildet und gelehrt hätte halten können, wenn nach diesen Eigenschaften in der Gegend Nachfrage gewesen wäre. — Gesellschaftlich genommen bedeutete ich gegenüber diesen Kaufmannssöhnen nichts, in Spiel und abenteuerlichen Unternehmungen war ich ihr Rädelsführer. So war ich auch bei den übrigen Altersgenossen von St. Kathrein, selbst Groß- und Nobelbauern darunter, zu einer gewissen Geltung gelangt, und manche schlossen sich uns an, wenn wir die wunderlichen Fahrten in das Reich lockerer Künste und unrühmlicher Jugendeseleien machten, deren Spuren noch in meinen Waldheimatgeschichten ein zäheres Leben führen, als sie verdienten. — Die Dirnlein Magdalena und Maria haben sich an solchen Burschenkränzchen selten beteiligt, obschon mir immer einmal schien, als wären sie nicht ungern dabeigewesen, wenn der fesche Eggbauern-Patriz, der lustige Rentbauern-Anderl, der artige Hausteiner-Hansel in der Gesellschaft gesehen wurden. Uns schienen Frauenzimmer überflüssig, wenn wir in Eggbauers entlegener Haarstub'n (Flachsdörrhütte) den »Bayrischen Hiesel« aufführten oder »Die Wetterwurzen vom Klachelberg«, eine von uns gemeinsam komponierte Oper, bei der der Rentbauern-Anderlin eine ausgetrocknete Wasserbutten hineinsang, der Eggbauern-Patriz die Billforzen blies und ich das leere Essigfaß schlug. Derlei Kunstleistungen gab es nur ausnahmsweise und bloß bei größerer Beteiligung tollwitziger Kameraden. Was die Haselgraber und mich vor allem zusammenhielt, das war, wie schon gesagt, unsere gemeinsame Leselust. Wir versorgten einander mit Geschichtenbüchern von Rittern, Räubern, tückischen Bösewichtern und holden Verliebten, die schließlich zusammenkamen. Über diese Literaturgattungen hinaus ist der Bildungstrieb selten gesprungen. Ich war daher auf dem Holzweg mit meinen aufgeschriebenen Weltbetrachtungen, Belehrungen und Gotteshymnen. Selbst die schönsten Gedichte wurden nur gelesen, wenn die anzügliche Überschrift »An M. H.« darüberstand. Die Kameraden schauten mich darob nur mitleidig an. Sie hatten in Liebessachen andere Praktiken.

Meine bei Haselgraber auf dem Fensterbrett liegenden Werke waren den Augen aller ausgesetzt, die da in die Stube kamen, um zu rasten, vor Regen unterzustehen, ein »Stamperl« Weichselgeist zu trinken oder eine Pfeife Tabak zu rauchen. Aber sie fanden eben wenig Anwert, nur daß mancher Bauersmann, der mit derbgekrümmten Fingern darin blätterte, die Meinung aussprach:

»Gscheiter brav orbeitn bei sein Moaster oder bei sein Vatern dahoam, als sölchenes Favelwerk zusammenschmiern!« — Und der Eustach sagte mir einmal, als ich wieder einen Pack neuer »Werke von P. K. Rosegger« aus der Tasche ziehen wollte: »Laß na drinna, Schneiderpeterl, und tua's wieder mittrag'n, mir brauch'ns nit.«

Ein bißchen mag so was schon weh getan haben, jedoch nicht arg. Ich hatte die Haselgraber lieb und dichtete weiter. Aber gezeigt davon habe ich ihnen immer weniger und weniger, und sie haben auch nicht danach gefragt. — Von heute aus gesehen war es eigentlich eine traurige, einsame Zeit — ich wußte es damals nur nicht, daß es anders hätte sein können. Und schön war es ja eigentlich doch, wenn ich mit meinem Meister im Mesnerhause den Freunden die Feinlodenkleider machen helfen mochte oder in freier Zeit bei Haselgraber geladener und auch ungeladener Gast sein, mit ihnen essen, unter ihrem Dache schlafen durfte oder mit ihnen in der Scheune Korngarben legen, in der Mühle Getreide ausschütten, in der Halche Loden spannen, in der Kammer Kerzen gießen, Wachsstöcke aufhaspeln, Tüten kleben oder gar Zimt und Zucker verkaufen durfte im »G'wölb«, wo es alleweil so würzig und schnapsig roch. Oder endlich, wenn ich mit den Freunden in der Kirche die Heiligtümer herrichten, im Gasthaus zum Hausteiner bei dem dicken, rabiaten und gutherzigen Lorenz Haas Most trinken oder durch die Gegend schlendern konnte. Es würde sich kaum der Mühe lohnen, nachzugrübeln, welche Gespräche bei unserem Zusammensein geführt worden sein dürften. Geradezu niederträchtige kaum, aber sicher auch nicht viel Großartiges. Für etwelches Ungewöhnliche, was damals etwa in meinem unreifen Wesen sein mochte, hätte ich fürs erste keine Worte, fürs zweite keine Ohren gefunden. Aber nicht, als wäre ich der Unverstandene, kam es mir vor, vielmehr war ich der Unverständige, der sich in seine Umgebung nie ganz hineinleben konnte.

Endlich nach so und so vielen Jahren bin ich leise davongegangen. Und nun wurde es der briefliche Verkehr, durch den wir unsere Freundschaft vertieften. Wenn ich dann auf Ferien als Student heimkam, war ich bei Haselgraber wieder der alte, nur daß sie mich statt »Schneiderpeterl« scherzhaft den »Stadtschnackel« nannten. Was die übrigen Genossen meiner Bauernjugend ernsthafterweise über mich dachten, weiß ich nicht, daß es nichts besonders Erhabenes war, habe ich unwillkürlich empfunden. Ein Mensch, der von seiner ehrlichen Arbeit fortläuft und »Student« wird, ohne selbst zu wissen, auf was und für was er studieren will, muß just einmal abgewartet werden. Von den Haselgrabern vermute ich doch, daß sie ein wenig klarer gesehen und die neuen Pfade des voreinstigen Schneiderjungen erkannt haben.

Hier möchte ich die Geschichte der Haselgraber schließen dürfen. Aber es ist auch des Unsterns zu gedenken, der nach dem freundlichen Idyll aufgestiegen ist.

So wie vom Hause selbst kein Stein mehr auf dem andern liegt, so sind auch seine Bewohner vergangen. Der alte Vater hat, von ungünstigen Wirtschaftsverhältnissen gedrängt, Gut und Geschäft weggeben müssen und ist bei seinem Sohne Philipp im Alpelhofe gestorben. Das stattliche Mesnerhaus hat eines stillen Sommervormittags angefangen zu brennen und ist nach einer Stunde verzehrt gewesen. Der neue Eigentümer hat die Mauern zerschlagen und die Asche auf dem Erdboden hinstreuen lassen, als ob ehebald Gras wachsen sollte über ein altes Familienheim, das so gastfrei und ehrenhaft gewesen ist. — Der Eustach hat mehrere Jahre in der einklassigen Volksschule Brandstattgraben bei Stanz als Lehrer gewirkt. Dort besuchte ich ihn einmal schon als Student, und während ich sein »hübsches Schulhaus« und seinen »edlen Beruf« pries, wunderte ich mich, daß er es in solcher Einöde aushalten konnte. Er hatte seine Schulkinder heimgehen lassen, wir bestiegen mitsammen den Hochschlag und die Teichalpe, und als ich von ihm schied, sagte er kleinlaut: »Wieder einmal zwei Tage, die des Aufwachens wert gewesen sind.« Nicht lange hernach ist mir der Eustach nach Graz nachgekommen, wo ich ihm auf sein Drängen in der Reininghausischen Fabrik einen Arbeiterposten verschafft hatte. Das Los eines Brauknechtes schien ihm günstiger als das eines Volksschullehrers. Da sind wir dann an Sonntagen oft zusammengekommen, aber der Naturtau war bei ihm so gründlich weg wie bei mir; jene harmlose, kindische Bummelwitzigkeit wie einst im fernen Dörflein am Fuße des Teufelssteins haben wir nicht mehr finden können. Eustach begann an einem Brustleiden zu siechen, und im allgemeinen Krankenhause zu Graz ist er gestorben, kaum dreißig Jahre alt. — Den Johann zog es nach Wien in die große Stadt, von der wir mitsammen so oft geschwärmt hatten. An der Donau bei der Dampfschiffahrt, wenn ich nicht irre, fand er Arbeit. Nach einer meiner Vorlesungen bei den »Literaturfreunden« in Wien, zu denen er geladen war, sah ich ihn im Speisesaal, in dem der Verein »Literaturfreunde« zusammengekommen war. Er saß allein an einem Tischchen hinter dem Pfeiler. Da ich, der Gesellschaft Ehrengast, zuoberst an der Tafel sitzen mußte, wohin mein waldschüchterner Johann sich nicht bringen ließ, mußte ich ihn nach kurzem Besuche an seinem Winkeltischchen allein sitzen lassen.

Den Freund, mit dem ich so viele frohe Stunden gelebt, jetzt dort hinter dem Pfeiler vereinsamt zu wissen, hat mir an jenem Abend die ganze Stimmung verdorben. Als ich endlich von den neuen Freunden loskam, um mich zum alten zu setzen, war mein Johann nicht mehr da. Wenige Monate später hörte ich von seinem Tode, der auch ihn in einem Stadtspitale ereilt hatte. Wie ich ihn gekannt, würde er wahrscheinlich lieber auf dem kleinen Kirchhof zu St. Kathrein schlafen gegangen sein als auf dem Zentralfriedhof. — Der Dionys hatte das Schuhmacherhandwerk gelernt, war als Wanderbursche nach Ungarn gegangen und hatte bei den Magyaren sein Grab gefunden. — Alle drei in jungen Jahren! — Hat sie etwa mein Geschick nachgelockt in die weite Welt? Kaum. Mußten sie doch an mir den Bettelstudenten sehen, der damals schon anhub, die Landleute vor den Städten zu warnen. — Die Magdalena war die einzige, die daheim blieb, aber sie fing an zu kränkeln, und wenige Jahre, dann war auch sie dahin. Die Marie ging auch in die Ferne und ist als Köchin bei unterschiedlichen vornehmen Herrschaften weit in der Welt herumgekommen; sogar in Galizien, bei den Polen, ist sie gewesen. Sie ist die einzige meines Haselgraberkreises, die heute noch lebt. Sie soll in Wien ein Kaufmannsgeschäft haben, womit zum guten Ende ihr angestammter Beruf wieder zu Ehren kommt.

Noch muß gesagt werden, wie ich mit der Maria abgeschnitten habe, die ein so feines Mägdlein war. Anfang der siebziger Jahre, als zu hoffen stand, daß es bei mir mit der Schriftstellerei gehen würde, habe ich mich erinnert an die schönen Gedichte, die ihr einst der Schneiderjunge gewidmet hatte. Ich empfand es als eine Art Ehrenpflicht, das Gesungene zur Tat zu machen. Sie war damals noch daheim. So fragte ich in einem artigen Brieflein bei ihr an, was sie darüber denke? Ob wir unsere alte gute Freundschaft nicht erneuern und vertiefen sollten? Ich wäre in der Lage, die Phantasien des Schneiderpeterls nun als Poet wahrzumachen. Auf diesen Schreibebrief hat sie mir keine Antwort gegeben. Von den Geduldigsten in solchen Angelegenheiten war ich nie einer. Nach einigem Warten schrieb ich ihr wieder und fragte kurz: ob sie wolle oder nicht? Ja oder Nein! — Postwendend antwortete sie, und das Blatt enthielt nur ein einziges Wort: »Nein!«

Wir haben uns dann noch wiederholt begegnet, stets in guter, gelassener Freundschaft. Aber von einer näheren Beziehung nie mehr der leiseste Hauch. Ich habe es seitdem oft bewundert, um wieviel klüger und freimütiger sie bei der Entscheidung gewesen ist als ich. Bei der Festgeschlossenheit unserer verschiedenen Naturen hätten wir einander kaum völlig finden können. — Wenn die gute, brave Marie sich wohl heute noch darüber freut, daß sie sich von einem poetischen Liebeswoisler[1] nicht aus dem Häusl singen ließ, sondern ihm einen festgeflochtenen Korb gab, so muß ich sagen, daß mir das selber gefällt.

Man sieht wohl, daß der Verfasser dieser Erinnerungen nicht bei Frau Phantasie zu Gaste gewesen ist. In völlig nüchternem Zustande hat er die Wahrheit gesagt. Die ist ja nicht übel, wenn diesmal auch ernst bis zur Wehmut. Wie wäre ich über jene freudlose Zeit geistiger Verlassenheit hinweggekommen ohne die Haselgraber mit ihrer frischen, seelischen Regsamkeit, mit ihrer heiteren Plänkelei gegen mich, mit ihrem gutmütigen Mutterwitz, mit ihrer wenn auch nur teilweisen Hinneigung zu meiner seltsamen Abart, in der ich unter der sonstigen Stumpfheit meiner Umgebung hätte verkommen müssen.

Aber weshalb sind diese Jugendgenossen so frühzeitig heimgegangen? Als ob alles ausgelöscht sein sollte, was mir noch Kunde geben könnte von jenen Tagen, die mir so traumhaft, so märchenhaft geworden sind.

[1] weuseln, woiseln = winseln.

URBAN OFFENLUGER

Zur Zeit, als meine Mutter hausieren ging von Pfarrhof zu Pfarrhof mit einem kleinen Buben, »der gerne auf geistlich studieren möchte«, saß der Urban schon im Seminar zu Graz. Er hatte es leicht gehabt, ein Oheim, der »geistliche Herr Paul«, hatte ihm den Weg geebnet von ihrem gemeinsamen Geburtshause, dem Schmiedhofe in Alpel, bis ins priesterliche Institut. Meine Mutter brachte ihren kleinen Buben nirgends an, mußte ihn also wieder mit nach Hause führen und in Gottes Namen abwarten, was aus ihm werden sollte. Denn das hatte ihr der Herr Pfarrer Potassowitsch zu Fischbach gesagt: »Wenn er für etwas beschaffen ist, so wird ihn unser Herrgott auch etwas werden lassen.«

Nun, so ist also gewartet worden auf unseren Herrgott. Mittlerweile war es lustig in jenem großen, wilden, einzig schönen Heimgarten: Alpel. Am lustigsten aber noch, wenn Jakobi kam. Denn zu Jakobi, das ist gegen Ende Juli, huben die »Vakanzen« an, und der Student erschien. Wir waren fast in gleichem Alter, der Urban Offenluger und ich, er war damals noch um einen halben Kopf kleiner, und doch schaute ich mit Ehrerbietung zu ihm — empor, denn der ihm fehlende halbe Kopf sollte ja durch ein schwarzes Barett, wenn nicht gar durch eine Bischofsmütze ersetzt werden.

Lebendig steht er noch in meiner Erinnerung, der wohluntersetzte Junge mit dem stets kurzgeschnittenen blonden Haare, mit dem runden Gesichte, den offen lugenden grauen Augen, mit den Narben an der Unterlippe, welche ihm in früher Jugend von einem bissigen Pferde losgerissen und hernach vom Arzte wieder angenäht worden war. Wenn er sprach oder lachte oder bergwärts stieg, so hörte man ihn laut und pfeifend atmen, denn er hatte, wie die Leute sagen, einen »Steckkropf«; doch schien er sich sonst um diesen lästigen Gesellen nicht viel zu kümmern. Urban war stets gemütlich, heiter und freundlich mit jedem, auch dem Geringsten, der an den von manchem mit heiliger Scheu verehrten Studenten zögernd herankam.

Zu den Vakanzen pflegte er in seinem Koffer allerhand Bücher mit nach Hause zu bringen, Lehrbücher, deutsche Klassiker, sogar Volksbücher über den Kaiser Joseph, über König Friedrich den Großen, über Franklin und dergleichen. In richtiger Würdigung der Vakanzen kletterte der Urban auf Wildkirschbäumen um, fing aus dem Fresenbache Forellen oder ergötzte sich auf der Kugelbahn, während die Bücher mir überlassen waren. Unsere Heimatshäuser standen nur ein Viertelstündchen weit auseinander, also lief ich hin und her, die Bücher abzuholen, zurückzustellen und den lieben Studenten anzuschauen.

Unser Verhältnis zu den Büchern war damals noch harmlos; die Jugend ahnt es ja nicht, daß manchmal auch aus dem Buche ein Menschengeschick emporsteigen kann.

Später, viel später, als es so gekommen war, daß der Urban mir wohlgemeinte Vorwürfe machte über meine allzu große Freisinnigkeit, durfte ich ihm, halb im Spaße, halb im Ernste, sagen: »Urban, die hab' ich aus deinen Büchern!« Denn ich muß in der Tat gestehen, daß keine Lektüre auf mich so tief und unauslöschlich gewirkt, als die Bücher des Seminaristen, die ich mir in meine junge, durstige, eindrucksfähige Seele hineingelesen. Freilich konnte er nichts dafür, und die Bücher über den großen Kaiser und den großen König, und die von Goethe und Lessing und anderen waren ihm ja eigentlich selber verboten gewesen, er hatte sie nur so unterderhand bekommen und genommen, in der Absicht, zu Hause an Regentagen manchmal darin zu lesen. Und als wirklich einmal ein Regentag war und der Urban wirklich einmal »Nathan den Weisen« durchsah, fragte er mich besorgt: »Hast du auch dieses Büchel gelesen?«

»Oh, das ist schön!« war meine Antwort.

Mit seinen treuherzigen Augen sah er mich an und sagte: »Peter, solche Sachen solltest du nicht lesen. Sie könnten dich leicht verderben.«

Wie das gemeint sein mochte, konnte ich mir nicht recht denken, denn die Bücher regten weder zum Ungehorsam noch zur Unredlichkeit, noch zum Spielen, zum Trinken, zum Müßiggang, noch zum Weibergernhaben an, und etwas anderes konnte ich unter »verdorben werden« damals noch nicht verstehen. Es zeigte sich aber in unseren Gesprächen über geistige Dinge, daß wir nicht immer ganz einig waren. Da ward er vorsichtiger in der Auswahl der mir zu borgenden Schriften. Einmal glaubte ich ihm auf seine Hinterhältigkeit gekommen zu sein. Ich hatte in Erfahrung gebracht, daß der Seminarist, welcher mir nicht einmal die christlichen deutschen Dichter gestatten wollte, für sich lauter heidnische Sachen lese, von Göttern und Göttinnen, deren Aufführung nicht ganz musterhaft war. Und um uns das zu verheimlichen, waren die Bücher teils in lateinischer, teils in griechischer Sprache geschrieben, was ich denn doch schon für die größte Unredlichkeit hielt, um so mehr, als wir anderen ja des guten Glaubens sein mußten, in der

Kirchensprache wären lauter heilige Sachen enthalten. Ich sagte es ihm, und daß er darob lachte, versteht sich.

So ging es Sommer für Sommer, wir waren viel beisammen; bei seinen Eltern, den Schmiedhoferleuten, die meine Firmpaten gewesen, war ich aufgenommen wie ein Kind vom Hause. Sein Vater, ein tatkräftiger, rechtlicher und kluger Mann, der es mit manchem Advokaten eines Waldprozesses wegen siegreich ausgefochten; seine Mutter, eine anmutige, arbeitsame, fromme und gütige Bauersfrau, deren Haus niemand verließ, ohne mit irgend etwas, wenigstens mit einem Stücke weißen Brotes beschenkt worden zu sein — dieses Paar steht unter den verehrungswürdigen Gestalten meiner Jugend.

Die Schmiedhoferleute wurden auch schon geachtet ihres Sohnes wegen, der einst am Altare stehen und der Gemeinde zur hohen Ehre gereichen werde. Die Schmiedhoferin war auf solche Anspielungen stets voller Bescheidenheit: »Der liebe Gott geb's, daß er's so weit kunnt bringen!« — Und als der Urban im Herbste 1866 zu Krieglach seine erste Ehrenmesse hielt, da hat wohl niemand der Mutter Glück in seiner ganzen Größe wahrgenommen, denn sie verhüllte es in Demut.

Bei mir hat nach langem Warten unser Hergott denn richtig auch ein wenig nachgeholfen. Ich muß der Zeit nun vorgreifen. Ich kam nach Graz. Mein Urban war damals im Priesterhause. Da habe ich ihn oft besucht, und er vermittelte mir die Bekanntschaft mit manchem Theologen, die mir noch heute wert ist. Wenn wir des Sonntags nachmittags im Refektorium bei dem Glase Bier saßen, da gab es munteres Für und Wider, und die jungen geistlichen Herren mochten stutzen über die Dreistigkeit, mit welcher der einfältige Mensch, der erst aus dem Gebirge gekommen, die Welt anfaßte. Manchmal schien es, als wisse er trotzdem von der Welt mehr, als sie bei ihren Studien in klösterlicher Abgeschiedenheit je ahnen konnten. Einmal begleitete mich Freund Urban hinaus durch das Burgtor, und als wir uns in der Kastanienallee verabschiedeten, sagte er: »Sei nicht zu vertrauensselig! Die Weltleute sind inwendig nicht so echt, wie sie auswendig aussehen. Auch tust du mir zu vielerlei lesen. Peter, laß dich nicht verführen!«

Da schien doch wieder der Theologe mehr Erfahrung zu haben als der Weltkandidat aus dem Waldlande.

Nach seiner Primiz (erste Messe) wurde er aufs Land versetzt, wir sahen uns jahrelang nicht, und in uns, oder vielmehr in der Zeit gingen mittlerweile Veränderungen vor. Es kam der Kulturkampf, das widerliche Gezänke, der geifernde Haß zwischen »klerikal« und »liberal«. »Liberal« wurde Mode, jeder Ladenschwengel, jeder Schusterbub glaubte gebildet zu sein, wenn er die Worte »liberal«, »Pfaffen« und dergleichen recht oft und laut hinschrie. Der Riß ging tief, ging mitten durch Gemeinden, mitten durch Familien. Es war eine Revolution, während die Gesetzgeber doch nichts anderes anstrebten als eine friedliche Reform des Verhältnisses zwischen Staat und Kirche. Die Erscheinungen jener Tage veranlaßten, ja verpflichteten, über Dinge nachzulesen, nachzudenken, Zustände zu beobachten, zu prüfen, an denen man sonst achtund interesselos vorübergegangen wäre. Ich fand, daß durch den fast plötzlichen Überschwang die Religion wirklich in Gefahr gekommen war, aber nicht so sehr durch die Liberalen, sondern fast mehr durch die Klerikalen selbst, die sich nun ganz extrem gebärdeten, sich orthodoxer, ultramontaner und vaterlandsgegnerischer stellten, als sie es im Grunde waren; die durch demonstratives Hervorkehren des Gegensatzes, durch neuerliche Aufwärmung mittelalterlicher Anschauungen, durch trotziges Festhalten an bedeutungslosen oder abergläubischen Förmlichkeiten der Welt zu imponieren glaubten. Ich hätte gemeint, durch ein loyales Nachgeben in Äußerlichkeiten, wie es wohl auch die christliche Klugheit geboten hätte, durch eine Verinnerlichung der Religion, durch ein kleines Sichbescheiden, wäre es nicht schwer gewesen, die Herrschaft über die Seelen zu bewahren oder wiederzugewinnen. Sie verzichteten darauf, und ihre Devise war: orthodox katholisch oder Apostat! Mich hatte derlei damals nicht wenig aufgeregt, und zwar um so mehr, als es sich herausstellte, daß ich mit meiner von Natur überkommenen, durch Studien und Erfahrung gestärkten Weltanschauung näher den Liberalen als den Klerikalen stand. Mich verdroß das, denn unter dem Schilde des Liberalismus fanden sich Elemente, die mir nicht behagten, und ich wäre gern stets ein guter Christ gewesen.

Meinem Unmut über die starre extreme Orthodoxie, die es einem Denkenden unmöglich machte, im Lager der Kirche zu stehen, ließ ich gelegentlich freien Lauf, erinnerte durch Wort und Schrift die Klerikalen, daß der christliche Geist wichtiger sei als die kirchliche Form und daß nach ihrem Vorgehen der naive Gläubige leicht glauben könne, durch die bloße Erfüllung der Form schon ein guter Christ zu sein. Und wenn der Klerikale sich manchmal einen blendenden Heiligenschein um das Haupt tat, erinnerte ich unmaßgeblich daran, daß auch unter der Soutane Menschenfleisch verborgen sei.

So stand es, als ich nach jahrelanger Trennung eines Tages meinen lieben Urban wiedersah. In einem Gasthause zu Krieglach war es, wo wir uns trafen, um endlich wieder einmal ein paar Stunden miteinander zu plaudern. Dieselben paar Stunden sind aber sehr unerquicklich geworden. Wir kamen natürlich bald auf die Kulturbewegung, auf die Neuschule zu sprechen. Urban wurde lebhaft, plötzlich aber schlug er seinen sanften, herzlichen Ton an und sprach: »Peter, was du da oft schreibst, das kann ich wohl nicht gutheißen, das ist weit gefehlt. Schau, das arme Volk hat ohnehin nichts als seinen Glauben, und du willst ihm auch diesen noch nehmen! Deine Bücher sind geschmackig geschrieben, um so schlimmer, sie dringen wie ein süßes Gift ins Volk. Freund, es tut mir leid, aber ich muß gegen dich auftreten, es ist unsere Seelsorgerpflicht, das Volk zu warnen vor einem Schriftsteller, der die katholische Kirche und das Christentum angreift.«

»Wieso nehme ich dem Volke seinen Glauben?« war meine fast leidenschaftliche Entgegnung, »wo greife ich die katholische Kirche als solche, wo das Christentum an? Nenne mir die Schrift!«

»Ja«, lachte er, »gelesen habe ich deine Bücher nicht, ich weiß nur, was das ›Volksblatt‹ darüber geschrieben hat.«

Nun mußte ich lachen. Also in einer Zeitung hatte er es gelesen! Nun, dann muß es freilich wahr sein.

»Ich bin überzeugt, alter Freund und Landsmann«, fuhr der geistliche Herr Urban fort, »du meinst es nicht so schlecht, du bist verführt worden und schreibst solche Sachen, weil es Geld trägt.«

»Jetzt ist's genug!« rief ich, vom Tische aufspringend. »Wir haben nichts mehr miteinander zu tun!«

Also habe ich den mir ins Gesicht geschleuderten Handschuh angenommen. Ohne noch ein Wort zu verlieren, ging ich davon. In mir wütete ein heftiger Zorn, der allmählich in Betrübnis überging. Ich hatte einen lieben Freund verloren. Und dieser herzensgute Mensch war ein blinder Fanatiker geworden, alsbald geneigt, der Überzeugung anderer niedrige Beweggründe anzudichten.

Der Urban soll über meine Entrüstung gar überrascht gewesen sein und nicht recht begriffen haben, wodurch er mich so tief gekränkt hätte. Aber ein Schreiben, das er in den nächsten Tagen von mir erhielt, wird ihn darüber aufgeklärt haben, welche Art von Beleidigung er mir in das Gesicht geschleudert.

Bald zeigte es sich, daß mein Urban überhaupt ein tapferer Soldat der streitenden Kirche geworden war. Glühende Kanzel- und Vereinsreden hielt er gegen den Liberalismus, gegen die Neuschule, gegen die Volksbildungsvereine, gegen aufklärende Schriften. Weniger um die Religion als um die Partei ging es her.

Und nur zu bald hatte diese sonst so redliche Bauernnatur dem Parteileben abgelauscht, daß in demselben der Zweck das Mittel heilige. Aber doch wieder nicht der Diplomat sprach aus ihm, sondern oft die Leidenschaft und immer die Parole der Kirche, die unter allen Umständen seine Überzeugung war.

Mir tat es doch weh zu sehen, wie sein wohlgemeinter Feuereifer nicht immer glückliche Folgen zeitigte. Selbst ein großer Teil der Bevölkerung seiner Heimatsgegend wollte nichts von ihm wissen, zählte ihn zu den »Heißspornen« und »Hetzern«, und ich fand mit meiner Mahnung, daß seine Überzeugung, sein guter Wille, das Richtige zu tun, stets achtenswert bleibe, nicht immer Gehör. — Als er bei einer Volksversammlung in Mürzzuschlag einen liberalen Redner unterbrach und mit durchdringender Stimme demselben scharf entgegenredete, ward er in den vorüberfließenden Bach geworfen. Mit einiger Mühe rettete er sich, um dann vom Kampfplatze abzutreten. Das Beifallsgejohle über diese Heldentat ging durch das ganze Tal. Nur der Besonnene schüttelte das Haupt. Es zeigt nicht von großem Takte, wenn einer bei öffentlicher Versammlung willkürlich den Redner unterbricht, aber auch nicht von großem Mute, wenn zehn ausgelassene Gesellen mit Stöcken einen Wehrlosen ins Wasser jagen. — In seinem Stande stieg der Urban jetzt noch an Ansehen.

In geselligen, selbst höheren Kreisen wußte der ehemalige Bauernjunge sich angenehm und sehr artig zu bewegen. Befangen und gedrückt fühlte er sich nur in der Nähe eines seiner hohen Vorgesetzten, denen er in so unumschränkter Ehrerbietung ergeben war, daß in ihrer Nähe alles andere an Interesse für ihn verlor. Ich schloß daraus auf die strenge Disziplin, die den ganzen Organismus der Kirche beherrscht und die das Geheimnis dieser Weltmacht ist. Unbedingter Gehorsam! Ich vermute, daß auch Urban Offenluger, der seinen eigenen Kopf sonst wiederholt bekundet, in manchem seine ganz persönliche Meinung und Neigung gehabt hat, die sich mit der seines Systems durchaus nicht immer deckte. Erfahren hat das niemand. Was die Kirche vorschrieb, einzig nur das und nichts als das hatte für ihn Geltung. Von Konflikten, die sich in einer solchen Seele manchmal abspielen mögen, weiß die Welt nichts.

Mich suchte der Urban seit jenem Abende nicht mehr auf und ich ihn nicht. Aber ich hatte ihn noch immer lieb, schon seines treuen Festhaltens an dem Bauernstande wegen. Er kannte des Bauern Anliegen und Nöte und war unablässig bemüht, zum Wohle dieses so arm gewordenen Standes zu wirken. Aber er war enge, er stand mitten *unter* den Bauern, nicht *über* ihnen. Er hatte den klaren Hausverstand des Bauern, in Zeiten ruhiger Erwägung ein unbeugsames Gerechtigkeitsgefühl, und war ein Vorbild der Schlichtheit, Güte und Zufriedenheit. Das ist genug für den Wirkungskreis eines Landgeistlichen, jedoch zuwenig für einen Parteiführer, der im großen Stile wirken will; ein solcher braucht Weltkenntnis, politischen Geist, Verständnis und Interesse für die sozialen Vorgänge in andern Gesellschaftsklassen und Ländern, denn es ist nötig, mit diesen Größen zu rechnen, soll für einen bestimmten Stand etwas durchgesetzt werden.

Auch die Bauern machen einen Unterschied zwischen Priester und Priester. Den, der die Gebote predigt, ohne sie selbst zu halten, achten sie zumeist nicht. An Urban aber erkannten sie einen echt religiösen Charakter und ihren redlichen Freund. Später, als er schon Pfarrer zu Pernegg in Steiermark war, wählten ihn die Landgemeinden des Brucker Wahlkreises zum Landtagsabgeordneten. Ich empfand einen rechten Stolz darüber, einen aus dem armen Alpel als Gesetzgeber des Landes zu wissen, doch als er nun an mich herantrat, hielt ich nicht zurück mit meinen Bedenken. Ob das rein weltliche Wirken im Landtage nicht die Stimmung für sein geistliches verderben werde? — Er verstand mich, verzieh mir's aber. Zwischen uns war die alte Herzlichkeit so ziemlich wiederhergestellt, obwohl wir es möglichst vermieden, über kirchliche und religiöse Gegenstände miteinander zu plaudern. Wozu auch, er wie ich fühlten, daß wir uns in der Theorie nie würden einigen können, im Herzen aber einig waren. Noch einmal sollte Gelegenheit sein, das Gefühl gegenseitiger treuer Freundschaft so recht zu empfinden.

Im Sommer des Jahres 1890 wollte ich eines Tages mit meinen zwei größeren Kindern eine Partie auf den Hochlantsch machen. Unterwegs überraschte uns ein schlimmes Gewitter. Wir mußten umkehren, um anstatt hoch oben im Alpenhause draußen in Pernegg zu nächtigen. Als der Pfarrer Urban hörte, wir seien im Wirtshause eingekehrt, kam er eilends von seinem Berge herab und lud uns so treuherzig ein, bei ihm im Pfarrhofe zu übernachten, daß ich annahm. Nachdem wir in Gesellschaft einen sehr heiteren Abend miteinander zugebracht — wobei ich den Freund wieder in seiner ganzen unbefangenen Gemütlichkeit sah —, führte er uns in die gute Stube seines Hauses, wo die Haushälterin, seine Schwester, schon in mütterlicher Weise für uns gesorgt hatte. Es war sehr heimlich in diesem Hause, so recht eine Stätte des heiteren Friedens. Und als am nächsten Morgen hinter den blauenden Wänden des Hochlantsch die Sonne aufstieg und niederschien in das schöne grüne reichbewaldete Tal, auf das stille Dorf am Fuße des Kirchberges und zu den hellen Fenstern herein in das trautsame Zimmer, da dachte ich, daß ein Mensch, der, von irdischen Sorgen frei, ganz dem Guten und Schönen hier leben darf, wohl glücklich zu preisen ist. — Für uns war im Speisezimmerchen der dampfende Kaffee schon bereit, und der Pfarrer ließ sagen, wir sollten nur zulangen und auf ihn nicht warten. Wir aber gingen in die Kirche, um seiner Messe beizuwohnen, nach derselben setzten wir uns gemeinsam mit ihm und seinem jungen Kaplane zum Frühstücke.

Hernach ließ ich die Kinder ihren neuen Beziehungen nachgehen, die sie bereits mit jungen Ortsbewohnern angeknüpft hatten. Der Pfarrer Urban und ich schritten hinaus in den Obstgarten, entlang des Raines, setzten uns auf eine Bank, die unter der Esche stand und von der aus ein so schöner Fernblick ist über Berg und Tal. Und hier begannen wir ein langes, inniges Gespräch.

Es zeigte sich bald, daß seit jenem Zusammenpralle im Wirtshause eine lange Zeit verflossen war, daß mittlerweile Leben, Schicksale und die Erkenntnis uns einander nähergebracht hatten. Er mochte im Laufe der Zeit Gelegenheit gehabt haben, meine Schriften zu prüfen, und hatte gefunden, daß man Gott danken könne, wenn es keine schlimmeren Irrlehrer gebe als seinen Landsmann aus Alpel. Das sprach er diesmal unumwunden aus. Daß es mir mit der guten Sache ernst wäre, sei ja kein Zweifel, und so entschuldigte er auch den gegen mich gerichteten groben, bisweilen sogar in persönlichen Hohn verfallenden Ton mancher klerikalen Blätter nicht. — Zur selben Stunde, da wir auch über Volk und Jugenderziehung sprachen, teilte ich ihm meine Bedenken mit darüber, daß in der Schule im Verhältnisse zum Katechismuslernen nach meiner Ansicht etwas wenig Bibelunterricht vorkomme; die unmittelbare Lehre Christi, wie sie im Evangelium so überaus volkstümlich einfach und eindringlich enthalten sei, hielte ich auf das Kindesgemüt für wirksamer, als immer nur die Form des Katechismus. Der Pfarrer pflichtete mir im ganzen bei. Als ich später über diesen Gegenstand meine »Bitte an den Klerus ums Evangelium« veröffentlichte, war er aber doch unzufrieden mit mir und meinte, es sei ein großer Unterschied, ob man etwas mündlich unter vier Augen sage oder öffentlich und so rücksichtslos, wie ich es getan. Ob sich denn keine mildere Form hätte finden lassen? — Ja, Freund, in milderer Form hatte ich früher die Sache oft genug berührt, man hat sie unbeachtet gelassen, ich wollte aber einmal gehört und verstanden werden, und so bin ich laut geworden und habe eine größere Pflege des Evangeliums bei dem Religionsunterrichte der Volksschulen mit aller Entschiedenheit verlangt.

An jenem Vormittage, da wir nebeneinander unter der Esche saßen und der Urban mir aus seinem Seelsorgerleben erzählte, habe ich seine wahre und tiefe Religiosität (ich meine nicht die streitende, sondern die duldende) näher kennengelernt.

Was er aber verschwieg, das berührte ich: seine Opferfreudigkeit. Ich hatte es von anderen gehört, er ging mit größter Bereitwilligkeit bei Nacht und Sturm in die entferntesten Gräben, stieg unter Schnee und Eis hinauf in die Alpenhütten, um Kranke zu trösten, Sterbende zu versehen. Er nahm sich der Armen an und war unausgesetzt bemüht für das Wohl seines Sprengels. Eben nur in der Parteiagitation tat er manchmal zuviel und machte sich Personen zu Gegnern, die ihm ob seiner persönlichen Liebenswürdigkeit gerne Freund gewesen wären. All das berührten wir bei unserem Geplauder. Einmal ward ich ein wenig boshaft und warf die Frage auf, was er zur freien Liebe im Bauernstande und zu den vielen unehelichen Kindern sage? Natürlich mußte er derlei streng verurteilen. Und gleich darauf meine Frage, wieso er denn die Absicht habe, im Landtage auf die Beschränkung des Ehekonsenses hinzuwirken? Die freie Liebe verboten, die Ehe verboten, und für den Zölibat seien die wenigsten Leute eingerichtet. Er antwortete, die leichte Gelegenheit zu heiraten schütze durchaus nicht vor anderen Fehltritten, hätte aber ein Proletariat zur Folge, mit dem sich schließlich keine Gemeinde zu helfen wisse. Ich konnte ihm nicht unrecht geben, sondern erkundigte mich nur, wie es in Zukunft die Dorfgeschichtenschreiber zu halten hätten, wenn ein armes Liebespaar vorhanden wäre? Ließen sie es heiraten, so sei das ungesetzlich und unwahr, weil in Wirklichkeit die Gemeinden ja dazu die Erlaubnis verweigern; ließen sie es so nebeneinander herlaufen, so sei das unsittlich; und jagten sie es zum Schlusse auseinander, dann finde der Leser solches herzlos und unmenschlich. — Darum sei es am besten, meinte der Urban, gar keine Dorfgeschichten anzufangen, hingegen aber fleißig zu beten, daß der Herr nicht in Versuchung führe.

Als wir so allerlei in ernster und auch in heiterer Weise besprochen hatten, wurde der Herr Pfarrer allmählich ein wenig kleinlaut und gestand, er habe ein Anliegen. Er wolle uns zum Mittagessen einladen, aber ich würde die Einladung wahrscheinlich verschmähen und im Wirtshause speisen, wo man Braten bekäme, während er uns am Freitage nur Milchsuppe, Kraut und Bohnen vorsetzen könne. »Wenn ich bei dir Kraut und Bohnen kriege, so gehe ich nicht ins Wirtshaus«, darauf meine Antwort, »ich bin von diesen Gottesgaben ein so großer Freund, daß ihretwegen auch in meinem Hause am Freitage Fasttag eingesetzt ist.«

Wir blieben also bei Tische. Vor demselben betete der Pfarrer laut das Vaterunser und wünschte knapp darauf guten Appetit. Es kam die würzige Milchsuppe mit Brotschnitten, es kamen Kraut und Knödel, es kamen Bohnen und Eierspeise, es kam ein ausgezeichneter Apfelstrudel. Dazu tranken wir steirischen Wein und nachher eine staubige Flasche Böslauer. Endlich kam schwarzer Kaffee mit Zigarren.

Mein Lebtag habe ich nicht köstlicher gespeist als an diesem Fasttage, also daß ich den lieben Gastherrn an das Sprichwort erinnerte, in Pfarrhöfen und Klöstern müsse man sich an Fasttagen zu Tische laden lassen.

»Du hast immer ein loses Maul, auch wenn man dir den Mund stopft«, lachte er und reichte mir die Hand zum Zeichen, daß seine Bemerkung nicht schlimm gemeint sei. Das Herzigste an meinem Urban war bei dieser Mahlzeit seine Fürsorge für meine Kinder, daß sie ja nur recht satt würden und munter blieben. Die besten Stücke legte er ihnen vor, aus dem Strudel stach er die Rosinen und tat sie auf ihre Teller; den Wein richtete er ihnen mit Zucker und Wasser her, und dabei tat er allerhand lustige Bemerkungen, daß es hell zum Lachen war. Ich ließ ihn gewähren, saß er doch morgen an diesem Tische wieder allein mit seinem kränklichen, schweigsamen Gehilfen.

Im nächsten Winter, als der Pfarrer auf dem Landtage in Graz war, hatte ich Gelegenheit, seine mir unvergeßliche Gastfreundschaft, wenn auch nur teilweise, wettzumachen. Meine Frau, die ihn bisher nicht persönlich gekannt, war ganz entzückt über das harmlos heitere Wesen und taktvoll feine Benehmen dieses Landpfarrers, von dem sie sonst so manches Kampfmutige gehört hatte.

Da mir immer um die Zukunft meiner Kinder bange ist, unser verehrter Gast aber in seiner körperlichen Frische und geistigen Verfassung so beneidenswert glücklich aussah, fragte ich bei Tische meine Jungen, ob sie denn nicht auch geistlich werden wollten?

»Nein! Nein!« gab jeder mit Entschiedenheit zur Antwort.

»Recht habt ihr!« lachte der Herr Pfarrer.

»Im Ernste, lieber Freund«, sagte ich hierauf, »meine Neigung für diesen Stand ist nicht umzubringen, und ich bedauere immer, daß mir einst die Wege dazu nicht offengestanden.«

»Du bist undankbar«, entgegnete er, auf den Kreis meiner Familie blickend.

»Es ist wahr«, entgegnete ich und setzte im halben Ernste bei: »Wenn ihr mir nur gestatten wolltet, das priesterliche Amt, welches beziehungsweise auch im Dichterberufe liegt, manchmal ein wenig ausüben zu dürfen, dann hätte ich ja alles beisammen und wäre zufrieden. Möchtest du mir nicht die Ehre erweisen, Pfarrer, heute abend meiner Predigt beizuwohnen?« Er sagte lächelnd zu, denn er wußte schon, was ich meinte.

Am Abende saßen wir nebeneinander in einer Loge des Theaters und wohnten meinem Volksschauspiele »Am Tage des Gerichts« bei. Als im zweiten Akte das Gefängnis mit den drei Schelmen und ihrer Spitzbubenmoral kam, schüttelte mein Urban ein wenig den Kopf und sagte: »Ja, ja, so predigen die Dichter.« Während des dritten Aktes wurde er schon etwas aufmerksamer, war er doch in seinem Leben so selten im Theater und mußte erst hören lernen. Im vierten Akte war er ganz bei der Sache, und als Martha aus Christenliebe dem noch leugnenden Mörder ihres Mannes verzeiht, und der Mörder, von solcher Hochherzigkeit überwunden, seine Tat bekennt mit dem Ausrufe: »Dem Hasse bin ich gestanden, die Liebe wirft mich nieder!« tastete der Pfarrer nach meiner Hand und flüsterte: »So ist's schon recht!« Sein Gesicht war gerötet, sein Auge schien ein wenig feucht ...

Also war mein Urban zur Stunde, da ich ihn das letztemal in diesem Leben gesehen habe. Er kehrte wieder heim in sein stilles Pfarrdorf.

In den Frühjahrstagen, bei Ausübung seines Berufes in einer Nachbarspfarre, erkältete er sich — nach ein paar Tagen furchtbaren Leidens starb er den Erstickungstod.

Nicht einsam, verlassen zu sterben! Diese Gnade hatte er sich erbeten. Seine alte Mutter machte zur Zeit von ihrem Bauerngute aus eine Wallfahrt nach Maria-Rehkogel. In dieser Kirche fiel es ihr ein, sie könne ja bei solcher Gelegenheit ihren Sohn besuchen in seinem nur etliche Wegstunden entfernten Pernegg. Als sie hinkam in freudiger Erwartung, ihren Stolz und ihr Glück nach langem wieder einmal zu sehen, fand sie ihn im Sterben. Er verschied in den Armen der Mutter.

Zwei Tage später, an einem sonnigen Frühlingstage, haben wir ihn bestattet. Viele weinten laut am Grabe. Seine Mutter kniete vor dem Christuskreuze und betete. Weinen sah ich sie nicht, aber ihr Gebet schien so innig, so zuversichtlich zu sein, daß ich mir dachte: Ja, Urban, diese Frömmigkeit ist die der Besten unseres Landvolkes, diese hast du gemeint.

An das schlichte Bauerntum glaubte er. Hätte er auch an andere

Gesellschaftsschichten, Kreise und Personen geglaubt, denen er manchmal schroff gegenübergestanden und in denen er seine grimmigsten Feinde zu sehen gemeint, es wäre ihm manche Kränkung erspart geblieben. Seine politischen Gegner beteiligten sich zahlreich an dem feierlichen Leichenbegängnisse; einer derselben legte auf das Grab einen Kranz, ehrend den berufseifrigen Priester, liebend den herzensguten Menschen, betrauernd seinen frühen Tod.

JULIE VON SOMMERSTORFF

Zwei Freundinnen habe ich gehabt, die beide Julie hießen und, wie seltsam! beide blind waren, stockblind. Die eine war bei mir und meinen Geschwistern, da wir noch klein gewesen, Kindeswärterin; von ihr ist in dem Buche »Waldheimat« erzählt. Die zweite war ein halbes Jahrhundert lang mir vertraut wie eine Schwester und hat nicht unwesentlich in meine Entwicklung eingegriffen. Sie hat gezeigt, wie man lichtlos eine Leuchte den andern sein kann.

Julie Wampl Edle von Sommerstorff. Einer alten Krieglacher Familie entsprossen, seit ihrem dritten Lebensjahr infolge von Scharlach blind, aber weit über den bürgerlichen Bereich hinaus gebildet. Diese Ausbildung verdankte sie ihrem eigenen Herzen. Viele Bücher besaß Julie, sie, die keinen Buchstaben sehen konnte. Bei ihrem feinen, klugen Wesen fand sie als Wirtstochter im Dorfe immer Leute, die ihr vorlasen; und gar vieles, was mancher Leser verständnislos vorgelesen, wußte sie ihm zu erklären, zu vertiefen, so daß die Belehrte zur absichtslosen Lehrerin ward. Bauernmädchen wie Bürgersfrauen, Schullehrer wie Geistliche bewarben sich, um dem Fräulein Julie vorlesen zu dürfen. Mancher Städter, der ins Dorf kam, lernte sie kennen und las ihr aus Zeitungen und Büchern vor. Und da ihr fabelhaft scharfes Gedächtnis sie für das Augenlicht entschädigte, so ging ihr nichts und nichts von allem, was sie gehört, verloren. Sie wußte die Schicksale der Vorfahren und erzählte manchem Staunenden von seinem Großvater. So war sie schon als junges Mädchen die treue Chronik des Tales und der Zeitereignisse. Ihre schöne, stattliche Erscheinung, die feine, edle Prägung ihres Antlitzes, dessen Augen scheinbar immer schliefen, ihr kluger, in Freuden der Menschen mitlachender, in Not und Leid eindringlich tröstender Geist — alles zusammen gab eine Persönlichkeit, die der Mittelpunkt des geistigen Lebens von Krieglach werden mußte. Das Gasthaus der Wampl von Sommerstorff war besucht von Bauern, Gewerbsleuten, Beamten und Reisenden, wozu freilich auch die biederen Eltern, die stets fröhlichen, auch außergewöhnlich geistesfrischen Geschwister der Julie beitrugen.

Da Fräulein Julie Bücher besaß, so konnte sie von dem stets lesehungrigen Waldbauernbuben, der unterweilen von seinen Bergen ins Tal kam, nicht unentdeckt bleiben. Ungefähr in meinem sechzehnten Lebensjahr werde ich bei ihr das erstemal angeklopft haben um Bücher. Später, da ich als Student meine Ferien großenteils in Krieglach zubrachte, waren wir schon so weit miteinander bekannt, daß ich ihr vorlesen durfte und daß sie — die um einige Jahre älter war — mich zu rechter Zeit mit Rat und Zuspruch leiten konnte. Ich hatte sie ja bald auch zur Mitwisserin meiner Anliegen, ja meiner Herzenssachen gemacht, wie der vertrauensselige Bruder die ältere Schwester.

Gern saß Julie im Gastzimmer ihres Hauses bescheidentlich auf der Ofenbank, strickte Socken und plauderte mit den Gästen. Für den Kohlenführer, für den Kleinhäusler, für den Handwerksburschen sowie für den lustigen Studenten fand sie so gut das richtige Wort wie für den Amtmann oder den Herrn Pfarrer. Und als das große Brandunglück war, holten sich Pfarrer und Dorf Trost und Zuspruch bei dem Fräulein Julie, dem selbst einmal alles verbrannt war. Sie hatte Verständnis und Teilnahme für jedes Leid, und ihr ruhiges Zusprechen, das sie stets mit tatsächlichen Beispielen zu bekräftigen wußte, wies manchem, der sonst nirgends Rat fand, den richtigen Weg. War es nötig, so verleugnete sie die Wirtstochter nicht, stieg in den Keller hinab, schritt dann mit dem gefüllten Glas ruhig und sicher durch die Stube und setzte es dem Gast auf den Tisch. Man merkte es kaum, daß Gehör- und Tastsinn ihr das Auge ersetzen mußten. Blinde scheinen besondere Gaben und Instinkte zu haben, die weder uns noch ihnen selbst bewußt sind. »Wenn man den Herrn Gerbermeister auch nicht sieht, man riecht ihn«, sagte sie einmal heiter, und beim Gerber konnte das einem andern just auch passieren. Bei mir roch sie, wenn ich draußen auf dem feuchten Grase gelegen war, und zankte mich darob aus. Wenn mir etwas über die Leber kroch, so merkte sie es eher, als ich's sagte; und sie wußte es auch manchmal, wenn des Studenten Appetit größer war als das Geldtäschchen, und riet mir, von einer guten Speise zu kosten, die eben erst in der Küche bereitet worden war. Wie viele hundertmal werde ich die stets bereite Julie am Arm genommen haben und mit ihr über die Felder gegangen sein, stets so vertraulich plaudernd wie zwei Verlobte, während ich ihr von meinem fernen Liebchen oder von meiner Braut erzählte. Männlich wie weiblich Wesen vertrauten ihre Herzensgeschichte der jugendlichen, schönen Julie an, so, als ob sie über solchen Angelegenheiten stünde. Im Laufe des langen Lebens nicht ein Wort hat man von ihr gehört, ob sie denn nicht auch einmal geliebt habe, vielleicht leidenschaftlich! Das Verständnis für andre in diesen Dingen läßt es sehr vermuten. Auch von ihrer Augenlosigkeit sprach sie nie — als ob es auf der Welt nichts Selbstverständlicheres gäbe, als daß man nichts sehen kann und Blinde nicht lieben dürfen.

So hatten besonders wir beide uns zusammengefunden, weil ich gern las und sie gern zuhörte. Einmal wunderte ich mich, daß so wenige Menschen die Freude des Bücherlesens kennen. Und sie antwortete: »Das ist halt die Phantasie. Wer keine Phantasie hat, der mag nicht lesen.« Da ward mir bewußt, der Leser muß ja imstande sein, das Erzählte mitzusehen, mitzuempfinden, mitzuleben. Und dieses geistige Schauen hat ihr das leibliche ersetzt in einer Fülle und Stärke, von der wir vielleicht keine Ahnung haben.

In Freundesgesellschaft machte Julie gerne Bergpartien, wobei sie mit ihren gänzlich lichtlosen Augen die schöne Fernsicht bewunderte und an steilen Hängen Schwindelgefühl hatte.

Aber einmal setzte mich eine ihrer Bemerkungen fast in Trauer. Bei einer kleinen Gesellschaft in Wampls Gasthaus war von den Lieblingsfarben die Rede. Da sagte Julie plötzlich, sie habe am liebsten das Blau. Erst meinten wir, sie spaße, aber allen Ernstes behauptete sie, die blaue Farbe sei am schönsten. Nicht ganz taktvoll kommt mir's heute vor, daß ich sie damals fragte, wie sie sich das Blau vorstelle? Da antwortete sie: »Wenn ihr mir Papier und Bleistift gebt, so will ich es zeigen.« — »Aber«, sagte ich naseweis, »eine Farbe kann man doch nicht zeichnen!« — »Warum denn nicht?« Ungeschickt wie ein Kind legte sie erst das Blatt auf den Schoß, dann auf den Tisch und machte mit dem Stift darauf einen senkrechten Strich. »Das ist Grün.« Dann einen Punkt. »Das ist Rot.« Dann zwei waagrechte Striche. »Und das ist Blau.« Da sah ich, daß es in dieser Sache keine Brücke gab ... Sie sprach dann noch öfter von Farben, aber wir schwiegen.

Dann kam die Zeit, da ich ihr meine eigenen Werke vorlas. Da saßen wir unter Baumschatten, ich zog die Handschrift aus der Tasche, und sie mußte zuhören, stundenlang, bis die Geschichte, der Roman, zu Ende war. Ich vermute nachträglich, daß die Arme, hilflos dem entfesselten Phantasierer preisgegeben, des Zuhörens oft recht satt geworden ist. Aber so ein Windhund von Dichterling — und damals war ich in diesem Stadium — denkt an nichts als an die großartige Wirkung seines Werkes! Mein Vorwand war stets, ich wolle wissen, was sie dazu sage. Aber sie sagte nicht viel. Für andre Bücher hatte sie häufig lebhaften Preis oder Tadel, bei den meinen schwieg sie. Es gab aber Anzeichen. Mißfiel ihr etwas, so zuckte sie nervös mit den Augenlidern, so daß man auch einmal das Weiße sah; gefiel ihr etwas, so schnalzte sie ein wenig mit den Lippen. Weiter fragte ich nicht nach.

Später, in den ersten Jahren meines »Heimgartens«, habe ich zur Sommerszeit das Redaktionsbureau im Walde aufgeschlagen, und die ganze Kunstsippe, die sich zur Zeit in Krieglach zusammengefunden hatte, saß am grünen Tisch eines bemoosten Baumstockes und las kritisch gestimmt die eingelaufenen Manuskripte. Julie saß unter uns und hörte zu. Wenn wir dann hin und her stritten, ob das Stück für den »Heimgarten« anzunehmen oder abzulehnen sei, zuckte die Julie entweder mit den Augenlidern oder schnalzte mit den Lippen — das entschied. Manchmal lasen wir im Wald Theaterstücke mit verteilten Rollen. Julie war das Publikum, und ihr stilles, frohes Antlitz war uns vollgültiger Applaus und Lorbeerkranz.

Dabei lebte sie bescheiden dahin und wollte in keiner Weise hervorgetan werden. Wenn man ihr diese Kennzeichnung laut gemacht haben würde, so hätte sie gesagt: »Du, Herr Rosegger! Daß d'dich nit unterstehst und so was einischreibst.«

Im Jahre 1872, als mich auf einer Wanderung nach Alpel plötzlich der Liebesblitz getroffen hatte, war Julie von Sommerstorff die erste, der ich es klagte. Klagte! Denn es war keine Aussicht, daß ich das Bürgerfräulein der Stadt würde erobern können. »Ja, warum denn nicht?« sprach Julie. »Wenn du sie gern hast, so kann's ja auch umgekehrt sein. Ich tät ihr halt schreiben.«

Und das habe ich getan. Schon im nächsten Sommer konnte sie Zeugin eines glücklichen Ehepaares sein. Unser Verhältnis zueinander brauchte sich deswegen nicht im mindesten zu ändern: Schwesterlich treu wie mir war sie auch meiner Frau.

Ein langes Menschenalter hat sie unter uns gelebt, ohne uns zu sehen. Nun sieht sie uns denkbarerweise, aber nun sehen wir sie nicht mehr.

ADALBERT SVOBODA

Den allergrößten Dank bin ich ihm schuldig geworden. Als ich, ein Handwerkerjunge im Waldgebirge, im Jahre 1864 »Gedichte zur gütigen Beurteilung« nach Graz geschickt hatte, irrtümlich an eine andere Adresse der »Tagespost«, kam die Sendung in die Hände des Chefredakteurs Adalbert Svoboda. Einige Zeit nachher kam ins Waldland zu mir folgender Brief:

»Graz, 22. März 1864

Geehrter Herr!

Ich habe Ihre Gedichte gelesen und finde, daß Sie eine vorteilhafte Begabung besitzen, die eine sorgfältige Pflege verdient. Ich will mehrere Ihrer Gedichte veröffentlichen und auf Sie das Publikum aufmerksam machen. Früher müssen Sie mir jedoch genau und freimütig mitteilen, wo und wie Sie die Anregung zum Dichten erhalten haben, denn in einer Dorfschule erhält man sie nicht, und welche Gedichte Sie gelesen haben. Schicken Sie mir auch Ihre Erzählungen (die Sie in Ihrem Briefe erwähnen) ein, und geben Sie mir genau Ihre Adresse und jetzige Beschäftigung ganz der Wahrheit gemäß an. Ich möchte gern etwas für Sie tun. Was von Ihnen abgedruckt wird, soll honoriert, das heißt bezahlt werden. Vielleicht wird sich jemand finden, der Ihnen eine bessere Lebensstellung anweist. — Schreiben Sie mir bald und seien Sie ganz offen gegen Ihren Ihnen aufrichtig ergebenen

Professor Dr. A. Svoboda, Redakteur der Tagespost.«

Wie unendlich mehr, als der gütige Brief andeutet, hat dieser Mann für mich getan! Ich muß einiges, was schon anderswo angedeutet ist, hier sachlich wiederholen. Es ist für mein Erdenleben zu wichtig geworden. Wenige Monate nach Empfang dieses Briefes sandte ich ihm frischweg alle meine Schriften — die sattsam bekannten 15 Pfund. Ein Bauer meiner Gegend, der eines Waldprozesses wegen die achtzehnstündige Fußreise nach Graz machte, hatte sie in einem großen »Buckelkorbe« mitgenommen. Im Herbste desselben Jahres besuchte ich Graz und stand selbst vor Dr. Svoboda. Da gab es folgendes Gespräch.

»Also Sie sind der Mann, der mir den Korb voll Handschriften geschickt hat? Manchmal nehmen Sie bei Ihrem Dichten wohl Bücher zu Hilfe?«

»Bücher hab' ich halt nit gar viel, deswegen will ich mir ihrer schreiben.«

»Wenn Sie Bücher hätten, würden Sie dann auch noch schreiben?«

»Weiß nit. Immer kann ich abends halt nit einschlafen, wenn ich nit ein wenig dichten tu.«

»Sie sind Lehrling bei einem Bauernschneider?«

»Das ist g'wiß.«

»Gefällt Ihnen das Handwerk?«

»Oh, ganz gut. Aber können tu ich halt noch nit gar viel.«

»Möchten Sie nicht lieber in die Stadt kommen und was anderes lernen?«

»Am liebsten wär's mir halt, wenn etwas von mir in die Zeitung hineingedruckt werden tät.«

Der Doktor zuckte mit dem Kopf zurück, wie immer, wenn ihn etwas unangenehm berührte.

»Lieber, junger Petrus!« sagte er dann. »Bevor Sie etwas geben können, müssen Sie noch sehr viel nehmen. Daß ich von Ihnen etwas abdrucke, geschieht nur, um Gönner zu suchen, die Sie ausbilden lassen möchten. Haben Sie erst etwas Tüchtiges gelernt, dann reden wir weiter vom Dichten. — Sie sind den langen Weg nach Graz zu Fuß gekommen?«

»Und will morgen wieder heim.«

»Einstweilen ja. Aber doch nicht zu Fuß, doch auf der Eisenbahn.«

»Das tragt's halt nit.«

»Denn Sie werden ein großes Bündel mitnehmen. Ich gebe Ihnen Bücher mit.« Er wies auf einen Stoß, der auf dem Tische lag. »Merken Sie auf! Diese Bücher mit dem roten Umschlag lesen Sie, um zu sehen, wie Sie nicht dichten sollen, und die gebundenen lesen Sie, um zu sehen, wie man's machen soll. Nachschreiben auch diese nicht, nur den Geschmack damit bilden.« Die ersteren — einige neue Romane, wie sie zur Besprechung an Zeitungen geschickt zu werden pflegen, die letzteren Klassiker.

Als diese Bücher in ein großes Bündel gebunden waren, sagte Svoboda zu mir: »Dann noch etwas, Petrus! Ihre Jacke, die Sie anhaben, ist soweit zwar ganz sauber, aber etwas zu dünn für schlecht Wetter. — Erlauben Sie!« Damit zog er seinen schwarzen Rock mit dem roten Seidenfutter aus, so daß er einen Augenblick in Hemdsärmeln war, bis er in ein Hauskleid schlüpfte. Den Rock hat er mir an den Leib gestreift. »Geben Sie bloß acht, daß Sie nichts verlieren, in der Brusttasche haben Sie ein kleines Portfell (Brieftasche)!«

Als ich nachher die Treppe hinabstieg, war ich doch begierig, was das ist — ein Portfell.

Das war meine erste Begegnung mit diesem Manne, der es buchstäblich zustande brachte, für seinen Nächsten den Rock auszuziehen und hinzugeben.

Im darauffolgenden Winter bin ich durch sein unausgesetztes Bemühen nach Graz gekommen, und er ist dem fremden, armen, unbehilflichen Menschen viele Jahre lang in unentwegter Treue Stab und Stern gewesen. Denn es hat Mühe gekostet, diesen jungen, ungefügen, blöden Burschen so weit zu bürsten und zu striegeln, bis er sich zur Not aufzeigen konnte.

Wenn mich mancherlei Dichterlinge — und das geschieht oft — heftig angehen, daß ich ihr Dichten und ihre Dichtungen protegieren soll, wie einst Svoboda mich und die meinen »protegiert« habe, so ist folgendes richtigzustellen. Svoboda hat mich nach Graz gezogen, nicht, daß ich dichten solle, sondern, daß ich was lernen könne. Allerdings hat er, um eine Schule für mich zu gewinnen, anfangs mehrere Proben meiner dichterischen Versuche veröffentlicht. Stoßweise lagen meine Dramen, Geschichten, Romane, Gedichte usw. vor ihm, unbarmherzig hat er sie verworfen und mir jahrelang empfohlen, nicht zu dichten, nur zu lernen und mich für einen praktischen Beruf vorzubereiten. Als aber meine poetische Ader immer pulsierte, manchmal heftig und fieberhaft, hat er nur wenige leidliche Erzeugnisse in seinem Blatte abgedruckt, gewiß aber achtundneunzig Hundertel herb zurückgewiesen von dem Wuste, den ich ihm vorgelegt. Die vorhandenen Briefe geben davon Zeugnis. — Eine solche Strenge dürfte man heute bei keinem der Dilettanten wagen, die da mit ihren Erzeugnissen kommen, gelesen, gelobt, bei Verlegern und Theatern protegiert und honoriert sein wollen. Sie glauben, das gehe alles so leicht mit dem Dichten und dem Protegieren, sie haben keine Ahnung davon, wie wenig äußere Mithilfe vermag, wenn Naturanlage und Selbstzucht fehlen. Daß Svoboda mich diese Selbstzucht und Selbstbescheidung lehrte, daß er auf das strengste die jahrelange Schulung der geistigen Anlagen verlangte, das vor allem ist Svobodas Werk, für das ich ihm nicht genug dankbar sein kann. Alles weitere hat sich dann von selbst ergeben. Zuerst hätte ich nach meiner Gönner Ansicht Handwerker in der Stadt werden sollen, dann Buchdrucker, dann nach vierjährigem Studium Kaufmann. Nachdem alle diese Berufe verfehlt waren, ward ich Schriftsteller. Das hat Sorgen, Arbeit, Fleiß und Beharrlichkeit gekostet. Gerade so durch »Protektion« ging es durchaus nicht.

Im ersten Jahre meines Grazer Aufenthaltes waren wir eines Tages beisammengesessen und hatten geplaudert über Kunst, Kirche, Gott und Welt. Plötzlich stockte das Gespräch. Svoboda wurde unruhig und fragte, wie alt ich sei.

»Zweiundzwanzig vorüber.«

»Ich weiß es. Also, da ist der Mensch schon stark. Werden Sie stark genug sein, eine Wahrheit zu ertragen, die ich Ihnen mitteilen muß?«

Diese Einleitung erschreckte mich sehr, denn ich hatte daheim eine kranke Mutter.

Er legte mir die Hand aufs Knie und sagte in seiner leisen, raschen Redeweise: »Ich will Ihnen etwas anvertrauen, Rosegger! Sie sprechen immer wieder von Gott. Wissen Sie, daß es gar keinen Gott gibt?«

Ich atmete auf.

»Wenn es sonst nichts ist. Das habe ich schon als Kind in einem Buche gelesen.«

»So? Und glauben doch immer noch an Gott!«

»Nein, glauben nicht. Wissen. Gewiß wissen, daß er ist, weil es nicht anders sein kann.«

Als er hernach bemerkte, in solchem Denken müsse man wissenschaftlich vorgehen, war meine Entgegnung, das täte ich eben. Deshalb könnte ich die Nichtexistenz Gottes erst annehmen, wenn sie bewiesen sei.

Von diesem Tage ab ist unser Widerstreit über den Gegenstand nicht mehr verstummt. Ich blieb auf meinem Standpunkt stehen, er auf dem seinen, von dem aus er jedem, der ihn nicht teilte, beinahe die Vollwertigkeit absprach. Sein Atheismus war von kindlicher Naivität, er wollte jeden sofort dazu bekehren, aber nicht aus Haß gegen Gott, der war ja gar nicht, sondern aus Liebe zu den Menschen, die er mit seiner Enthüllung der Wahrheit von geistiger Knechtschaft befreien wollte. Er war in seiner Gottlosigkeit gut und glücklich, so glaubte er, daß es in ihr auch jeder andere sein müßte. Ich habe nie einen frommen Gläubigen gesehen, der liebevoller, opferwilliger, natur- und kunstfreudiger und abholder aller Gemeinheit gewesen wäre, als es Adalbert Svoboda, der »Gottlose«, war. Er war einer von denen, die der Einladung, als Arbeiter in den Weinberg zu kommen, ein heftiges Nein entgegensetzen, doch aber in den Weinberg gehen und dort die Fleißigsten sind. Öfter als einmal habe ich ihm gesagt, daß er trotz seiner Glaubenslosigkeit in der Tat ein besserer Christ sei als mancher Kirchengeher und schwärmerischer Heiligtumsverehrer, ja, daß gerade er, der gütige, nächstenliebende, wahrheitsdurstige Mensch der beste Beweis Gottes sei — weil es ohne Gott keine selbstlose

Liebe, keine Freude an dem Wahren und Schönen geben könne. Bei der Erziehung seiner Kinder war in gewissen heiklen Dingen jede Beschönigung und Prüderie ausgeschlossen. So früh, daß noch nichts zu verderben war, weihte er sie in die Geheimnisse des Lebens ein. Die Folge war, daß unbefangene, natürliche Menschen aus ihnen geworden sind.

Er hatte die Absicht, seine Kinder ungetauft und konfessionslos zu erziehen, kam aber davon ab. Er meinte, der Umstand, ob ihre Namen im Kirchenbuche ständen oder nicht, sei zu unbedeutend, als daß er deshalb ihnen die gesellschaftliche Stellung erschweren wollte. Als er in einem seiner Kinder früh religiöse Anlage zu bemerken glaubte, war er bekümmert. Worauf ihm einer, der frivoler war als er, den Rat gab: »Lassen Sie dem Knaben bloß von einem katholischen Katecheten in der üblichen Weise Religionsunterricht erteilen, und Sie erzielen an ihm in kürzester Zeit einen ausgepichten Atheisten.«

Da Svoboda seine Grundsätze stets in seiner Zeitung und später in seinen Büchern zu verbreiten suchte, so war ihm natürlich eine große Gegnerschaft entstanden. Bei seinem überaus sensiblen Wesen empfand er jede Feindseligkeit, die man ihm persönlich antat, auf das lebhafteste. Wenn aber irgendeiner seiner Gegner doch seine Hilfe heischte, und das geschah nicht selten, so erwies er ihm mit tausend Freuden Gutes, und alles war vergessen.

Geistesbildung und Wissen hielt dieser Mann für des Menschen höchstes Ziel. Und doch gestand er oft, um wieviel lieber er mit einfachen, warmherzigen Menschen verkehre als mit dünkelhaften Gelehrten. Auf seinen häufigen Gebirgspartien kam er gern mit Landpfarrern zusammen, deren Christentum weniger in Worten als in Werken bestand. Zur Zeit des Kulturkampfes, als mancher Geistliche sich von der Kirche abzuwenden begann, gründete er in Graz einen Schutzverband für ausgetretene Priester.

Seine Schriften fanden nicht immer den Beifall seiner Freunde. Sie waren ja in einem satirischen Ton gehalten, der leicht abstoßen konnte und viele abgestoßen hat. Diesen Teil seiner Schriften konnte ihm nur der verzeihen, der ihn persönlich kannte. Wäre der Mann nicht ganz von jener Einfalt großer Seelen befangen gewesen, er hätte erkennen müssen, daß sein wissenschaftlicher Materialismus der größte Idealismus und daß sein störrischer Unglaube im Grunde die frömmste Gottesverehrung war. Weil er in der Natur so viele Unzweckmäßigkeit, in der Welt so viel Ungerechtigkeit, im einzelnen Menschen so viel Schlechtes und Elendes sah, weil das eine Welt sei, in der das Böse fortzeugend Böses muß gebären, deshalb konnte er nicht glauben an einen allweisen und allgütigen Gott-Schöpfer. Das heißt, sein Ideal von Gott stand so hoch, daß nichts Irdisches zu ihm heranreichte und daß er lieber gar keinen Gott haben wollte als einen, von dem er glaubte, er mache seine Sache nicht gut.

Das also war mein lieber Adalbert. Wie viele Einzelheiten gäbe es zu erzählen von diesem Manne, der ganz in dem aufging, was er stets so leidenschaftlich verneinte! Vierundsiebzig Jahre ist er alt geworden, aber seine Begeisterung für das Edle und Schöne ward nicht geringer, sein Abscheu vor Heuchelei, Dummheit und Brutalität aller Art blieb bestehen.

In den sich nach und nach einstellenden Gebresten des Alters, wo andere wunderlich und launisch zu werden pflegen, wurde er im Verkehr mit Menschen nur noch liebreicher. Sein Sarkasmus gegen Andersdenkende war in einen milden Ernst übergegangen, der keinem sein Ich mehr streitig machte, mit ruhiger Entschiedenheit nur das seine wahrte. In seiner letzten Stunde, die ihn umgebenden Seinen tröstend, sagte er die Worte: »Wie ist es für mich gut sterben!« — Im Sommer zuvor noch hatte der schon schwerkranke Mann in Begleitung seiner Gattin aus München eine Reise zu mir in das Mürztal unternommen, um meine Familie und meine Heimat noch einmal zu sehen. In diesen zwei mir unvergeßlichen Tagen haben wir einander alle Kammern unseres Herzens noch einmal geöffnet. Ganz ging er in meinen Plänen und Bestrebungen auf. Immer wiederholte der Atheist den Ausdruck seiner Freude über die neue evangelische Kirche daselbst, deren Erbauung ich mitveranlaßt hatte. Und als er vom Plane hörte, in meinem Geburtswalde ein Schulhaus zu erbauen, griff er sofort in den Sack und gab dazu die erste Spende.

»Und bei der Eröffnung mußt du dabeisein«, sagte ich. — Ja, Freund Adalbert, du vor allem hättest dazu gehört, wenn du nicht während des Baues dahingegangen wärest. Hättest du dich damals des Waldbauernbuben nicht angenommen, so gäbe es jetzt da oben im Waldlande kein Schulhaus. Du bist der Urbegründer. Maßen wir nämlich in einer Welt leben, wo Gutes fortzeugend Gutes muß gebären.

Mir graut, wenn ich an die ersten Wochen denke, die ich —
damals ein zweiundzwanzigjähriges Kind aus den Bergen — in der
großen Stadt zugebracht habe. Wenige Tage war ich in Laibach
gewesen, von wo ich entmutigt und verzagt nach Steiermark zu-
rückgekehrt bin. Ich wollte geradewegs heim in die Bergwälder;
jene Männer in Graz, die sich einmal um mich angenommen hatten,
hielten mich in der Hauptstadt fest, obwohl sie eigentlich nichts
Rechtes mit mir anzufangen wußten. Ein Bengel mit Bauern-
manieren, ohne Schulbildung, aber mit einem Anflug von Schwärmerei, einerseits mit dem Drange, etwas zu lernen und zu werden,
andererseits von Heimsucht erfüllt und einem bäuerlichen Fatalis-
mus ergeben: geht's wie's geht! — was läßt sich mit so einem
Gesellen machen?

Ich bummelte, mir selbst überlassen, in dem mir neuartigen und
anlockenden Leben der Stadt dahin. Ein zweiundzwanzigjähriger,
gesunder, naiver Bursche mit leidlich empfänglichen Sinnen, voll
Vertrauensseligkeit und ohne jegliche Welterfahrung, so lebte ich
und vagierte von einem Tag zum anderen, von einer Stadter-
götzung zur anderen, soweit es meine Mittel erlaubten.

Eigentlich wohl war mir aber bei diesem Schlaraffenleben nicht;
ich fühlte nur zu sehr, daß es so nicht in Ordnung sei. Einen In-
struktor hielten mir die Gönner, der mir zum Glücke viel zu
schaffen machte. Ich faßte die rein theoretischen Gegenstände
schwer auf, und mein Gedächtnis war spröde; was ich heute gelernt,
war in wenigen Tagen wieder dahin. Wo ich ging und stand, dachte
ich an die Lehrgegenstände, und die Schwierigkeiten derselben ver-
leideten mir allmählich jedes Vergnügen. Und es war doch nichts
weiter als der sehr einfache Unterricht über die Grundregeln der
Grammatik und Arithmetik. Wenn ich dachte, was ich mir alles
aneignen müßte, um überhaupt nur zu den Gebildeten zu gehören,
geschweige denn, um etwas zu leisten, war ich oft bis in die Seele
verzagt. Eine Unterrichtsanstalt aber erschloß sich mir nicht. In
eine Elementarschule wollte man den Bengel nicht stecken, und für
alle anderen Schulen hatte ich zuwenig Vorbildung. Ich vermute,
daß meinem Dr. Svoboda manchmal meinetwegen angst und bang
geworden sein mag.

Als ich fünf oder sechs Wochen so dahingelebt hatte, teilte mir
eines Tages Dr. Svoboda mit, daß mich der Religionsprofessor der

Grazer Handelsakademie kennenzulernen wünsche. Derselbe wolle versuchen, mich als Gast in die Handelsakademie zu bringen, wo mir Gelegenheit geboten sei, ordnungsmäßig zu studieren. Der Professor hieße Rudolf Falb, sei auch ein Obersteirer, sei Dorfkaplan gewesen und erst vor kurzem aus Kainach nach Graz an die Handelsakademie berufen worden, weil er ein sehr strebsamer und gelehrter Mann wäre.

Ich habe den Herrn Professor noch an demselben Tage besucht. Er war ein hübscher, freundlicher Mann im Priestertalare und nur um wenige Jahre älter als ich. Sein Zimmer war fast ringsum mit Büchern bestellt bis hinauf zur Decke; mitten im Zimmer stand eine große Weltkugel und ein mächtiges Fernrohr, woran er mir bald etwelches erklärte. Als er sich nach meinen Verhältnissen erkundigt und mich dann in eine Restauration zum Mittagessen geführt hatte, wobei ich sein Gast war, lud er mich ein, am Abend wiederzukommen, da wolle er mir durch das Fernrohr den Mond und einige Sterne zeigen.

Von diesem darauffolgenden Abend kann ich mich nur erinnern, daß der Professor sich wunderte, wieso ich von der Gestalt des Mondes und von der Größe der Sterne nicht mehr überrascht sei.

»Ja«, gab ich ihm zur Antwort, »ich wußte wohl, daß die Sterne in Natur größer sind, als sie aussehen.«

Hierauf belehrte er mich in einer leichtfaßlichen Methode, wie diese Sterne viel größer seien als unsere Erde, wie die Erde selbst so ein runder Körper wäre, der von einer Luftschicht umgeben im unendlichen Raum schwebe, daß der Mittelpunkt der Erde für alle ihre Wesen und Dinge der Anziehungspunkt sei; die Richtung nach diesem Anziehungspunkt, dem alles zufällt, was fallen kann, nennten wir Erdenbewohner »unten« im Gegensatz zu dem »Oben«, das von der Erde nach allen Seiten hin im Himmelsraume ist.

Auch das überraschte mich nicht eigentlich, sondern ich fand es selbstverständlich, daß es so sei, und hierauf sagte der Professor, er würde trachten, mich in die Handelsakademie zu bringen.

Ein nächstes Mal lud mich Rudolf Falb ein, seine Büchersammlung zu ordnen, insofern als ich die Werke der verschiedenen Sprachen sondern sollte; durch eine Übersiedlung waren die Dinge in Unordnung gekommen. Nicht zehn Minuten bedurfte er, um mir die in das Auge fallenden Unterschiede und Eigenheiten der verschiedenen Sprachen, als griechisch, hebräisch, lateinisch, französisch, englisch usw. begreiflich zu machen. Er hatte eine merkwürdige Art, die Dinge mit wenigen Worten und Beispielen zu bezeichnen und zu erklären, und zwar so, daß man das einmal Verstandene gar nicht mehr vergessen konnte. Schon in nächster Zeit durfte ich mit Falb Ausflüge in die Umgebung von Graz machen, wobei wir fortwährend lustig über allerlei plauderten, und jedes Wort aus seinem Munde war versteckter Unterricht. Bei Gratwein war es, wo er eines Tages am Wegrain eine lebendige Natter mit freier Hand fing und mir den Bau ihres Körpers sowie ihr scharfes Gebiß zeigte und erklärte.

Um diese Zeit borgte und schenkte mir Falb auch Bücher und ließ sich angelegen sein, mich in der Auswahl meiner Lektüre zu leiten, und nun ging mir sachte ein Licht auf, daß es in der Literatur noch etwas Höheres gibt als Volkskalender und Zeitungsromane und Erbauungsbücher, so bislang meine Herzenslust gewesen waren.

Außerdem war Falb bestrebt, mich in Familien einzuführen, so beim Landesausschusse Doktor Reicher, bei Herrn von Rebenburg, an denen ich warmherzige Gönner fand und Freunde. Auch vermittelte er mir für das landschaftliche Theater eine beständige Freikarte, weil er wie Svoboda der Ansicht war, mir täte nicht bloß die Schule not, sondern auch die Bekanntschaft mit den großen Geistern der Völker und dem Kunstleben der Zeit. Und ich denke, das letztere ist für mich nicht ganz unwichtig gewesen, hat mir manches, was sonst Gymnasial- und Universitätsstudien bieten, lebendig ersetzt.

Um dieselbe Zeit war es, daß Professoren der Handelsakademie einen Zyklus von öffentlichen Vorlesungen veranstalteten, anfangs im Saale der Akademie und später, weil dieser zu klein geworden war, im landschaftlichen Rittersaale. Soviel ich mich erinnere, las Professor Dawidowski über das Leben der Blume, Direktor Alwens über die Luft, Professor Bischof über den Menschengeist in Natur und Geschichte, Professor Winter über den Luftballon, Professor Falb, der den Anfang machte, hatte den Sternenhimmel zum Gegenstande seines Vortrages gewählt.

Zu diesen Vorlesungen erwirkte mir Professor Falb den freien Eintritt, und zwar unter dem Vorwand, daß — was seine Vorlesung anbelange — er meiner Mitwirkung bedürfe. Der Professor hatte nämlich eine Anzahl großer Sternkarten, welcher er bei dem Vortrage für die Zuhörer zur Erläuterung bedurfte. Diese Karten hatte ich nun während der Vorlesung bei den betreffenden Stellen aufzuhängen oder abzunehmen, und zwar im Angesichte der vielen Menschen. Daß das Selbstbewußtsein, welches diese wichtige Aufgabe in mir wachrief, kein geringes war, kann man sich denken. Es mag ja sein, daß ich die nördliche Hemisphäre einmal mit der südlichen verwechselte, oder das Planetensystem auf den Kopf stellte, doch das brachte weder das Weltall im allgemeinen noch den Professor im besonderen aus dem Gleichgewichte. Der Professor hatte mich für meine Obliegenheit mit einem neuen Beinkleide und einem schwarzen Rocke ausgestattet, weil es doch zu fürchten gewesen, daß mein gewöhnlicher Anzug im Glanz der Legionen Sterne, denen ich so nahe war, nicht mit vollen Ehren bestehen dürfte. Dieses erste öffentliche Auftreten als Famulus des Astronomen hatte für mich zunächst den Vorteil, daß ich dadurch in jenen akademischen Dunstkreis gezogen wurde, in welchem ich meine allgemeine Ausbildung genießen sollte. Zudem regten mich die Gegenstände, vor allem der Vortrag über die Sternenwelt und das Leben der Blume, mächtig an, und die fast weihevolle Stimmung, welche im hellerleuchteten Saale war und in welcher das Publikum den gewählten Worten der Vortragenden lauschte, warf einen wundersamen Nimbus auf die Wissenschaft, die sich mir hier sozusagen im Festgewande darstellte, nachdem ich von ihr bisher nur die Prosa der Sprachlehre und des Rechenbuches kennengelernt hatte.

Im April desselben Jahres war's, nachdem ich an zwei Monate dieses wunderliche Leben geführt, als mir Professor Falb den Tag bestimmte, an welchem ich als Hospitant in die zweite Vorbereitungsklasse der Akademie für Handel und Industrie in Graz eintreten sollte. Die Privatanstalt hatte keine Satzung, welche die Aufnahme eines armen, ganz ungeschulten, aber lernlustigen jungen Menschen verboten hätte. Und die Verwaltungsräte sowie die Professoren hatten Verständnis dafür, daß eine Verpflichtung da ist, jedem, der etwas lernen will, dazu Gelegenheit zu bieten.

Professor Falb führte mich persönlich ein, stellte mich erstens den Lehrern vor und empfahl mich ihrer Nachsicht; stellte mich dann den Studenten vor, lauter Büblein von zwölf bis fünfzehn Jahren, deren größtes ich um Kopfeslänge überragte. — Sollte ich, sagte er beiläufig zu diesen, an Schulwissen vielleicht etwas zurückstehen, so könnte ich hingegen Gedichte machen und Sternkarten auf den Nagel hängen und wäre ein fleißiger Schüler. Im schwarzen, etwas schlotternden Gewand, die Haare glatt nach rückwärts gekämmt, die langen Arme an beiden Seiten hinabhängen lassend, so stand der Geselle da, der den Sternenhimmel auf den Nagel hängen konnte. Etliche der neuen Kollegen wurden bald zutraulich und fragten den Professor, ob sie mich mit Schreibzeug oder gar mit Büchern beschenken dürften, was ihnen natürlich recht gerne gestattet war.

Falb trug in unserer Klasse Deutsch und Religion vor. In ersterem schrieb ich die besten Aufsätze und machte die haarsträubendsten orthographischen Fehler; in letzterer, was den Katechismus und die kirchlichen Gebräuche anbelangt, wußte ich mehr, als die ganze Klasse zusammen. Das hatte ich noch von heim mit.

Falbs Religionsunterricht war freilich kein gewöhnlicher. Vom obligatorischen Katechismus ausgehend, verweilte er gerne bei der Unendlichkeit und Allmacht Gottes. Er sprach von Gottes Größe im Weltall, von Gottes Wunderkraft im regelmäßigen Lauf der Gestirne, von Gottes Majestät im Sturm des Meeres und im Beben der Erde. Er erläuterte uns hierauf solche Naturerscheinungen und sagte einmal, daß der Mond und die Gestirne am Himmel Anziehungskraft ausübten auf die Erde, was auf den Meeren Flut und Ebbe zur Folge habe. Und er sagte, daß bei einem richtigen Zusammenwirken mehrerer Gestirne am Himmel auch im Inneren der Erde, welches ja flüssig sei, Flut und Ebbe entstehen könne, daß dabei Explosionen im Erdinneren stattfinden könnten, welche möglicherweise die Ursache mancher Erdbeben wären. — So waren die Schüler der Grazer Handelsakademie vielleicht die ersten, welche die Grundzüge von Falbs Erdbebentheorie vernommen haben.

Ich fand in solchen Abschweifungen keinen Mißbrauch des Religionsunterrichtes, im Gegenteil, ich habe bei keiner Predigt und Christenlehre eine solche Ehrfurcht vor der Größe des Weltschöpfers empfunden als in den damaligen Religionsstunden der Akademie. Die aufmerksamen Schüler pflegte der Professor damit zu belohnen, daß er sie einlud, an heiteren Abenden zu ihm zu kommen, um durch das Fernrohr den Himmel zu betrachten. Falb hatte damals in dem sogenannten Keplerturm (in der Stempfergasse zu Graz, wo einst der große Astronom Johannes Kepler den Studien oblag) sein Fernrohr aufgestellt. Und in diesem Turme kamen wir — die Fleißigeren — zusammen, um unter unseres Professors Erklärungen die Wunder des Himmels zu betrachten. Wie froh erregt war er, wenn wir im Monde gewisse Spitzen und Krater, oder beim Saturn den Ring, oder in der Milchstraße besondere Sternhaufen sehen konnten, auf die er uns aufmerksam gemacht. Da Falb an mir ein gewisses Zeichentalent entdeckt haben wollte, so lud er mich eines Tages ein, mit ihm eine große Mondkarte nach der Natur zu zeichnen. Die Karte fiel zwar nicht zur Zufriedenheit aus, aber Falb lachte und sagte: »Nicht darauf kam es mir an, daß Sie den Mond mit seinen Kratern aufs Papier, sondern daß Sie ihn in Ihr Gedächtnis zeichneten. Da haben Sie ihn nun hoffentlich drin.«

Kaum länger als ein Jahr genoß ich auf der Akademie Falbs Unterricht, dann nahm er eine Erzieherstelle an, welche ihm mehr

Freiheit und Muße für seine Studien gewährte und deren Pension ihn später instand setzte, sich ganz der Wissenschaft zu widmen. Mit der Öffentlichkeit verbanden ihn noch die von ihm herausgegebene astronomische Zeitschrift »Sirius« und seine Vorlesungen über Sternkunde und Erdbeben.

Daß Rudolf Falb hierauf zum Protestantismus übergetreten ist und in den siebziger Jahren eine große Reise nach Südamerika unternommen hat, ist bekannt. Diese Reise dauerte über drei Jahre. Falb wanderte ein halbes Jahr in Chile, zwei Jahre in Peru und Bolivien umher und lebte längere Zeit bei den Kitschua- und Aimara-Indianern auf dem Hochlande der Kordilleren; er bestieg mehrere der größten Vulkane, u. a. den Misti (bei Arequipa), auf dessen 17 000 Fuß hohem Gipfel er drei Tage und drei Nächte hintereinander seine wissenschaftlichen Beobachtungen anstellte. Er bereicherte aber nicht nur seine Erdbebenkenntnisse, sondern machte auch interessante Funde auf dem Gebiete der vergleichenden Sprachwissenschaft und Archäologie. Über Kalifornien, wo ihn eine schwere Augenkrankheit, die sich Ausländer oft bei längerem Aufenthalte auf den Kordilleren zuziehen, auf ein langes Krankenlager warf, und über Nordamerika kehrte Falb im März 1880 nach Europa zurück, wo übrigens die Zeitungen bereits seinen Tod durch Indianerhand fälschlich gemeldet hatten. Seine Erdbebentheorie war mittlerweile so bekannt geworden, daß der heimgekehrte Forscher neben derselben mit seinen vergleichenden Sprachstudien, zu welchen ihn die Reise angeregt, nicht recht in den Vordergrund kam. Laut sprachen für Falb die gewaltigen Erdbeben von Belluno (1873), von Agram (1880), in Griechenland und Nordamerika (1886) und an der Riviera (1887). Der Forscher hatte diese Erdbeben fast genau vorausgesagt.

Um von der Weltreise auszuruhen, hatte Falb in seinem stillen Heimatsorte Obdach, wo er 1838 geboren, sich niedergelassen. Da er als Forscher so viel für die Menschheit geleistet hatte, wollte der Mann von seinen Rechten nicht zurückstehen; aus dem ehemaligen katholischen Priester wurde ein glücklicher Familienvater. Aber das sahen manche seiner Landsleute nicht gern, und wie es vom Übel ist, wenn irgendwo ein geschnitzter Herrgott steht, den die Leute noch als Birnbaum gekannt haben, so ist es nicht minder vom Übel, wenn irgendwo ein Birnbaum steht, den die Leute einmal als Herrgott angesehen haben. So hat der Gelehrte eines Tages Weib, Kind und Kegel zusammengepackt und ist ausgewandert.

Rudolf Falb starb 1904 zu Berlin, nachdem er besonders als Wetterforscher sich einen Weltruf gemacht hatte.

MEIN WEIB

So vieles aus meiner irdischen Pilgerfahrt habe ich zu erzählen, äußerlich Erfahrenes, innerlich Erlebtes. Das eine, das bedeutsamste Geschick aber, das mein Leben erschüttert und gewendet hat, das wird nicht auszuschöpfen sein, das wird zum großen Teile ungehoben in der Herzenstiefe ruhen, wo es immer lebendig war, immer Seligkeit gab und immer wehe tat.

So vieles andere, was ich litt, ich habe es auf meine Mitmenschen überlasten dürfen und können, die Mitteilung hat mich erleichtert, hat das Gemüt wieder frei gemacht für neues Leben. Das eine einzige Geschick aber ist zu schwer, um es zu heben, fast zu heilig, um es der Welt aufzuzeigen. In sich geschlossene Gemüter, die mitten auf dem Meere der Menschheit einsam wie Robinson auf der Insel leben, werden vielleicht das Bedürfnis nach Gemeinsamkeit in Freud und Leid nicht begreifen, und glücklich preise ich jeden, der mit den Mächten des Gemütes allein fertig zu werden vermag. Der Poet aber, der an aller Menschen Glück und Weh Anteil nimmt, möchte auch sein ureigenes Seelenleben mit allen teilen. Und denen ich's erzähle, sind es nicht auch Menschen, die mit mir fühlen können, die vielleicht selbst schon Ähnliches erlebt haben und denen meine Darstellung sagen mag: Uns allen gemeinsam ist das Sonnenlicht und das Erdenleid. — Was mich aber bisher am stärksten abgehalten hat, von meinem ersten Weibe zu erzählen, es war die Rücksicht auf das zweite. Unmöglich, so dachte ich mir, kann es der zweiten Frau gefallen, das Gedenken an die erste lebendig zu sehen. Damit aber habe ich meine zweite Anna mit einem zu alltäglichen Maße gemessen. Sie ist es, die in meinem Hause still mit mir das Andenken an die Heimgegangene ehrt, sie ist es, die zu Allerseelen schweigend frische Kerzen aufstellt an ihrem Bilde und am ersten Mai dasselbe mit Rosen schmückt. Sie, meine zweite Anna, ist es, die meine Kinder der ersten mit der gleichen Umsicht und Fürsorge hegt und hütet wie ihre eigenen. Hat sie selbst mir nicht schon zu verstehen gegeben, daß ihr meine Treue zur Toten eine Gewähr ist für die Treue zur Lebendigen? Und daß — wenn sie die erste gewesen, sie sowenig vergessen sein könnte, das muß sie fühlen. Wenn ich nun in den folgenden Zeilen meinem ersten Weibe ein Denkmal zu stiften suche, so geschieht es auch in der Liebe zum zweiten, das mir mein Ideal vom Adel des deutschen Frauenherzens durchaus nicht getrübt hat und an dessen Seite ich nun Kraft und

Mut finde, jene längstvergangenen Tage noch einmal aufzuwecken, ohne daß meine Seele in Wehmut vergeht.

Nachdem die Handelsakademie hinter mir war, setzte ich meine Studien als Hospitant an der Universität in Graz fort. Die Sommermonate verlebte ich in meiner Heimatsgegend, im Pfarrdorfe Krieglach. — Da war es am 20. Juni 1872, daß ich eine Almkuppe, das Hochegg, bestieg. Von einer besonders gehobenen Stimmung fühlte ich mich an diesem Tage beseelt, und auf dem Heimwege im hinteren Massinggraben setzte ich mich auf einen Baumstrunk und skizzierte in meinem Notizbüchlein die schon seit Wochen keimende Idee zu einer größeren Erzählung, die später unter dem Titel »Die Schriften des Waldschulmeisters« bekannt geworden ist. — Abends nach Hause gekehrt, stellte sich heftiger Kopfschmerz ein, und ich ging bald zu Bette. Da klopfte es noch spät an der Tür, Freund Georg Auer, in dessen Hause ich damals einige Wochen wohnte, teilte mir durch die Wand mit, daß mit dem Abendzuge aus Graz in Kammerhofers Gasthause zwei fremde Damen angekommen wären, die morgen eine Wanderung nach Alpel zu meinem Geburtshause machen wollten und einen Führer suchten. Ob ich bereit sei, mitzugehen? »Ich bitt' dich, Georg, laß mich aus mit fremden Damen!« Auer ließ sich aber nicht sofort abweisen. »So was man sich unter Damen denkt, sind sie eigentlich nicht«, sagte er, »daß sie gebildete Stadtfräulein sind, sieht man ihnen wohl an, aber sonst ganz einfach und gemütlich. Jung sind sie beide, eine ist aber noch ein wenig jünger. Die hat Augen wie eine Mutter Gottes und einen Mund, so rot wie Waldkirschen zu Maria Himmelfahrt. Ich an deiner Stelle ginge mit. Wir haben derweil aber nichts gesagt, daß du vorhanden bist, die Damen glauben, du bist in Tirol oder sonstwo.« — »Sei so gut und lasse sie bei diesem Glauben, und ich will jetzt schlafen.« — »Dann werde ich sie begleiten«, sagte Auer. »Tue es. Gute Nacht!«

Am nächsten Morgen ging ich zeitlich ins Pürscherhaus zu meiner Freundin Julie. Dieser war ich zugetan wie einer Schwester. Von ihr ist in diesem Buche schon die Rede gewesen. Eine Bürgerstochter von Krieglach. Sie war gebildeter als ihre Dorfgenossinen, denn sie hatte einige Zeit den Unterricht für Blinde zu genießen Gelegenheit gehabt. Sie war vertraut mit den Eigentümlichkeiten der Leute, wußte eine Unmenge von Volksliedern, konnte zur Laute sehr schön singen, und ich mußte ihr häufig vorlesen, auch Eigenbau, was ich gar gerne tat. Julie war damals die Vertraute meiner täglichen Erlebnisse, und ihr erzählte ich nun auch von der

Anwesenheit zweier fremder Damen, deren Begleitung nach Alpel ich abgelehnt hatte. »Bist aber doch nicht gescheit«, sagte Julie, »steigst denn sonst immer im Gebirge um, warum just heute nicht! Sie würden sich gewiß freuen, da sie schon dein Geburtshaus besuchen, wenn sie auch dich kennenlernen möchten.« — »Ich mag aber nicht«, war darauf meine Antwort. Dann nahm ich ein Buch und ging ins Seitental hinein, durch welches der Fußsteig führt gegen Alpel. Dort setzte ich mich hinter einen Haselnußstrauch und begann zu lesen, aber so, daß mein Auge häufig zwischen das Gezweige hindurch auf den Weg lugte, ob die fremden Touristinnen nicht schon herangingen.

Nach einiger Zeit gingen sie vom Dorfe heran. Auer mit Stock und Rucksack schritt an der Seite des einen, wie es schien, älteren Fräuleins und plauderte mit ihm. Hintendrein ging das jüngere Fräulein, es hatte ein blasses, längliches Gesicht und große dunkle Augen, mit denen es träumerisch ausblickte in die waldigen Berge. Sie hatte ein einfaches veilchenfarbiges Kleid mit weißen Sternchen an und einen lichten Strohhut auf. Unter dem Strohhut legten sich zwei geflochtene Haarsträhnen glatt über den Nacken hinab. Kaum zwanzig Jahre alt konnte sie sein. — Sie wandelten nahe an mir vorüber, ohne mich hinter dem Strauche zu sehen, und ich blickte ihnen nach, bis sie hinter der Hügelböschung verschwunden waren. Dann klappte ich mein Buch zu und ging auf meine Stube. Und wußte nichts Rechtes anzufangen. Mein Mittagessen bei Pürscher nahm ich rascher ein als sonst, nach demselben sagte ich zu Julie: »Ich gehe jetzt nach Alpel.«

Zwei Stunden von Krieglach, im Walde am Höllkogel, zweigt beim Kreuze von der Straße rechts ein Weg ab ins Alpel. Und auf diesem Wege bin ich ihr begegnet. Die Stelle bezeichnet heute ein Baum, in dessen Rinde ein Herz geschnitten ist. Die kleine Gesellschaft war schon auf dem Rückweg. Sie hatte mein Geburtshaus hoch auf dem Berge besucht und meinen kränklichen Vater, der damals nicht mehr in seinem Stammhause wohnte, sondern in einem Ausgedinghäusel unten am Berghang. Wenige Monate vorher war ihm sein Weib davongetragen worden im Sarge. Damals war es, daß im fernen Graz ein junges Mädchen hörte, die Mutter des Waldpoeten wäre gestorben, und sich von ihrem Vater ausbat, anstatt auf Bälle des Faschings zu gehen, im Sommer mit der Freundin das Geburtshaus des Lieblingsdichters besuchen zu dürfen. Persönlich kannte sie denselben kaum, nur daß er einmal bei einem Touristenfeste in Graz, an dem sie mit ihrem Vater teilnahm, vorübergehend zufällig ein wenig an ihr Kleid gestreift hatte. —

Nun, mitten im Gebirgswalde, standen wir uns gegenüber, und Auer stellte uns gegenseitig vor. »Herr Rosegger — Fräulein Minna Thurnwald, Lehrerin. — Fräulein Anna Pichler, Tochter des Hutfabrikanten Herrn Josef Pichler in Graz.« — Auf steinigem Waldwege bot ich dem Fräulein Pichler den Arm, und wir wanderten zusammen nach Krieglach zurück. — Allmählich besann ich mich, wie es denn kam, daß ich diesmal nicht bis zum Häuschen meines Vaters gegangen war, sondern mitten im Walde umgekehrt und einem fremden Fräulein den Arm geboten hatte. Einem fremden Fräulein? Das war doch kein fremdes Fräulein! Es ging ruhig und freundlich sprechend und hörend neben mir her und blickte mich so unbefangen treuherzig an. Das ist ein trauter Mensch, mit dem ich in Ewigkeit so gegangen war und ohne weiteres in Ewigkeit so dahingehen werde. So fast war mir in jener Stunde ums Herz. Wir plauderten von ganz gleichgültigen Dingen. Ich begleitete sie bis zum Gasthause zurück. Dann verabschiedete ich mich. Am nächsten Morgen sind sie abgereist, um einen Tag auf dem Semmering zu verleben. Meiner Freundin Julie beichtete ich: »Das Fräulein Anna ist sehr lieb.«

Am andern Morgen kam aus Graz Dr. Svoboda. Er wollte mit mir einen Ausflug machen, ich schlug eine Partie auf den Semmering vor. Wir stiegen auf zum Sonnwendstein, begegneten weiter niemand Bemerkenswertem. Auf der Rückfahrt sah ich am Bahnhof von Mürzzuschlag die beiden Fräulein aus Graz. Ich grüßte sie flüchtig und stieg rasch ins Gelaß. Svoboda fand, daß ich echauffiert wäre. »Wüßte nicht, wovon«, war meine Antwort. Svoboda fuhr denselben Abend nach Graz, ich stieg in Krieglach aus, um eine schreckliche Nacht zu erleben. Aus mitternächtigem Schlafe weckte mich heftiges Pochen an der Tür. Nicht die Ankunft fremder Damen wurde diesmal gemeldet. Mitten aus dem Dorfe stieg eine Feuersäule auf. Schreiend und planlos liefen die Leute auf den rot beleuchteten Gassen um, im Gewirre der Rettungsarbeiten sah ich auf einmal Anna Pichler, einen Eimer Wasser herbeischleppend. Ein heransausender Wagen stieß ihr den Eimer aus der Hand. Da eilte sie, herumirrende Kinder zu sammeln und dieselben im Baumgarten zu hüten. Sie hatte mich nicht gesehen. Erst am Morgen, zwischen den rauchenden Brandstätten von zehn niedergebrannten Gebäuden, begegnete sie mir mit ihrer Freundin. Beim gestrigen Abendzuge wären sie auf der Heimfahrt hier ausgestiegen, weil es schon spät gewesen. Mir war in der Nacht beim Ausräumen ein Kasten an die Brust gestoßen worden, ich achtete nicht der Beklemmung, sondern führte die beiden Fräulein in Begleitung meiner schwesterlichen Julie über die Felder zum Walde hinaus. Dort zwischen hohen Fichten auf dem Angerlein rasteten wir.

Um die Mittagsstunde sind sie abgereist nach Graz. Am Friedhofe, auf dem Grabe meiner Mutter, lag ein frischer Kranz aus Tannenreisern.

Von diesen Tagen an wurde es in mir anders, sachte anders. Es verging kein Tag, an welchem ich mit Julie nicht von Anna Pichler sprach, und es verging keine Stunde, in der ich nicht ihrer gedachte. Nicht das Vorhandensein einer Leidenschaft empfand ich, nur das behagliche Gefühl, dieses Wesen auf Erden zu wissen. Als die Leute anhuben, mich wegen meiner häufigen Erinnerung an die junge Touristin zu necken, hörte ich auf, von ihr zu sprechen. Aber damit ward's nicht besser. Lebhafter meldete sich der Wunsch, ihr es einmal sagen zu können, wie ich an sie denken müsse; daß auch sie meiner gedachte, fand ich selbstverständlich.

Später hat es Vater Pichler mir erzählt, wie sehr Anna damals verändert war, wie sie, gleichgültig für ihre Umgebung, die Einsamkeit suchte in ihrem Kämmerlein oder im Hausgärtchen am Strande der Mur, wie sie vor sich hin träumte, manchmal schluchzte und dann aufgeschreckt in Verwirrung war, als sei sie bei etwas Unrechtem ertappt worden. Die Mutter nannte es ihrem Manne zuerst, was das war. Aber was soll daraus werden! Ein junger Mensch ohne Stellung...! Ein Dichter, das ist ja recht schön, aber kann man leben davon? Sie hatten schon beschlossen, mich zu bitten, meine Besuche in ihrem Hause, »so angenehm ihnen dieselben auch wären«, aus gewissen Rücksichten vielleicht etwas seltener werden zu lassen. Aber ich war ihnen zuvorgekommen.

Anna spielte die Zither. Und das so gut und schön, daß auch ich so etwas lernen wollte. Die Zeitschrift »Bohemia« in Prag hatte mir für eine kleine Erzählung eben ein großes Honorar geschickt. Davon kaufte ich mir eine Zither, ging damit zu Pichlers, und an Sonntagnachmittagen saßen wir, Anna und ich, in der großen Stube beisammen und trieben Musik. Dazwischen plauderten wir, ich von meinen dichterischen Plänen, sie von ihrem Hauswesen, vom Geschäftsladen, wo sie die ganze Woche hinter dem Pult stehen und den Leuten Hüte aufs Haupt setzen mußte. Ich merkte wohl, daß ihr diese Obliegenheit nicht gar angenehm war, obschon sie nie etwas dagegen verlauten ließ. Um so völliger gab sie sich am Sonntage ihren Lieblingsbeschäftigungen hin, der Musik, den Büchern, den Blumen zwischen den Fenstern. An einem Sonntagnachmittage im November war es, daß wir wieder miteinander Zither spielten. In der Stube war niemand anwesend. Da ließ ich plötzlich die Saiten ruhen, wendete mich ihr zu und sagte: »Anna, wollen Sie mein Weib werden?« Ich kann mich nicht mehr erinnern, ob diese Frage eine vorsätzliche war oder ob sie mir ganz unvermittelt über die Lippen sprang. Anna senkte ihr Haupt, und ihre Hand, die ich hielt, zitterte ein wenig. Ich habe die Frage wiederholt, und sie hat dann fast unmerklich mit dem Kopfe genickt.

Noch an demselben Abende redete ich mit ihrem Vater. Wir gingen im Stadtpark die Kastanienallee entlang, von der Schillerbüste gegen das Burgtor hin. Im Glanze der wenigen Gasflammen sahen die fallenden Schneeflocken aus wie Apfelblüten. Nun gestand ich Herrn Pichler, daß ich seine Tochter liebhätte. — Er schwieg eine Weile, dann sagte er wie unter einem tiefen Seufzer: »Das haben wir wohl bemerkt.« — »Ich will ohne sie nimmer leben!« fuhr es mir heraus. Er seufzte wieder und sagte: »Es ist halt ein Kreuz.« Weiter gab er keine Antwort. Als wir dann auseinandergingen, sagte er: »Am Katharinentag ist mein Geburtstag. Kommen Sie am Abend desselben Tages zu uns. Da ist auch die Frau zuwege, da können wir weiter davon sprechen.«

Als ich in meinem Zimmer war, mit mir ganz allein, kam es mir erst zu Bewußtsein, was jetzt angefangen worden war. — Am nächsten Tage ging ich zu zweien meiner Gönner und erzählte ihnen mein Vorhaben. Der eine war Dr. Moritz von Kaiserfeld, damals Landeshauptmann von Steiermark. Der rief hell aus: »Was? Heiraten wollen Sie? Um Gottes willen, wie sollen Sie eine Familie ernähren, Sie haben ja nichts!« Der andere war Dr. Svoboda. Der sagte schmunzelnd: »Sie haben recht. Ein Poet muß ein schönes edles Weib haben. Ich habe es schon damals in Mürzzuschlag gemerkt. Eine Familie werden Sie ernähren so gut wie andere. Sie sind ja ein Mann.«

Und am Katharinentage fand ich mich ein im Hause Pichlers. Es war eine ernste Stunde, als ich Vater und Mutter bat um ihre Tochter Anna. Der Vater sagte: »In Gottes Namen! Das Mädel ist ja schier verrückt.« Die Mutter weinte unversiegbar und sagte: es sei ihr ja recht, wenn es Gottes Willen wäre und wenn ihr Kind glücklich werde, aber ein Stein läge ihr auf dem Herzen, nicht zu sagen ... Beim Nachtmahle ist es gemütlicher geworden. Einige muntere Freunde des Hauses waren vorhanden, Anna und ich saßen bei Tische nebeneinander, Vater Pichler erklärte uns als Verlobte. — Ich hatte mir die Neuverlobten stets gedacht als von unbeschreiblicher Befangenheit gequält. Davon war an mir nicht viel zu spüren, es war ja ganz selbstverständlich, daß nun meine Anna neben mir saß. Sie war auch ruhig, verriet aber ihre innere Aufregung dadurch, daß sie nach dem Mahle auf dem Fußboden stolperte und nach allerlängs hinfiel. Der Schreck war bald vorüber, als sie munter wieder aufsprang. Beim Abschiede der Kuß war diesmal nicht so flüchtig wie sonst. Wir brauchten daraus kein Geheimnis mehr zu machen und konnten uns dabei Zeit nehmen.

Eine Woche später wurde auf Wunsch des Vaters Pichler die Verlobung das zweite Mal gefeiert, und zwar zu Krieglach in jenem Gasthause, in das damals die zwei Touristinnen eingekehrt waren. Dieses Fest war für meinen Vater und für meine Geschwister angesetzt, die von der Gegend, aus Berg und Tal, zusammengekommen waren, um die künftige Schwiegertochter und Schwägerin kennenzulernen. Die Hochzeit wurde bestimmt auf den Mai des nächsten Jahres. Mir aber schien es einfach unfaßbar, daß der »Ausstattung« wegen so unabsehbar viele Zeit des Glücks versäumt werden sollte!

Das ich nun jeden Tag ins Haus der Braut kam, daß wir unsere Zukunft besprachen, unsere Absichten bestimmten und vorbereiteten, ist alles selbstverständlich. Daß ich eines Abends spät, als Anna schlafen gehen wollte, im Dunkeln an der Tür ihres Kämmerleins stand und auf sie wartete — das ist mir heute wie ein dämonischer Schatten über die liebliche Idylle dieser Zeit. Als ich ihren Namen flüsterte, erschrak sie so sehr, daß sie einen Schrei ausstieß. Ich sagte ihr erregt gute Nacht und eilte mit pochenden Schläfen davon.

Als endlich der Hochzeitstag in die Nähe kam, trat eines Morgens ein mir bekannter und wohlgesinnter Priester in mein Zimmer. Er sei gekommen, sagte er, ohne auf dem gebotenen Sessel Platz zu nehmen, um als Hirte ein Schäflein zu suchen. Zwar verzage er schier an seiner Mission, denn er wisse, wie schwer ich als Schriftsteller öffentlich angegriffen würde von der kirchlichen Presse. Ob diese Presse recht oder unrecht habe, darum handle es sich heute nicht, nur möge ich es der Kirche nicht entgelten lassen, und nicht meiner Seele. Ich würde wissen, daß als Vorbereitung zum Sakrament der Ehe das Sakrament der Buße und des Altars nötig sei. Er wolle mir aber gerne den Weg zur Kirche ersparen, wo ich etwa die Gaffer scheue, er sei bereit, mir die Beichte auf meinem Zimmer abzuhören, und habe dafür gleich auch die Stola mitgebracht. Es sei weiter keine Formalität nötig, wir wollten uns gemütlich zusammensetzen, und ich sollte ihm wie einem Freunde das Bekenntnis ablegen. Da der junge Mann bei dem Eintritte in den Ehestand mit seinem früheren Leben abschließe, so zieme es sich auch, sich von den Sünden zu reinigen, die bei jungen Männern leider so häufig vorkämen.

Mit erleichtertem Gewissen könne der Bräutigam sonach zur Jungfrau Braut hintreten, und der Ehestand, solchergestalt mit Gott angefangen, würde gesegnet sein. — Ähnlich hatte er zu mir gesprochen. Gerührt von solcher Herzlichkeit, sagte ich zu, die Beichte gerne ablegen zu wollen, bemerkte aber, daß ich mich von meinen Sünden erst wahrhaft befreit erachten würde, bis ich dieselben meiner Frau eingestanden und von ihr Absolution empfangen hätte. Der Priester blickte mich ernst an, dann tat er einige Fragen nach weltlichen Dingen und ging bald davon, ohne daß vom Beichten noch einmal die Rede gewesen war. Mir tat es leid, daß er meine Worte für eine Geringschätzung des Sakramentes verstanden hatte.

Die Hochzeit fand statt zu Graz am 13. Mai 1873. Am kühlen, sonnigen Morgen fuhren wir in mehreren Wagen, unter Begleitung von Verwandten und Freunden, hinaus zum Wald-kirchlein Maria-Grün. Vor und nach der Trauung wurden uns mancherlei Ehren zuteil, die mich freuten, besonders meiner Braut wegen. Sie stand in ihrem weißen Schleier wie eine Erscheinung des Himmels neben mir am rosenumdufteten Altare. Als der Priester ihre kühle Hand in die meinige legte und beide Hände nach kirchlicher Sitte mit der Stola umwickelte, da dachte ich: Wie es denn sein kann, daß auf einmal dieses liebste Wesen in mein Leben eingetreten ist! Wie ist es denn möglich gewesen, so lange ohne sie zu leben, und wie ein weiteres Dasein auf Erden denkbar wäre ohne sie! — Jemand hat nachher gefragt, warum ich sie, wie der Brauch nach der Trauung, in der Kirche nicht auf den Mund geküßt hätte? — Habe ich es nicht getan? Dann unter-blieb es wohl, weil wir nicht allein waren, weil die ganze Kirche voll Menschen gewesen.

Als wir nach der kirchlichen Feierlichkeit durch das Kroisbachtal hinausfuhren gegen die Stadt, lief plötzlich vom Walde herab ein Mensch in braunem Überrock und grauem Hut, und gerade auf unseren Wagen zu. Ich ließ halten, denn ich erkannte einen Jugendfreund, den Schriftsetzer Robert Wagner. Einige Jahre früher, als er zu Graz in Arbeit gestanden, waren wir doch viel beisammen gewesen. Als er in die Welt ging, sagte er zum Ab-schied: »Wenn du heiratest oder stirbst und ich lebe noch, so komme ich zu dir.« Nun hatte er Wort gehalten. Kaum mir und meiner jungen Frau zum Wagen herein die Hand gereicht, und wieder war er davongeeilt in die weite Welt. — Die Wagen fuhren dahin, und im ersten derselben war ich nun allein mit meinem Weibe. Wir hielten uns an den Händen, an deren Finger die neuen Ringe funkelten, wir schauten uns ins Auge. — Nach dem Festmahle im Gasthof »Zum Erzherzog Johann«, bei welchem mein alter Vater der Braut gegenübergesessen war und sie immer angeschaut hatte, ließen wir uns auf den Wunsch der Eltern photographisch aufnehmen. Dann zog meine Anna das weiße Kleid mit dem Schleier aus, wohl nicht ahnend, daß ihr dasselbe — noch ehe zwei Jahre vergingen — wieder angezogen werden würde.

Für den Haushalt setzten wir monatlich fünfzig, später, als eine Magd kam, siebzig Gulden aus. Einmal fand ich Anna schluchzend in der Küche sitzen. Auf mein Andringen gestand sie, daß ihr die Wirtschaft Sorgen mache. »Aber Kind!« rief ich aus, »so nimm mehr Geld, du weißt doch die Lade!« — »Noch mehr?« sagte sie leise, »wo sollst es denn hernehmen! Mir ist nur manchmal so hart, daß...« — »Nun, warum denn, Anna, warum ist dir hart?« — »Daß ich dir kein Vermögen mitgebracht habe.« — Fuhr ich freilich empor: »Jetzt hör mir aber auf! Vermögen! Da müßtest erst sehen, ob ich dich genommen hätte. Weiber mit Vermögen, darüber habe ich meine Ansicht, du weißt ja. Wir haben doch die Wohnung umsonst. Das übrige, was wir brauchen, erwerbe ich spielend. So leicht kommt mir jetzt das Arbeiten an.«

Und wahrlich, in jener Zeit arbeitete ich mit Lust und Erfolg. Mehrere Werke schrieb ich in einem Jahr, darunter die »Schriften des Waldschulmeisters«, zu denen an jenem inhaltsreichen 20. Juni der Plan entworfen worden war. Lust und Kraft zur Arbeit, stillvergnügt und heiter — war das die Liebe? Ja, sie war's. Ich fühlte mich umgeben, gesättigt von jenem milden, ruhigen Glücke, das keinen andern Wunsch kennt als den, es möchte so bleiben. — An einem glückseligen Abende tat ich das, was ich damals vor der Hochzeit hätte tun sollen. Ich beichtete die Sünde. Aber nicht dem Priester, sondern dem Weibe. Anna hörte mir sehr aufmerksam zu, und dann ging sie ins Nebenzimmer. Als ich ihr nachging, kauerte sie am Ladekasten, vor dem Bild ihrer Mutter, und weinte so sehr, daß ihr ganzer Leib schütterte. Da habe ich gesehen, daß man doch lieber dem Geistlichen beichten soll als dem geliebten Weibe. Sie hat mir hernach zwar einen langen, innigen Kuß gegeben. Ich war absolviert, hatte als Buße aber die Ahnung, daß von diesem Tage an ein Schmerz in ihr sei, den wir Männer nicht zu messen imstande sind.

Ich gelobte damals, diesem Wesen alles zu sein, was ich bin und sein kann. Es ist nicht viel. Was habe ich mein Lebtag schöne Worte verschwendet an Nichtigem, und dort, wo ich geliebt, bis in den tiefsten Herzensgrund geliebt hatte, dort war ich stumm, unbeholfen an Ausdruck, Gebärde, Benehmen, stand scheinbar gleichgültig und kühl vor dem Weibe, für das ich im gegebenen Augenblicke mein Leben mit Freuden geopfert hätte. Auch Anna hat in Worten nie geschwärmt, aber ihr ganzes Wesen und Walten um mich war ein einziges hohes Lied der Liebe. Was in meinem Werke »Heidepeters Gabriel« von jener Anna erzählt wird, es ist leicht zu merken, wer dazu das Vorbild gewesen.

Und doch ist diesem goldenen Herzen der Ehestand ein Wehestand geworden. Nach der Trauung waren kaum vierzehn Tage vergangen, als sie die Nahrung nicht mehr vertrug und an Krämpfen zu leiden begann. Ihr Vater tat scherzhaft die Bemerkung, ob ich nicht wüßte, was es nach dem Sprichwort bedeutet, wenn eine junge Frau kein Rindfleisch ißt? — Die Leiden dauerten fast vom ersten bis zum letzten Tage. Anna ertrug sie voll stiller Geduld, selig schien sie zu sein in dem Wissen, für was sie litt. Am ersten Weihnachtsbaume waren wir noch allein, aber es ging dabei hoch her. Wir hatten es schon bei Beginn unseres Haushaltes eingeführt, daß täglich ein Zehnkreuzerstück in die Sparbüchse geworfen werden mußte für den Christbaum. Als nun einige Tage vor dem Feste die Tonbüchse — sie hatte die Form eines Ferkels — zerbrochen ward, fand Anna zu ihrer freudigen Überraschung den Betrag so groß, daß sie ausrief: »Peter, denke dir, das Tonschweindel ist fett!« Da gab es dann unter dem Christbaum Handschuhe und Socken, Backwerk und sogar eine Flasche Wein! Und eine Schillerbüste aus Gips, die heute noch in meinem Schreibzimmer steht. Annens Eltern und Brüder leisteten uns Gesellschaft im Bewundern dieser Herrlichkeiten ...

Anfang März äußerte Anna den Wunsch, sie möchte noch einmal nach Maria-Grün gehen. Wir fuhren hinaus, es war ein nebeliger Tag. Als ich sie vor dem Altare, an dem wir einst getraut worden, stehen sah, unverwandt aufblickend zum Marienbilde ..., da befiel mich plötzlich Bangigkeit. Auf dem Heimweg nahm sie mich bei der Hand, schaute mich an und sagte: »Nicht wahr, mein Peter, du wirst stark sein!« Ich bezog das Wort auf die nahe bevorstehende Entbindung und antwortete, es würde gewiß nicht so viel zu leiden geben als das erstemal.

Am 3. März trat der beliebte Schauspieler Martinelli als Gast in einem Anzengruberschen Volksstück auf. Ich schwankte in der Wahl, ob ich zu Hause bei Anna bleiben oder ins Theater gehen sollte, und entschloß mich endlich für das letztere. Damit hatte ich den letzten Abend verscherzt, der mir noch vergönnt gewesen wäre, gesund und froh mit Anna zu verleben. Alle Theaterabende meines Lebens wollte ich geben, könnte ich damit diesen einen Abend für Anna und mich zurückerkaufen. Das Kind schlief, sie hatte wohl bangend an die nächste Zeit gedacht, und ihr Mann hatte sie allein gelassen. — Als ich nach Hause kam, ruhte sie. Aber bald nach Mitternacht stand sie auf, machte Licht und setzte sich hin neben das schlummernde Kind. Unverwandt blickte sie es an und wußte nicht, daß ich von meinem Bette aus wachend auf sie hinsah. Dann seufzte sie schwer, ging hinaus und weckte die Magd. Ich sprang auf und eilte in die Stadt um eine Helferin. In einer Stunde war alles glücklich vorbei. Einen besonderen Wunsch hatte sie gehabt: ein kleines Annerl! Das war jetzt auch erschienen. — Es vergingen ein paar Tage in aller Ordnung. Der kleine »Peperl« stand vor dem Kissen des Schwesterleins und bemutterte es. Dann kroch er zur Türe, um zu gucken, ob die fremde Frau, »die es gebracht«, noch im Vorzimmer sei, dann trippelte er zur spanischen Wand, die am Ofen stand, stieß zufällig daran, daß sie wackelte und über ihn zu fallen drohte. Die Mutter sprang aus ihrem Bette, um den Unfall abzuwenden. Erst am nächsten Tage hat sie das gestanden, als sich Leibschmerzen einstellten und wir der Ursache nachforschten. Am selben Tage hörte ich sie leise zu sich selber sagen: »Es kommt doch so, wie ich mir gedacht habe...« Dann erschien der Doktor. In der darauffolgenden Nacht wurde ich veranlaßt, im anstoßenden Hause der Großeltern zu schlafen. Ich dachte nicht daran, warum. Am nächsten Tage sah ich verstörte Gesichter. Anna hatte die Nacht über hell geschrien vor Schmerz. Eine Bauchfellentzündung. Ich wußte damals noch nicht, was das in diesem Falle bedeutet. Daß es nichts Geringes war, konnte ich mir wohl denken. Wenn Anna, die Heldenhafte, einmal schrie vor Schmerz! Und sie schrie nun tagelang, daß es uns durch Mark und Bein ging. Dazwischen schalt sie sich, daß sie so wehleidig sei, dann wieder kümmerte sie sich um die Kinder und wollte sie in der Nähe haben und winkte sie doch wieder ab, wenn der Anfall kam. Mich hielt sie oft an der Hand und fragte, ob ich mein gewohntes Essen hätte, und daß ich schlafen solle, daß ich doch auch an mich selber denken möge, ich dürfe nicht krank werden. Und dann hub sie wieder an zu schreien. Ärzte kamen und gingen, Konsilien wurden gehalten. Vorrichtungen für Eisbehandlungen wurden hergestellt und angewendet. Betäubende Medizinen, rings um das Bett fremde Leute. Und Anna schrie vor Schmerz und suchte mit den Augen nach mir. Ich wußte nicht, wie mir geschah, es war wie ein ungeheuerlicher Traum.

Nach dem vierten Tage dieser Qual kam die entsetzlichste Nacht. Das Schreien hörte man auf der Gasse. Nach dieser Nacht war ihre Stimme gedämpft. Anna hatte auf den Wangen rote Flecken, die Lippen waren gesprungen vor Dürre, sie hatte unlöschbaren Durst. Die Worte, die sie sprach, waren nicht deutlich. — Vater Pichler redete von einem Geistlichen; die Ärzte widersprachen ihm nicht. Ein Freund des Hauses, Monsignore Hebenstreit, wurde gerufen. Bevor er erschien, ließ Anna den Knaben ans Bett kommen und nahm Abschied von ihm. Der Kleine schaute verblüfft drein. Dann ließ sie das junge Annerl zu sich tragen, wollte es noch einmal an die Brust drücken, berührte aber nur mit der Hand ein wenig das kleine Haupt. Ein unbeschreiblicher Blick — mein Gott im Himmel, ich vergesse ihn nimmer, diesen Blick, mit dem sie von den Kindern Abschied nahm! — Dann bat sie, daß man dieselben in die Wohnung der Großeltern bringe, und verlangte nicht mehr nach ihnen. — Hernach faßte sie meine Hand und sagte auffallend gesprächig, aber mit schwerer Zunge: »Jetzt, mein Peter, ist's an uns. Laß mich noch einmal in deine lieben Augen schauen. Mußt stark sein, Peter. An den Waldschulmeister mußt du denken. Ich habe auch von ihm geträumt.« — »Du wirst wieder gesund, Anna!« unterbrach ich sie. »Im Frühjahre wollen wir dann in eine südliche Gegend gehen, daß du dich bald ganz erholen kannst. Krieglach wird dies Jahr zu rauh sein.« Sie schwieg eine Weile, dann sagte sie leise: »Ich gehe gerne hinauf.« Später habe ich einen Doppelsinn in dieses Wort gelegt. — Es kam der Priester. In frommer Ergebung empfing sie die Sakramente. Die Weihelichter brannten trübe im dunklen Zimmer. Wir knieten im Nebengemach und beteten. An der Wand hing Raffaels Madonna ... Maria, hilf uns! — Das war mein Seelenschrei, anders konnte ich nicht beten.

Nach der heiligen Handlung verfiel Anna in einen Halbschlummer, aus dem sie später nur noch dumpfe Anfälle der Schmerzen weckten. Manchmal schaute sie nach mir hin, der ich halb gelähmt am Bette saß. Eine Gnade Gottes, daß ich betäubt war. Heute ist es mir unfaßbar, wie jene Tage konnten ertragen werden. Es ist mir unfaßbar, daß ich mich hinwegführen ließ von ihrem Bette, daß ich Bissen aß, die sie mir vorlegten, und vom Biere trank, das sie mir vorgesetzt hatten. Der Kinder wegen müßte ich mich erhalten! Solche Worte, glaube ich, sind gesprochen worden. Hatte ich denn Kinder? —

So währte es mehrere Tage. Am 15. März nachmittags kam Dr. Svoboda und führte mich ins Freie. Wir gingen den Strandweg der Mur entlang, den wir so oft in fröhlicher Stimmung miteinander gegangen waren. Und heute hatte der Freund mich vorzubereiten.

Er tat es zögernd und zaghaft. Er sprach von der Grausamkeit der Natur, die Blumen und junge Menschenleben breche mit der gleichen Gedankenlosigkeit, von dieser brutalen Natur, der ein Einzelwesen nichts ist. Ihr Um und Auf sei die Erhaltung der Gattung, und in den Kindern lebe die Menschheit fort ... Leichter ist mir nicht geworden bei solchen Betrachtungen. Welch reiches Geistesleben in der großen Stadt, und kein Trost für mich! Nur die alte Frau gab einen Funken, die Bedienerin, die an der Haustüre stand, als ich zurückkehrte. Diese meinte: »Solang Leib und Seel' beisammen sind, darf man nicht verzagen.«

Und in der Tat, es hatten sich an der Schwerkranken einige Anzeichen gezeigt, die eine glücklich überstandene Krisis bedeuten konnten. Ich sprang in mein Zimmer und schrie laut auf vor Wonne über die »Rettung«.

Es kam die Nacht. Anna war nach einem schwächeren Schmerzanfall am Abend eingeschlummert. Sie atmete ruhiger als sonst; im Traume lallte sie: »Wie sie schön singen!« Dann rief sie: »Licht!« Und schlummerte wieder. Mein Bett stand so neben dem ihren, daß sich dazwischen noch die Wärterinnen bewegen konnten. Sie gingen leise zu und ab, sie setzten sich auf ihre Plätze, hielten die Hände in den Schoß gefaltet und blickten auf die Schlummernde, die nach so schweren Qualen blaß und friedlich dalag. Das Nachtlicht brannte matt. Auch ich fühlte mich ruhiger und schlief bald ein.

Nach einer Weile wachte ich auf. Es war Unruhe im Zimmer, die Wärterinnen huschten hastig umher. Am Krankenbette, mir dasselbe deckend, standen Vater und Mutter Pichler, ich hörte leise beten und sprang aus dem Bette ...

Am 16. März 1875, morgens dreiviertel auf fünf Uhr, ist mein Weib gestorben.

DER HEIMGARTEN

Von der Gründung und Entwicklung des »Heimgartens« muß
Näheres erzählt werden. Es ist schon gesagt, daß ich nach dem
Tode meiner Frau dumpfer Friedlosigkeit verfiel. Ohne Ruh'
wanderte ich im Gebirge umher. Und eines Tages im Spätherbst,
als ich wieder auf zielloser Wander war, stand's in mir auf: So
kann es nicht weitergehen. Du bist frei und haltlos, suche dir eine
Pflicht! Stelle dir eine Aufgabe, die dich vielseitig beschäftigt,
anregt, ermüdet, die dir Freude macht und Sorge, eine Arbeit, die
oft vollendet ist und dann immer wieder begonnen werden muß —
daß es stets eine Spannkraft gibt. Dein alter Plan! Verwirkliche
ihn jetzt. Eine Monatsschrift für das Volk. Mache des Volkes Sache
zur deinen, und du wirst nicht mehr allein sein in deinem Leiden.
Aus dem Volk nimm es her, das Leben, das bunte, ernst-heitere,
toll-lustig-schmerzzuckende Leben, verkläre es ein wenig und
gib es dem Volke zurück auf Blättern. Die Leute, frage sie nicht
erst, was sie wollen, gib ihnen, was ihnen not tut. Gib ihnen Natur, Lebenseinfachheit, Redlichkeit. Sie vergessen die schlichten
Sitten der Vorfahren — erinnere sie daran. Sie vergessen den natürlichen Rechts- und Gerechtigkeitsbegriff — erinnere sie daran.
Sie vergessen der Kraft der Häuslichkeit, des Segens der Familie,
der gesunden Befriedigung, die in der körperlichen Arbeit liegt.
Mahne sie.

Ihre Augen sind geblendet von dem Schillern und Flunkern
städtischer Pracht, ihr Herz ist erregt von Modebegier, Genuß-
sucht, Strebertum, ihr Kern verflüchtigt sich in seichte Alltags-
zänkerei, ihr Blut wird zu Galle und Gift. Sage ihnen, daß es
eine Waldnatur gibt, erinnere sie an den Geruch der Erdscholle, an
den Tau der Wiese, an das schlichte Ländliche, in dessen Einförmig-
keit und scheinbarer Kleinheit die Größe des Lebens liegt. Erinnere sie an die Herrlichkeit ihres Volkes, als es noch ursprünglich war, an die Schönheit ihres Heimatlandes, soweit es noch ursprünglich ist, entfache ihnen zu dieser Heimat die Liebe! Rede zu
ihnen gemütlich, wie der Zither Saitenspiel, rede zu ihnen ernsthaft, wie des Turmes Glockenklang, rede zu ihnen heiter und froh,
wie der Lerche Sang auf dem Kornfeld.

In ihrer Trauer tröste sie, in ihrem Übermut mäßige sie, in ihren
Verirrungen mahne sie, in ihren Lastern züchtige sie, in ihren Torheiten spotte sie scharf. Es gibt eine Wahrheit, die jeder fühlt und

niemand sagt, sage du sie. Fürchte dich nicht vor Fürsten und Priestern, nicht vor den Reichen und nicht vor dem Pöbel. Sage die Wahrheit, wie sie in dir ist. Wie sie heute in dir ist. Es kann auch sein, daß morgen das, was dir heute als wahr schien, sich als Irrtum erweist, dann habe den Mut, ihn einzugestehen, zum Zeugnis, wie hoch dir die Wahrheit steht. Ehrlich zu aller Zeit! das sei dein Wahlspruch! — Eine Zeitschrift in diesem Sinne bringt dir nicht Reichtümer, aber Arbeit und Befriedigung, sie wird dir kaum einen großen Leserkreis gewinnen, aber eine wacker gesinnte, dir getreue Gemeinde und außerdem eine Schar von Feinden, die, wie Feuer das Eisen, deinen Mut stählen sollen.

So ist es hell vor mir gestanden, und schon am nächsten Tage schrieb ich wegen dieser Zeitschrift die ersten Briefe. Es meldeten sich Verleger, Wiener und Leipziger Herren wollten mir das Blatt vortrefflich ausstatten. Das verfing nicht. Ich wollte keine Papierprobe-Ausgabe, keine Bilderausstellung, die das Blatt verteuert hätten. Bescheidene Ausstattung, ein leichtes, flottes Fahrzeug, das sich gut zwischen Klippen hinsteuern läßt, das in wirtschaftlichen Stürmen nicht leicht untergeht, ein billiges Monatsblatt, das zu allem Volke gelangen kann, welches lesen mag. Leicht leserlicher Druck und Billigkeit des Blattes. Dazu brauchen wir weder Wiener noch Berliner, wir machen es in Graz. Das Korn soll dort, wo es wächst, gemahlen, das Brot dort, wo es gemahlen, gebacken werden. Bei der altrenommierten Firma Leykam fand ich die Stätte. Ich gab die ganze materielle Seite des Unternehmens dem Verlag hin und begnügte mich mit einem äußerst mäßigen Gehalt, für das ich mich verpflichtete, alles, was ich je für die Öffentlichkeit schreiben würde, zuerst im »Heimgarten« abzudrucken, fremde Beiträge zu besorgen und das Blatt zu redigieren.

Meine literarischen Freunde rieten mir, den Inhalt zu erweitern, alle Gebiete des Lebens, der Kunst und des Wissens mit einzubeziehen. Das wäre etwas anderes geworden. Außerhalb des oben angeführten Programms behielt ich mir, je nach Umständen, alle Freiheit vor.

Jedes Heft der Monatsschrift sollte fünf Druckbogen fassen und einen einfachen Umschlag bekommen mit einem Titelbilde, das dann Jahrzehnt um Jahrzehnt gleichgeblieben ist. Einiges Nachdenken machte der Titel. »Vaterländische Blätter«, »Alpenrundschau«, »Heimstube«, »Das Volksbuch«, »Sommerfrische«, »Landleben«, »Waldhaus« und dergleichen zuckten mir durch den Kopf. Freunde machten auch ihre Vorschläge, die stellenweise sehr lustig waren. Der eine wollte die Monatsschrift »Der Mond« nennen, der andere die Alpenzeitung »Das Griesbeil«, ein dritter schlug den Titel »Der Bergschuh« vor, worauf ein vierter meinte, die neue Zeitschrift könne recht gut »Der Stiefel« heißen. Endlich fiel mir das Wort »Heimgarten« ein. In manchen Alpengegenden herrscht (oder herrschte) die Volkssitte, nach welcher die Dorfleute des Abends zum »Heimgarten«, d. h. zu einem Beraten oder gemütlichen Geplauder oder zu anderen geselligen Unterhaltungen sich zusammenfinden. Das deckte. Am 1. Oktober 1876 ist in Graz das erste Heft des »Heimgartens« erschienen. Die erste Auflage war in wenigen Tagen vergriffen, die Monatsschrift wurde im In- wie im Ausland auf das wärmste aufgenommen. Aber nun vermißte man die Bilder, vermißte pikante Erzählungen, sensationelle Neuigkeiten und derlei. So haben wir aber nicht gewettet.

Ich war so glücklich, beliebte, ja sogar berühmte Mitarbeiter zu gewinnen, die mir Beiträge gaben, welche mit dem Geiste des Unternehmens im Einklange standen. Als erster mein teurer Freund Robert Hamerling, der im Laufe der Jahre dem »Heimgarten« zahlreiche höchst wertvolle Beiträge geliefert hat, besonders zu erwähnen seine einzigartige Selbstbiographie, 6. bis 12. Jahrgang. Hamerling ist dem »Heimgarten« treu geblieben, bis zu seinem Tode im Jahre 1889. Die zweite »Heimgarten«-Stütze war Ludwig Anzengruber; dann nenne ich von den Alten noch Anastasius Grün, K. G. von Leitner, Alfred Meißner, Friedrich Bodenstedt, Berthold Auerbach, von denen Beiträge zu bringen der »Heimgarten« so glücklich gewesen ist. Diesen literarischen Häuptern jener Zeit schloß sich die Reihe der Jüngeren an, unter welchen kaum einer der bedeutenderen Dichter und Schriftsteller der Zeit fehlte.

Mit solchen Kameraden zu arbeiten war angenehm. Bald aber gesellte sich eine Redaktionsplage, die größer ist, als andere meinen. Die Dilettanterie! Eine nie versiegende Massenflut der Manuskripte von Leuten, die glauben, daß sie Dichter wären, und es halt doch leider nicht sind. Unter den Tausenden solcher Zudringlinge fand ich innerhalb von dreißig und soviel Jahren kaum ein Dutzend, die ursprüngliches Talent hatten und nachher als Dichter oder Schriftsteller was leisteten. Ich hatte zum Schutz gegen die Dilettantenplage in meiner Zeitschrift zwei Anstalten gegründet, die »Postkarten des Heimgartens« und den »Poetenwinkel«. In der ersteren entwickelte ich alle mir zu Gebote stehende Grobheit, um die Dichterlinge zu verscheuchen; der zweite war eine Unterkunftsstelle, wo solche, die sich nicht abweisen ließen und doch eine leidliche Fertigkeit in Versemachen hatten, gedruckt werden konnten. Der »Poetenwinkel« war immer besetzt. Ich muß aber sagen, daß in dieser Rubrik auch manche wertvolle Perle aufbewahrt worden ist, schöne Gedichte poetischer Naturen, die sich später entfaltet haben, und manch innig Lied von solchen, die da kamen, einmal sangen und vergingen. In den ersten Jahren war ich bemüht, unbekannte, zumeist junge Einsender zu ermutigen, richtete damit aber manchmal Unheil an, weil die Arglosen so leicht wähnten, sich mit Dichten fortbringen zu können und ihren eigentlichen Beruf vernachlässigten, aufgaben oder keinen anstrebten. So ist mein Herz hart geworden, und ich fing an, die jungen oder neuen »Dichter« derb fortzujagen oder sie mit gar höflichen Worten zur Tür hinauszugeleiten. Es hat sich mancher nicht übel berufen darauf, daß ich selbst einmal eines Gönners bedurft hätte, nicht bedenkend, daß etwa vor so viel Jahrzehnten in ganz Steiermark ich allein der Eindringling gewesen bin, während jetzt Hunderte vor den Toren der Zeitungen, Buchdruckereien und Theater lauern, um ihre Gedichte, Novellen, Märchen, Romane und Dramen anzubringen. Indes darf der »Heimgarten« sich doch rühmen, aus der Menge der Dilettanten einige echte herausgefunden und gefördert zu haben, die dem deutschen Schrifttum ein Gewinn geworden sind.

Bald in den ersten Jahren gab's einen mißlichen Zwischenfall. Ein Wiener Haus bewarb sich bei mir um die Herausgabe des »Heimgartens« und bot das Dreifache des Gehalts und des Honorars für Mitarbeiter. Auf diese Versuchung hin fragte ich bei Leykam, ob man etwa geneigt wäre, unseren Vertrag zu lösen und so dem Blatt und mir eine bessere Existenzmöglichkeit zu gewährleisten. Leykam willigte, wenn auch nicht gerade gern, aber doch mit gewohnter Konzilianz in die Lösung. Als ich nun aber frei war, erklärte das Wiener Haus erst, daß es sein glänzendes Angebot nur für ein Jahr — ein Probejahr — mache. Da ein Jahr nicht genügt, um auf neuer Grundlage einen Erfolg zu zeigen, so brach ich mit Wien die Verhandlung ab und mußte nun neuerdings an Leykam herantreten, ob er den Verlag des »Heimgartens« wieder übernehmen wolle. Leykam war einverstanden, strich mir bei dieser Gelegenheit aber einen Teil des früher gewährten Mitarbeiterhonorars.

Aus Besorgnis, daß es als geschäftliche Interessiertheit hätte aufgefaßt werden können, habe ich mich nie erkundigt nach der Abonnentenzahl des »Heimgartens«, vermute aber, daß sie die vielen Jahre hindurch zwischen vier- und sechstausend gependelt haben wird. Es war freilich kein Blatt, das die Mitarbeiter sich aussuchen, die Art der Beiträge bestellen hätte können. Ich mußte warten, was mir meine literarischen Freunde zukommen ließen und was sonst einlief. Auch gestattete Nachdrucksmöglichkeiten lagen reichlich vor; mit solchen aus neuen Erscheinungen konnte man mehrfach fördernd wirken. Aus derlei Vorrat hatte ich das zu wählen, was mir für die Einheit meines Blattes ungefähr als geeignet schien. Alle Lücken hatte ich selbst auszufüllen, alle nötigen Zeitartikel selbst zu schreiben, überhaupt den »Heimgarten« nötigenfalls mit meiner eigenen Feder zu versorgen. Da alles, was ich innerhalb 34 Jahren schrieb, zuerst in diesem Blatte erscheinen mußte, so darf wohl geschätzt werden, daß von den 34 stattlichen Bänden die Hälfte meiner Feder entstammt, entweder unter meinem Namen oder unter der Chiffre R., oder den Decknamen Hans Malser, N. Hirtner und J. Richter. Der größte Teil dieser Sachen ist später in Buchausgaben erschienen. Und immerhin wären noch mehrere Bände aus dem »Heimgarten« zu ziehen — aber es ist des grausamen Spieles genug.

Das ursprüngliche Programm hat im Lauf der Jahrgänge zwar etliche Löcher bekommen, im ganzen aber ist die Richtung zu jenen Idealen eingehalten worden. Ich habe mir erst vor kurzem ein Jahr gegönnt, um eine Rückschau auf die Bände des »Heimgartens« zu halten; da sah ich, daß alle wichtigen Ereignisse des Landes von einem bestimmten persönlichen Standpunkt aus, größtenteils gestaltlich und im ethischen Sinne, behandelt sind. Dann eine Unmenge von Anregungen nationaler, sozialer Natur, wovon viele durchgeführt wurden und einzelne großen Erfolg hatten. Manchen Zeitfragen und Ereignissen sind philosophische und religiöse Betrachtungen gewidmet. Ferner begeisterte Förderung heimischen Schrifttums, Darstellung der Schönheit der Alpen, der Vorzüge ihrer Bewohner, mit Ausblicken in die fremde weite Welt, in einer Art, daß sie die Heimatsliebe immer noch steigern. Allerdings auch vom ersten bis zum letzten Bande ein Tagebuch der persönlichen Schicksale und Erlebnisse des Herausgebers. Mit dem 30. Jahrgang setzte eine besondere Tagebuchform ein, die notizartig Leben, Sinnen und tägliches Verhältnis des Verfassers zur Zeit und ihren Ereignissen berührt, noch manche alte Erinnerung bringt und neue Bildchen aus dem Volke. Unbefangen und oft streitlustig packte der Mann allerhand Fragen an, wie er sie mit seinem Auge sah, so daß er oft Wahrheiten zu sagen vermeinte, die in anderer Augen wie Irrtümer erschienen, und doch wieder von vielen als Wahrheiten empfunden und weitergetragen wurden. Wer schon nicht einverstanden war mit der Meinung, der achtete den Freimut und die Redlichkeit. Dieses »Tagebuch des

Heimgärtners« hat so eine Art von Ruf bekommen, es wurde stückweise in zahllosen Blättern Österreichs und Deutschlands nachgedruckt.

Diese unbeabsichtigte, aber willkommene Reklame war ziemlich die einzige für das Blatt. Der »Heimgarten« verlegte sich auch nie auf ein Inseratengeschäft bei seinen dünnen Heften. Was gerade so daherkam, das fand auf den Umschlagseiten Platz; selten, daß ein Annoncenblättchen beigegeben wurde. Der Jahrespreis für den Abnehmer war bei dem ersten Jahrgang 3 Gulden 60 Kreuzer, bei dem 34. Jahrgang 7 Kronen 20 Heller. Also im Laufe eines Dritteljahrhunderts, während die Preise der Dinge und Arbeitskräfte sich verdoppelten, ist der »Heimgarten« nicht um einen Heller teurer geworden! Nach solcher Bescheidenheit ist es erklärlich, daß der Verlag nur ein kleines Honorar für die auswärtigen Mitarbeiter eignen konnte und daß ich mich abfand mit einem geringfügigen Redakteurgehalt, welches gleichzeitig als Honorar für alle meine Beiträge galt. Im übrigen war es bei dem Verlage Leykam gut arbeiten. So wie er einerseits tatsächlich selbst Opfer brachte dem idealen Zweck des Blattes, so hat er mir andererseits nie, auch nicht ein einzigesmal, ein Wort dreingeredet, wenn der »Heimgarten« Dinge brachte, die den Abnehmerkreis eher abstießen als anzogen. Und das geschah oft. Neben den heiteren, schwankhaften Geschichten, die beliebt waren, gab es gar ernsthafte Sachen, Spott und Tort gegen die Torheiten der Leute und leidenschaftliche Sittenpredigten. Es fiel auch jährlich eine Anzahl von Abonnenten ab, während immer ungefähr soviel neue ankamen. Ein Lesergrundstock aber blieb, und es gibt in Österreich wie in Deutschland und in den Kolonien Abnehmer des »Heimgartens«, die gleichen seit seinem Bestehen. Nachfragen neuerer Abonnenten nach alten Jahrgängen können, soviel man hört, oft nicht mehr befriedigt werden, es gibt einzelne Jahrgänge, die von Liebhabern für teures Geld gesucht werden.

Recht bald nach der Gründung des »Heimgartens« war zu merken, daß er einen andern Leserkreis um sich versammelt hatte, als den von mir gedachten. Mir schwebte zwar nicht gerade das Bauerntum vor, das ja kaum liest, aber doch der breite, schlichte Teil des Volkes. Nun aber kamen die Gebildeten des Mittelstandes mit ihren weiteren Interessen. Und da die Abnehmer zwar schütter, aber weithin zerstreut waren, in Graz und in Dresden, in Riga und in New York, so konnte ich den Bildungsgrad meiner Leser nicht mehr schätzen und redigierte blindlings drauflos. Ich dachte nimmer dran, was etwa den Leuten gefallen mochte, sondern gab, was mir gefiel. So kam jene Geschlossenheit in das Blatt, die den Gefallen der Menschen erweckt und ihm ihre Zuneigung bewahrt hat. In St. Franzisko soll der »Heimgarten«, ins Englische übersetzt, eine Zeitlang erschienen sein; wenn das wahr ist, so weiß ich nicht, was die am Stillen Ozean mit meinen steirischen Waldgeschichten und Betrachtungen über deutsche Vorzüge und Unsitten werden angefangen haben.

Zeitweilig war Not an rechten Mitarbeitern. Mancher machte es vielleicht besser, aber mir nicht recht. Es hörten sich Stimmen, ich solle den ganzen »Heimgarten« allein schreiben. Aber auch ich machte mir's nicht immer recht. Es gab Zeitläufte, da alles aus dem Geleise zu weichen schien, da die durch mein Programm anzustrebenden Ziele nicht verstanden waren, überflüssig zu sein schienen, da sie ganz wüst bekämpft wurden. Die »Bergpredigten« wurden stürmisch angefochten, der »Gottsucher«, »Jakob der Letzte« fanden leidenschaftlichen Widerpart. Und manch arglose Bemerkung meinerseits weckte die Entrüstung der Parteien. Ich jedoch konnte von einer Richtung, die in meiner Natur lag, nicht weichen.

Es gab mancherlei Entgleisungsgefahren auch für mich, aber dann kamen doch wieder Epochen, da man sich sehnte, da man schrie nach Heimat, Häuslichkeit, Landleben und Schollenglück, und da ich sah, mein »Heimgarten« wäre nicht überflüssig.

Mehrmals kam der Rat, den »Heimgarten« aufzulassen und mich auf ein größeres Werk zu konzentrieren. Anderseits hat die Zeitschrift den zur Weltflucht Neigenden gezwungen, sein Auge für die Angelegenheiten der Zeit, für das Leben aufzutun; ohne diesen Blick gibt es ja kein fruchtendes Schaffen. Die Ewigkeit besteht aus Tagen, und Tage sind Teile der Ewigkeit; so kann auch Journalistenarbeit einen tieferen Wert gewinnen, wenn stets der Gedanke an das Bleibende mitspielt.

Als ich nun so vierunddreißig Jahre lang, vom 33. bis zum 67. Lebensjahre, diese Monatsschrift geleitet und größtenteils selbst geschrieben hatte, war ich müde geworden. Da weder der Verlag noch ich das Blatt gerne aufhören ließen, so wurde auf meinen Wunsch die Leitung desselben meinem Sohn Hans übertragen, der wohl etwas moderner einsetzte, aber doch den »Heimgarten« nach seinen ursprünglichen Grundsätzen gewissenhaft weiterzuführen trachtet.

Zur Zeit steht der »Heimgarten« in seinem 40. Lebensjahre. Das beste Mannesalter.

ZENSURPLAGEN

In Österreich — so schrieb ich im Jahre 1899 — ist es nicht lustig, Schriftsteller zu sein. Es ist kein Wunder, daß wir — trotz unzerreißbarer Liebe zu unserem Heimatlande — literarisch hinaustrachten ins Deutsche Reich, das in unseren Augen ein wahres Land der Freiheit ist. Zwar haben sie dort in Preßsachen das sogenannte subjektive Gerichtsverfahren, das heißt, das Vergehen oder Verbrechen wird nicht durch die Beschlagnahme der Schrift, durch die Schädigung des Unternehmens gesühnt, sondern an der Person des Täters selbst bestraft. Ein Schriftsteller, der etwas Gesetzwidriges gegen den Fürsten, die bestehende Ordnung oder die Religion veröffentlicht, kommt auf die Festung. Doch das muß schon ein großer Brocken sein, der dort als gesetzwidrig gerichtlich verfolgt und vor Geschworenen verurteilt wird. Um ähnliche Preßfreimütigkeiten, wie sie in Österreich täglich der Gegenstand von Konfiskationen und Gerichtsverhandlungen sind, kümmert sich dort kein Polizeibeamter und kein Staatsanwalt. Ja, der ehrliche Freimut des Schriftstellers wird in Deutschland vom Gesetze geschützt und von den Behörden gewürdigt; bei uns wird er verdächtigt, verfolgt, während der ausübende Beamte doch selbst oft persönlich mit der Meinung des gemaßregelten Schriftstellers einverstanden sein dürfte. Man könnte in dieser großen Ängstlichkeit vor dem literarischen Geiste leicht eine Mißachtung unseres Staates erblicken, als ob er einer offenherzigen Presse nicht mehr gewachsen wäre. Ich habe noch immer so viel Vertrauen zu unserem alten Österreich aufgebracht, um zu wissen, daß es durch die öffentliche Meinungsäußerung einzelner, die noch dazu in anständiger Form gehalten ist, nicht Schaden leiden kann. Ein Staatsgebilde hat ja auch nur dann für den einzelnen einen Wert, wenn es die Persönlichkeit schützt, ihre naturgemäße Betätigung achtet, ihr das Recht gibt, in ihrer Eigenart sich zu entwickeln und auszuleben. Der Mensch, wenn er ein ganzer ist, wird sich, besonders in großen Gewissens- und Lebensfragen, niemals wie ein willenloses Herdentier behandeln lassen; ein Staat, der das versucht, würde gerade die besten seiner Bürger zu seinen Gegnern haben. Nun, das nebenbei. Was die Sache betrifft, so würde ich ganz willig im Falle einer leidenschaftlichen, schriftstellerischen Übereilung einmal ein halbes Jahr auf der Festung sitzen, wenn es mir in aller übrigen Zeit erlaubt wäre, meine Meinung mit demselben Freimut zum Ausdruck zu bringen, wie es in Deutschland möglich ist.

Seit fünfundzwanzig Jahren ringe ich, der gemäßigte Schriftsteller, in Graz mit einer Macht, die zu stark ist, um ihrer Herr zu werden, und zu schwach, um mich unterzukriegen. Das ist die Polizei. Trotz allen persönlichen Wohlwollens, das ihre maßgebenden Beamten mir zu schenken scheinen, ist ihre stets drohende Macht für mich ein wahrer Alp. Unmittelbar, lebendig und heiter ausgreifend wie an anderen Orten Österreichs und Deutschlands, hätten sich auch in Graz meine humoristischen Vorlesungen entwickeln können, wenn die Polizei, der in dieser Stadt vor einer Vorlesung jede Zeile Text unterbreitet werden muß, nicht allen frischen Atemzug ersticken würde. Stücke, die schon zwanzigmal zensuriert und öffentlich gelesen worden, müssen vor der einundzwanzigsten Vorlesung wieder in die Zensur. Ich weiß nicht, wodurch ich mir das Mißtrauen der Behörde zugezogen habe, denn zwischen redlichen Leuten sollte doch schon die mündliche oder schriftliche Versicherung gelten, daß der Vorleser seit der letzten Zensur nichts Ungehöriges in sein Manuskript praktiziert hat. Ja, ein Grazer Polizeibeamter erklärte mir selbst einmal treuherzig, daß ich weder persönlich noch schriftstellerisch Ursache zum Mißtrauen gegeben habe. Und trotzdem!

Es geht an dieser Stelle leider nicht an (ich schrieb das damals im »Heimgarten«), beispielsweise Wörter oder Sätze anzuführen, die mir die Grazer Zensur gestrichen hat, ich kann nur versichern, daß ich vor Staunen manchmal geradezu sprachlos gewesen bin. Nach der Gesetzauffassung ist die Zensur doch wohl im Rechte gewesen? Man fragt sich nachher nur, weshalb nicht auch in Wien, Prag, Innsbruck usw. die Zensur einer gleichen Gesetzdeutung huldigt. Denn in diesen Orten ist mir nie auch nur ein Wort gestrichen worden, ja außer in zwei oder drei Fällen in Wien, bin ich überhaupt nirgends aufgefordert worden, mein Vorlesungsmanuskript der Zensur zu unterbreiten. Wenn ich für andere Orte eine Auswahl von achtzig Vorlesestückchen habe, so darf ich in Graz deren nur etwa zwanzig lesen, in denen nichts gestrichen wird oder die bei Unterbreitung nicht ganz unterdrückt würden. Und ich hatte stets geglaubt, in Graz eine ebenso gebildete Zuhörerschaft zu haben als in anderen Städten. Denn daß vor ungebildeten Leuten die Verantwortung des Vorlesens eine größere ist, weiß ich wohl selbst. Doch auch da — als ich einmal in Wien vor fünfzehnhundert feurigen Sozialdemokraten las, hat sich keine Polizei um mein Programm gekümmert — und es ist auch so ganz anständig hergegangen.

Ich gebe ja gerne zu, daß es oft nebensächliche Dinge sind, die von der Zensur gestrichen werden, daß ihr Wegbleiben das Ganze sowenig gefährdet als ihr Dableiben — aber was uns freie Menschen, Schriftsteller und Vorleser verletzt, bisweilen geradezu empört, das ist die willkürliche Bevormundung in Sachen, worin doch der Ausübende naturgemäß mehr verstehen und einen feineren Takt haben muß als ein von hundert anderen Obliegenheiten beanspruchter, gewöhnlich wenig poetisch veranlagter Polizeibeamter.

Wie unvergleichlich unbefangener und frischer würde sich der »Heimgarten« gestaltet haben, wenn der Dämon Zensur nicht so bleischwer auf ihm lastete. Die sieben Konfiskationen, die ihm seit seinem Bestehen passiert sind, haben mich belehrt, wo in Graz die Grenze gezogen ist zwischen dem, was man sagen darf und was man für sich behalten muß. Das letztere ist der weitaus größere und wohl auch der bessere Teil. Nicht die Konfiskation und die damit verbundenen Umständlichkeiten und Kosten sind dabei das schlimmste, als vielmehr der Druck und die Befangenheit bei dem geistigen Schaffen, wie weit man wohl gehen dürfe, um das, was man zu sagen hat, annähernd so ins Publikum zu bringen. Ist ein Wort nicht ganz glücklich oder diplomatisch gewählt, so wird das fertiggestellte Heft mit Beschlag belegt und der ganze Artikel, in dem das ungeschickte oder treuherzige Wort vorkommt, herausgerissen und gelegentlich durch Zuchthäusler eingestampft.

Man kann freilich »rekurrieren«. Doch wozu das? Daß einem Recht gesprochen werde? Das Recht ist ohnehin selten zweifelhaft. Daß die konfiszierte Nummer zurückgegeben werde? Das würde nichts mehr nützen, weil die neue Ausgabe ja längst hergestellt sein muß. Die Zensur hat nicht bloß die Absicht, die Verbreitung unliebsamer Schriften zu verhindern, sondern auch den Autor oder dessen Verlag zu schädigen. Anderseits soll diese Schädigung keine Strafe sein, als solche mangelt ihr manches Merkmal, besonders der verhältnismäßige Grad. Zum Beispiel: Hier wird ein leichtes Preßvergehen mit der Wegnahme von achtzigtausend Exemplaren gebüßt, dort ein schweres Preßverbrechen mit der Konfiskation von wenigen Stücken, die zufällig erwischt werden, geahndet. Damit ist's abgetan. Eine gesetzliche Strafe jedoch muß im Verhältnis zur Größe des Vergehens geregelt sein. Die Grazer Zensur pflegt allerdings nur an jedem Exemplare den einen Bogen zu behalten, der den beanstandeten Artikel enthält, aber das Heft ist doch zerrissen und muß unter Weglassung der Missetat durch Neudruck und Buchbinder noch einmal hergestellt werden. Doch »bestraft« wird man nicht, es wird einem nur was weggenommen!

Übrigens bin ich mit jeder Maßregelung stärker und zielbewußter geworden — ohne Trotz und Verbitterung. Daß sich aber unter solchem Drucke bei unseren Autoren kein freier, künstlerischer Stil zu entwickeln vermag, daß die männliche Wahrhaftigkeit der Schriftsteller sich nur schwer entfalten kann, das ist begreiflich. Es bildet sich eine vage Leisetreterei aus, eine duckmäuserische Zweideutigkeit und Zwischendenzeilenleserei — Hinterhältigkeiten, die nur der noch zur Not überwindet, dem sein Beruf über alles geht. — Und da wundert man sich, wenn Schriftsteller ihre Kollegen draußen im Reiche beneiden oder es auch so gut haben möchten, bis einer und der andere wirklich sein Bündel schnürt und auswandert. — »Ist kein Schad' drum!« höre ich jene Leute sagen, die eine solche Zensur für ihren Schutz zu benötigen glauben.

Es fällt mir ja um Gottes willen nicht ein, für mich, als einen, der's halt nicht besser versteht, Sonderrechte zu beanspruchen. Allein ich lebe unter dem Eindruck, daß andere Blätter sich einer ungleich größeren Freiheit erfreuen, obschon selbe auch noch sehr viel zu wünschen übrigläßt. Mich freut es von Herzen, daß die Klerikalen wie die Sozialdemokraten manchmal von der Leber weg reden dürfen. Sie schaden damit dem Staate nicht, sie bringen Leben und Entwicklung in ihre Leserkreise. Warum ist dem »Heimgarten« die Lebensluft des Schriftstellers, das freimütige Wort, nicht in demselben Maße gestattet? Da wir schon unser volles Recht nicht finden können, so verlangen wir wenigstens gleiches Recht!

Der »Heimgarten« ist im Laufe der Jahre leider sehr zahm geworden. Er wagt es nicht mehr, zum Beispiel Aussprüche von Kaiser Joseph II. abzudrucken oder in einem humoristischen Gedicht zu behaupten, daß es fromme Leute gibt, die den Fasttag predigen, dieweilen sie beim Festmahl sitzen, oder das Wort »Pfaffe« in geschichtlichem Sinne zu gebrauchen, oder den lieben Gott in steirischer Mundart »Tater« zu nennen. Er wagt es nicht mehr, Unsicherheiten in Graz zu rügen, weil die Polizei sich dadurch getroffen fühlte. Er wagt es nicht, den christlichen, durch Tolstoi neuerdings verbreiteten Grundsatz von der Friedfertigkeit und Nachgiebigkeit auch auf die Militärstaaten anzuwenden, oder endlich die hehre Persönlichkeit Jesu auch in seiner menschlichen Seite uns näher zu rücken. Der »Heimgarten« wagt das nicht mehr, denn mit Ähnlichem hat er schon schlimme Erfahrungen gemacht.

Wie erst, wenn man sich zu bedeutenderen Ideen versteigen wollte! Jene meiner Werke, von denen es heißt, daß sie die besseren wären, als die »Schriften des Waldschulmeisters«, »Der

Gottsucher«, »Jakob der Letzte«, »Das ewige Licht« und andere, sie hätten nicht in ihrer gegenwärtigen Form im »Heimgarten« erscheinen dürfen, sie wären, soweit derselbe Geist regiert, ungedruckt geblieben oder höchstens unter vielen Verstümmelungen freigegeben worden. Ein paar der angeführten Erzählungen sind im »Heimgarten« allerdings erschienen, aber unter großen Weglassungen.

Nun, unter Umständen wäre das am Ende kein so großer Verlust. Wie aber, wenn Anzengruber oder Grillparzer oder gar Goethe und Schiller das Glück gehabt hätten, unter den Grazer Verhältnissen zu leben und zu schaffen? Und vollends Klopstock, den man den heiligen Sänger nennt! Wie ist dieser Mann mit den Dogmen umgesprungen? Nein, nein, was vor der Revolution in Deutschland gestattet war, das ist nach derselben bei uns verpönt. So weit sind wir — voraus.

Voraus sage ich, denn die betreffenden Leute meinen allen Ernstes, die Unterdrückung der Persönlichkeit, die Unterdrückung des freien Geistes bereite eine glückliche Zukunft vor. Wenn sie das wirklich wollen und glauben, dann ist ihr Gebaren ja in höchstem Grade zu achten. Ob sie sich irren oder nicht, das ist eine andere Frage.

Persönliche Mißgunst ist es selbstverständlich nicht, was die Grazer Zensur so strenge macht. Vielmehr das gewissenhafte Bestreben, dem Staate recht zu dienen und nichts in die Öffentlichkeit zu lassen, was irgendeiner maßgebenden Gesellschaftsklasse zuwider sein könnte. Ob aber die Zensur dafür ist, darüber zu wachen, daß der Humorist mit seinem Papierpfeil nicht einmal zufällig einen reichen Bäcker oder einen feisten Fleischer oder einen aufgeblasenen Gecken trifft, das wäre doch erst zu entscheiden. Nach meiner Meinung könnte die Polizei es in vielen Fällen den »Beleidigten« selber überlassen, sich Genugtuung zu verschaffen. Ihr Leitfaden wäre nur das Gesetz, gut verstanden durch einen gescheiten Kopf und ein wohlwollendes Herz.

Einmal hatte mir der Polizeidirektor auf meine Beschwerde geradezu ins Gesicht gesagt, die Zensur habe die Pflicht, alles zu verhindern im Schrifttum, was irgend jemandem gegen den Geschmack oder sonstwie unangenehm sein könnte! — Sie maßt sich also auch die ästhetische Kritik und weiß Gott was alles an. Es ist trostlos. —

Zum Schlusse dieser Auslassungen wird, wenn sie im »Heimgarten« erscheinen, der Leser nachdenklich sein Haupt heben und sich sagen: Wenn diese freimütigen Gedanken und Darstellungen über die Grazer Zensur nicht konfisziert worden sind, so wird es wohl doch so schlimm nicht sein. —

Ich hatte wirklich den Mut, diesen Aufsatz damals im »Heimgarten« zu veröffentlichen, und siehe — er wurde nicht konfisziert. Die Zensur schämte sich, besserte sich. Sie wollte mich Lügen strafen, und ich habe diese Strafe gern angenommen.

Einmal hatte die »Heimgarten«-Konfiskation doch besondere Folgen, und das will ich hier erzählen. Einst während einer Krankheit las ich die vier Evangelien. Es war die Übersetzung ins Deutsche von Dr. Leander van Eß, die von katholischen Kirchenfürsten approbiert und empfohlen ist. Zum Vergleichen benützte ich die Übersetzung von Allioli und die Volksbibel von A. A. Waibel, alle von katholischen geistlichen Gelehrten.

Was war das für ein Christus, der mir da entgegentrat! Ein gottfreudiger, mescheninniger, weltfroher Christus voll gewaltiger Tatkraft, voll hingebender Liebe, voll feurigen Zornes zur rechten Zeit. Der Übermensch, der Gottmensch im höchsten Sinne. So hatte ich ihn bisher noch nie gesehen. Meine Kinder rief ich ans Bett, meine Frau rief ich und erzählte ihnen von dem großen Christus, den ich gefunden, mit dem zu gehen, auf den sich zu verlassen eine Befreiung von aller Sorge und Weltlast bedeutet. Auch sie mußten mir nun ganze Abschnitte laut lesen, und wie sie anfangs wohl gestaunt haben mochten über des Aufhebens von wegen einer so uralten Sache, endlich begriffen sie meinen Jubel.

Und in einer der schlaflosen Nächte machte ich Licht, nahm Papier und Stift und schrieb raschhin die Skizze des Jesus Christus, wie er mir aus dem Evangelium so unmittelbar entgegengetreten war.

In späteren Monaten, als mein »Heimgarten« Manuskripte forderte und meine Mappen durchstöbert wurden, fand sich auch die Skizze mit der Überschrift: »Wie ich mir die Persönlichkeit Jesu denke.« Die Sache betrachtete ich nun mit ruhigem Blute. Das war schließlich ja nichts Neues, war schon tausendmal weit gründlicher und besser gesagt worden, auch konnte man es gelegentlich, wenn zwar vielleicht mit anderen Worten, von der Kanzel hören. Und doch, so dachte ich, was kann es denn schaden, wenn ein knapper Umriß der herrlichsten Gestalt, sei er noch so flüchtig, auch einmal im »Heimgarten« erscheint. Es gibt ja so viele Christen, die ihren Christus nicht kennen.

Die Skizze wurde in das Maiheft 1899 des »Heimgartens« gedruckt. Und der wurde sofort von der Polizei in Graz mit Beschlag belegt. Wegen dieses Artikels über Jesus.

IV. Jahrgang.   December 1879.   3. Heft.

Heimgarten.

Eine Monatsschrift

herausgegeben von

P. K. Rosegger.

Druck und Verlag von Leykam-Josefsthal in Graz.

Preis pr. Heft 30 kr. = 60 Pf., pr. Jahrgang 3 fl. 60 kr. = 7 M. 20 Pf.

Titelblatt der Zeitschrift »Heimgarten«

Roseggers Geburtshaus in Krieglach-Alpl. Eigenhändige Zeichnung

Redaction
des
Heimgarten
Graz.

[handwritten letter in German cursive]

Roßegger

Graz, 4. April 1878

Brief Roseggers an Professor Karl Julius Schröer, Wien

Peter Rosegger als Waldbauernbub

Roseggers erste Frau Anna, geb. Pichler, im Jahr 1874

Roseggers zweite Frau Anna, geb. Knaur, im Jahr 1903

Zeichnung des Wirtshauses an der Lahn, das in Roseggers Roman
»Peter Mayr, der Wirt an der Lahn« eine wichtige Rolle spielt

Bildnis Peter Roseggers im Jahr 1904

Ich traute meinen Ohren nicht, als es mir der Verlag mitteilen ließ; ich traute meinen Augen nicht, als die Männer die ganze Auflage in ihre Gewalt nahmen, den angeklagten Artikel aus allen Exemplaren herausrissen, um denselben hinter Schloß und Riegel zu legen und gelegentlich von Sträflingen vernichten zu lassen.

Eine Stunde lang habe ich mit dem Beamten in seiner Stube gestritten, und es ist nur zu wundern, daß er mir weder die Tür gewiesen, noch den Ausgang unmöglich gemacht hat. Meine Jesusgestalt, weil sie in der Wüste Sandalen trug, nannte der Zensor ein »Wüstengigerl«, worauf ich ihm zu bedenken vorschlug, welches das größere Sakrilegium sei, meine Sandalen oder sein Wüstengigerl! Da lächelte er zärtlich. Bekennen muß ich, daß der Polizeibeamte ungleich höflicher mit mir war als ich mit ihm. Aber gezeigt hat sich mir bei diesem Gespräch eine höllentiefe Kluft, die zwischen uns lag, in bezug auf Auffassung von Religion und Christentum. Nicht etwa, daß in meinem Aufsatze einzelne Stellen, unüberlegte Ausdrücke, historische Unrichtigkeiten beanstandet worden wären, nein, der ganze Aufsatz von der ersten bis zur letzten Zeile wurde mit Ausnahme der Überschrift verboten und als Gotteslästerung erklärt.

Unterwegs nach Hause war mir zum Lachen und zum Weinen. Zum Lachen, weil ich dachte, es sei vielleicht gut, daß diese unbedeutende Arbeit über den hochbedeutenden Gegenstand gar nicht in den »Heimgarten« kommt. Man wäre wohl doch nur gleichgültig darüber hinweg zur Tagesordnung gegangen. Zum Weinen, weil — na, man kann sich's denken.

Mittlerweile war der Aufsatz der Zeitschrift »Zukunft« in Berlin zugegangen. Als nun derselbe in Graz so scharf verboten worden war, daß davon nicht ein Exemplar und nicht eine Zeile in die Öffentlichkeit treten durfte, depeschierte ich sofort nach Berlin, daß man den dort beabsichtigten Abdruck unterlasse. Es war zu spät, das Verhängnis nahm seinen Lauf. Mein Aufsatz über die Persönlichkeit Jesu war bereits gedruckt und überflutete an einem Tage in Tausenden von Exemplaren die arglose Welt.

Sofort hatte ich nach vielen Seiten hin meinen Wunsch geschrieben, von dem Aufsatz nicht Notiz zu nehmen. Erstens mußte doch die Konfiskation respektiert werden, und zweitens hatte ich nun die Absicht, den Gegenstand, der so viel Interesse erregt hatte, etwas ausführlicher zu behandeln. Doch der Aufsatz griff weiter und weiter.

Aus der »Zukunft« druckten ihn zahlreiche andere Blätter ab, Tagesblätter, Wochenblätter, Monatsschriften, zumeist evangelische, aber auch katholische, so daß der in Graz so streng bewachte Artikel in vielen hunderttausend Exemplaren durch die Länder flog. Und mir flogen die Zuschriften ins Haus. Eine einzige war darunter aus dem Welfenlande, die den Arm verfluchte, der den Artikel geschrieben, und das Auge, das dabei zugeschaut. Alle anderen der zahllosen Zuschriften freuten sich entweder, daß in dem Aufsatze so viel »freimütiger Christussinn« zum Ausdruck kam, oder bedauerten, daß eine mit so viel Reklame (mancher hielt tatsächlich die Konfiskation für eine Reklame!) betriebene Sache nur etwas so allgemein Bekanntes, so ganz Selbstverständliches enthalte und demzufolge auch die Enttäuschung eine recht große sei. Wieder andere Zuschriften sagten ihre Meinung über die österreichische Zensur — »ja, wenn es so sei, da begreife sich manches!« — Nebst solchen Briefen kamen mir Zeitungen, die den Fall besprachen, Streitschriften mancher Art, endlich umfangreiche Werke über die Evangelienforschung und die Persönlichkeit Jesu. Alles las ich mit großer Spannung, immer befürchtend, mein kleiner Aufsatz würde in einem wichtigen Punkt in Unrecht gesetzt werden. Allein außer einem chronologischen Fehler und ein paar unbedeutenden Nebensächlichkeiten stimmte alles mit den Forschern überein. Nur daß viele — ich rede von Renan und Strauß nicht — den geschichtlichen Christus weitaus realistischer, weltlicher zur Darstellung gebracht hatten, als ich es getan. Und zu den realistischsten gehören die Evangelisten Matthäus und Lukas.

So wurde ich bei dieser Gelegenheit in ein förmliches Bibelstudium hineingedrängt, das für mich um so wertvoller geworden ist, je unmittelbarer es sich an die Evangelisten anschloß. Was ich vorher teils noch instinktiv geschrieben, dem stand ich nun mit Wissen gegenüber. Allerdings kam mir gleichzeitig etwas anderes zum Bewußtsein. — — Daß man sich offen in den Gegensatz zu dem evangelischen Christus stellen sollte, war nicht zu fassen. Das »man« bezieht sich auf jene klerikalen Blätter, die lebhaft gegen den konfiszierten Aufsatz Partei ergriffen, ihn öffentlich kritisierten, obschon sie ihn gar nicht kennen konnten und kennen durften. Freilich, auch manches Publikum kannte ihn noch nicht, und so mochte man immerhin was ahnen lassen von den scheußlichen »Gotteslästerungen«, die derselbe enthalte.

Wie glücklich wäre ich gewesen, wenn einer aus unserem katholischen Klerus gesagt hätte: So lasset ihm doch den Christus, der ihn selig macht. Und sollte der auch nicht ganz stimmen mit unserer Tradition, er drängt ihn ja niemand auf, erzählt bloß, wie *er* sich die Persönlichkeit Jesu denkt.

Irgendein klerikaler Witzbold behauptete damals, daß ich mir für den täglichen Gebrauch einen sehr »kamoden Christus zusammengeschneidert« hätte. Das ist nun allerdings nicht der Fall. Die Evangelisten lassen mit sich nicht viel handeln. Mein Christus ist ein strengerer Mann als der, den sie uns manchmal vom Predigertisch vorführen; er begnügt sich nicht mit den sogenannten guten Werken, Beten, Fasten, Wallfahrten, Almosengeben usw., auch nicht mit der Verehrung der Heiligtümer, mit dem Empfang der Sakramente. Er läßt sich nicht abfertigen damit, daß man sich auf die Gnade Gottes allein verlasse, er verlangt mehr. Er verlangt vieles, was mir sehr sauer ankommt, zu tun, ja was ich in meiner armen Menschlichkeit gar nicht zu leisten vermag. Aber seine starke, frohe Persönlichkeit erfüllt mich mit Zuversicht, daß das, was nicht ist, noch werden kann. Eine Weile vorher hatte ich die Schriften des großen Kirchenlehrers Augustinus gelesen. Im Mittelalter hätte ich wahrscheinlich bedingungslos zu ihnen geschworen, mit der jetzigen Art und Weise des Menschen wollten sie mir nicht stimmen; diese Bücher hatten mich verwirrt und mutlos gemacht. Um so größer, freier war nun das Aufrichten durch Christus selbst. Fürs erste empfand ich eine größere Neigung zu den Mitmenschen, die ich oft geflohen hatte und nur noch aus größerer Entfernung ein wenig lieben konnte. Ich erinnerte mich daran, sooft ein Mensch mir begegnete, welch einen unermeßlichen Wert Christus auf jede einzelne Persönlichkeit legt, und wäre sie auch arm und verachtet, und wäre sie auch ein tiefgefallener Sünder. Und daß er gerade nach den Verlorenen am liebevollsten niederlangt. Die Werke der Barmherzigkeit, sagte ich mir, müßten freilich geübt werden, aber nicht in Form von Almosen und milden Einzelwerken, wie in der Vorzeit, sondern in einheitlichem, großem Stile der sozialen Reform. Wir wollen niemanden mehr, der aus Betteln und Bitten ein Geschäft macht, wir wollen ein großes, organisiertes Arbeiten. Zum alten Gottesglauben muß sich ein moderner Welt- und Menschenglauben gesellen, um im christlichen Sinne ein Reich Gottes zu schaffen. — Ob ich aber zu den großen persönlichen Opfern bereit bin, die Christus von uns verlangt? Wie es heute steht, nein. Sie würden, als von einem einzelnen geleistet, nichts nützen. Wenn aber viele, genügend viele Menschen aus der Gesellschaft freiwillig ihren Besitz hingeben, ihre persönliche Kraft aufopfern zum gemeinsamen Wohle, dann bin ich unter ihnen. Wenn keiner Herr ist, dann will ich Diener sein. Wenn kein Schwelger ist, dann will ich entbehren. — Einstweilen gilt es immer noch, im engen Kreise weltlich frisch das Göttliche zu fördern.

In meiner Evangelienfreudigkeit empfand ich den Hang, mit anderen über das Evangelium zu sprechen und also bei einzelnen Sätzen das Verständnis zu klären und zu vertiefen, aber ich fand niemanden dazu. An solche, die zur Zeit zum Protestantismus übertraten, wendete ich mich fast allemal vergebens. Sie hatten — mit wenigen Ausnahmen — für religiöse Fragen keinen Sinn und kein Verständnis, ihr Konfessionswechsel entsprang, wie sich's allmählich zeigte — vielfach anderen Beweggründen.

Oft hatte ich es mündlich und auch schriftlich versucht, mit katholischen Geistlichen mich über das Evangelium auszusprechen, doch wenn sie sich überhaupt in ein Gespräch einließen, so kamen sie gleich auf die Kirchengebote. Die Leser meiner Schriften braucht man kaum zu erinnern, in welchem Verhältnisse ich zum katholischen Gottesdienste stehe. Allein auch Betrachtungen über das Evangelium mit Rede und Gegenrede hätten mich gefördert. So weit kam es mit Priestern nie; sie verwiesen mich auf die Predigt, bei der man kein Zwiegespräch führen kann, auf die Beichte, bei der kein Einwand geduldet wird, im übrigen wichen sie stets aus, als ob sie selbst nicht Bescheid wüßten, oder als ob ein Laie nicht würdig wäre, über so hochstehende Sachen mit ihnen zu reden. Es hat Zeiten gegeben, da ich nach ihrem Zuspruch lechzte, doch Mißtrauen und nichts als Mißtrauen haben sie mir geschenkt. Einen Verirrten und Verlorenen haben sie stets an mir gesehen, aber keiner kam, um mich liebreich zu suchen. — Hingegen habe ich Anregung und Erhebung gefunden im Gespräche mit evangelischen Geistlichen. Ohne zu protestantisieren, haben sie sich gerne finden lassen, mit einem Katholiken gemütlich und innig über unseren Heiland zu sprechen und über seine Lehren, die immer tiefer und höher werden, je mehr und vielseitiger man sich mit ihnen befaßt. Das theoretische Studium hat mich oft verwirrt und geschwächt. Aber wenn dann wieder das Besinnen auf mich in den Vordergrund trat, da mußte ich schreiben und bekennen, was in mir lebt. Also ist das Buch »Mein Himmelreich« entstanden, und endlich aus jenem konfiszierten Aufsatz heraus mein Jesubuch »I. N. R. I.« — Ohne jene Beschlagnahme wären diese Bücher kaum geschrieben worden.

MEIN ARBEITEN

Bin ich für eine poetische Arbeit aufgelegt und in derselben befangen, dann kann mich jeder Zwischenfall wohl arg verwirren, aber keiner mich auf der Stelle für etwas anderes erwärmen. Und wenn im solchen Moment ein Bote mit der Nachricht einträte: dein dankbares Vaterland hat in Erwägung deiner Verdienste und in Erwägung ferner, daß deine Füße dich nicht mehr so recht im Gebirge herumtragen wollen, dir einen Ehrenesel zum Geschenk gemacht — das höchste Ziel meiner Wünsche! —, es würde mich kaum viel angenehmer berühren als der eintretende Amtsbote, der mir die Steuerrückstände des Jahres vorführt. Es ist das eine wie das andere eine gewisse Störung, und im Augenblick des Schaffens ist dem Dichter das Dichten das Wichtigste auf der ganzen Welt.

Das Wichtigste und das Genußreichste, der einzige Zustand im Leben, der sich ganz entschieden des Lebens lohnt.

Ich habe mich in den ersten Jahren bei jedem neuen Buche, das in die Welt ging, entschuldigt, daß es da war. Aber das ist ein Narr, der sich alle Jahre einmal entschuldigt, daß er existiert. Existieren und dichten ist bei mir eins.

Habe ich eine Arbeit vollendet, atme ich auf und verspreche mir eine gute, lange Rast; verspreche mir kleine Reisen, frohe Feste in der Familie, geselligen Verkehr mit heiteren Menschen, mit lehrreichen, wissenschaftlichen und unterhaltenden Büchern, verspreche mir Kunst- und Naturgenüsse, und was derlei Ideale abgemüdeter Kopfarbeiter mehr sind. Einige Tage geht das Schlaraffenleben ganz gut, mit Heißhunger verzehre ich geistige Nahrung, das Hirn ist wie ein ausgepreßter Schwamm, der sich wieder einmal ansaugen will und ansaugt. Das dauert eine, höchstens zwei Wochen, hernach stellt sich allmählich ein geistiges Unbehagen ein, dem rasch das körperliche folgt. Ich fühle mich verstimmt, unstet, appetitlos für leibliche und geistige Nahrung. Es träumt, es gärt, es jagt sich etwas in meinem Kopfe, und wenn ich nachsehe, was es sei, so finde ich nichts, das Gestalt oder Namen hätte. Eines solchen Tages, zumeist gegen Abend, wenn schon das helle Lampenlicht auf ein weißes Blatt Papier fällt, setze ich mich hin und beginne zu schreiben. Sonst ist die glatte oder störrische Feder oft maßgebend für das Gelingen der Arbeit, und das Sprichwort, das man bei einem gewandten Schriftsteller anzuwenden pflegt: er hat eine gute Feder!

ist nicht nur bildlich. Bei einem solchen plötzlich erwachten Arbeitsdrange aber ist jede Feder gut genug, und steht nur erst ein Satz, auch nur ein Wort auf dem Papier, dann belebt sich's, formt sich's, die Stimmung wird zum Gefühle, das Gefühl zum Gedanken, der Gedanke zum Wort, das Wort zur Gestalt. Das alles aber erst, wenn die Feder schon naß ist oder die erste Zeile auf dem Blatte steht. Es muß ein gewisser äußerer Zwang da sein, der mir das unfaßliche Ding im Kopfe sich verdichten hilft. Sätze und Wendungen, die mitunter früher ausgedacht wurden, nehmen sich, wenn sie hernach ohne weiteres geistige Zutun abgeschrieben werden, fast allemal hölzern und ungefügig aus, wogegen das, was im Momente des Schreibens entsteht, und im Momente des Entstehens hingeschrieben wird, kräftiger und lebendiger erscheint.

Ist aber die Stimmung eine zu günstige, fliegt die Feder zu glatt dahin, so laufe ich allemal in Gefahr, geschwätzig und weitläufig zu werden, was erst später beim »Feilen« oder auch gar nicht bemerkt wird; während, wenn der Stoff einmal lebendig ist, eine gewisse Schwere oder Mühe in der Wahl der Ausdrücke, im Komponieren, ja selbst ein bißchen physische Anstrengung im Schreiben, den Text gedrängter und gehaltvoller macht. Je lästiger das Schreiben, je kürzer sucht man sich zu fassen.

Je größer die Begeisterung für den Gegenstand, je weniger Sorgfalt hat man für den Stil. Das Versunkensein in den Stoff wirkt selbst oft bei der Korrektur des Bürstenabzuges noch so wesentlich, daß man die blühendsten Satzfehler nicht sieht, die später als Druckfehler auf den ersten Blick höhnend ins Auge springen. Das Auge des Dichtenden geht nicht auf den Buchstaben — es sieht auf dem Papiere nicht Striche und Wörter, sondern ganz andere Dinge.

Für Plaudereien, Stimmungsbilder, Schilderungen und dergleichen genügt die einfache Angeregtheit. Für Erzählungen oder Aufsätze ernsterer Art muß Stoff und Plan im Kopfe selbstverständlich schon vorhanden sein. Aber auch das gewinnt bei mir erst an Deutlichkeit während des Schreibens; und wäre es im Vorhinein noch so sorgfältig durchdacht worden, erst während des Schreibens gliedert sich's und bekommt Leben. Das Schreiben ist das Schaffen.

Am besten vonstatten geht mir die Arbeit nach dem Frühstück und nach dem Nachmittagskaffee, besonders aber, wie erwähnt, des Abends bei dunklem Zimmer und der Lampe, an der ich oft fünf bis sechs Stunden tätig sein konnte, ohne auch nur im geringsten zu ermüden. Hingegen darf ich einer solchen, für sich überaus behaglichen Anspannung niemals trauen, weil ihr stets eine Abspannung und Erschöpfung folgt, die um so größer ist, je heftiger und schwungvoller die geistige Tätigkeit gewesen war. Von vielem Einfluß ist mir die Beleuchtung des Zimmers, des Schreibtisches. Wenn die Sonne in das Zimmer oder gar auf den Tisch scheint, ist es mir unmöglich zu arbeiten, und vollends im Freien wäre ich der nötigen Sammlung nicht fähig. Gegen die Sonne kommt mein Lichtlein nicht auf. Hingegen eine Stube, in welcher der Tisch nahe am sonnenlosen Fenster steht, so daß das ruhige Licht recht voll auf das Blatt fällt, ist mir für die Entfaltung des inneren Lebens günstig. Ich pflege — wie meine Hausgenossen sagen — während des Nachdenkens zum Fenster hinauszublicken, so daß es scheint, ich warte auf Ereignisse, die draußen vor sich gehen sollen, oder ich betrachte die Blätter der Bäume oder die Wolken. Selbstverständlich sieht man nichts als das geistige Bild, an dem man arbeitet. Am besten dient mir, wenn ich zum Fenster hinausstarre, der neblige Tag oder die finstere Nacht. Der Lärm auf der Gasse, das Geräusch in den Nebenzimmern kann mich nicht stören, nur muß ich versichert sein, daß die Tür nicht aufgeht. Die Vorstellung, daß plötzlich jemand zu mir hereintreten könnte, lähmt mich im Denken.

Das Aufreibende einer größeren Arbeit liegt für mich darin, daß ich während deren Dauer — das ist oft wochen- und monatelang — für kaum etwas anderes Sinn und Innerung[1] gewinnen kann. Der Gegenstand meiner Arbeit verfolgt mich immer und überallhin, raubt mir Appetit und Schlaf. Ich suche nichts als die Einsamkeit, sei es im Hause, sei es auf Spaziergängen, und was mir da begegnet, ich sehe es nur mit halbem Auge; was ich höre, ich höre es nur mit halbem Ohr, ich bin nur ein halber Mensch für meine Umgebung. Die andere Hälfte baut und ordnet und dichtet an dem entstehenden Werke.

Dichter — kleine wie große — werden oft genug befragt, wie sie denn das Ding angingen, daß ihnen was einfiele und daß da was entstünde? Hierin geht's nun aber jeder anders an, wie man in den Aussagen solcher Leute finden kann.

Ich werde häufig wegen der Entstehung meiner »Schriften des Waldschulmeisters« befragt. Es ist kein Grund, daraus ein Geheimnis zu machen, und will ich zeigen, wie größere Werke doch ganz anders keimen als kleine Geschichten und Aufsätze, die oft Gaben der Stimmung und der Stunde sind.

An einem nebligen Märztage 1872 machte ich einen Spaziergang nach Maria-Grün bei Graz. Unterwegs fand ich das frische Blättchen einer Erdbeerpflanze, welchem ich, als dem ersten grünen

Blatt des Jahres, meine Aufmerksamkeit zuwendete. Ich betrachtete die Schönheit des Baues, der Zeichnung, der Farbe und dachte: Wenn man so ein einfaches Ding in seinen hundert Einzelheiten, die den meisten Menschen kaum auffallen, genau und liebevoll beschriebe, und zwar so, als ob es eine Seele hätte, da müsse manche neue Schönheit der Natur aufgedeckt werden. Wenn ich also in Wald und Feld einen Mann herumwandeln ließe, der Herz und Verständnis hätte für solche scheinbar so unbedeutenden und doch so wunderbaren Dinge, und er beschriebe sie! Und wenn er nicht bloß die kleinen Pflanzen beschriebe, sondern auch die großen, den Baum, die Steine und die Felsen, die Tautropfen und die Wildwässer, gleich den ganzen Wald. Und wenn er weiterginge und Tiere schilderte, kleine und große, die Ameise, den Wolf, den Habicht! Und wenn er noch weiterginge und auch den Naturmenschen beschriebe, so gegenständlich, als wäre er eine Pflanze, ein Reh! Und wenn er noch weiterginge und darstellte, wie solche Naturmenschen für sich und in Gemeinschaft zusammenleben, wie eine Waldgemeinde ist und wie sie entsteht! Und wenn dieser Schilderer endlich so weit ginge, daß er einen Mann beschriebe, der zur Gründung einer Gemeinde von Waldmenschen Anlaß gibt, deren Gedeihen fördert, deren materielle Vorteile lenkt, deren Kinder lehrt, kurz, deren Mittelpunkt wird, bis er selber altert und welkt und hinsinkt, wie dieses Blättchen Erdbeerlaub hinsinken wird im Herbst.

Von diesem Tage an trug ich etwas im Kopfe herum, das mich nicht mehr verließ, das immer wirkte. Was ich auch dichten und schreiben mochte, es bezog sich unwillkürlich auf den Wald und sein Kleinleben und auf die Waldgemeinde und den Mann, der sie gründete und ihr Mittelpunkt war. Die losen, scheinbar selbständigen Stücklein, die ich damals in den Blättern abdrucken ließ, es waren lauter Kapitel eines größeren, mir aber selbst noch unbekannten Werkes.

Endlich, im Hochsommer desselben Jahres, als ich eines Tages von einem Berge niedergestiegen war und ermüdet auf dem Baumstrunke eines tiefschattigen Waldes rastete, zog ich mein Notizbuch heraus, begann den Stoff aufzumerken, zu gliedern, zu ordnen; er weitete sich, vertiefte sich. Ich sah, daß er der vielen Kleinigkeiten und Innerlichkeiten wegen — die für das Nacherzählen zu zart und flüchtig, doch sonst aber so wichtig waren — der Tagebuchform entspreche, und plötzlich war der Titel da: »Die Schriften des Waldschulmeisters«.

Obwohl man naturgemäß den Titel sonst nach der Vollendung

des Werkes zu bestimmen pflegt, so ist er doch manchmal auch früher da und wird als Leitgedanke Grund und Stab fürs Ganze, das sich an ihm zur größeren Einheit heranwächst. Als ich im darauffolgenden Winter zur Ausarbeitung des Planes ging, dehnte sich der Stoff während des Schreibens über meine Erwartung: Es wuchsen neue Teile und Episoden heraus, die, weil unmittelbar entstanden, mich mehr erwärmten und beseelten als die ursprünglichen Aufzeichnungen, die teils zu Schemen verblaßt waren, während das Neue Fleisch und Blut hatte. So ist in diesem Werke manches, was ich anfänglich als nebensächlich betrachtete, zum Grundmark geworden, während in demselben die Beschreibung der Erdbeerblätter, des Tautropfens usw. sehr untergeordneter Natur wurde.

Jahrelang hatte ich die Gewohnheit, alles, was mir auf meinen ländlichen Spaziergängen auffiel und einfiel, ins Notizbuch zu schreiben, um es demnächst zu verarbeiten. Aber wenn ich dann etwas aus dem Innern heraus dichtete und dergleichen Notizen hineinverwob, um sie anzubringen, so wurden das allemal Zutaten, die nicht recht paßten oder zum mindesten überflüssig schienen; sie waren eben nicht organisch aus dem Stoff hervorgewachsen. Ja, sie leiteten mich sogar von der eigentlichen Sache ab und wirkten fast immer störend. Seitdem ich das erkenne, habe ich die Notizjagden aufgegeben. Ich betrachte nichts mehr in der Absicht, um es literarisch zu fassen; was von der äußeren Welt unwillkürlich durch die Sinne einzieht, das wird drinnen sein, dort mit mir verwachsen und wenn ich es brauche, aus dem Innern hervorkommen.

Seit in meinen Rocktaschen weder Notizbuch noch Bleistift zu finden ist, begann sich mein Gedächtnis zu stärken, das sich sonst gerne nur auf das Aufschreiben verlassen hatte. Was vergangene Erlebnisse betrifft, weiß der Mensch nicht immer, was er weiß. Dafür sind mir Gespräche über Bauerntum und Dorfleben ersprießlich, wobei ich ins Erzählen komme und mir Erinnerungen wach werden, die ohne äußere Anregung sicher begraben geblieben wären. Eine von Natur etwas schwerfällige Geistestätigkeit bedarf solcher Triebfeder, und selbst wenn's die eigene Zunge wäre.

»Ich weiß das, denn ich hab's erzählen gehört.«

»Von wem?«

»Von mir selber.«

Klingt das nicht bedenklich? Und doch kann es mit rechten Dingen zugehen. Die Zunge, wenn sie einmal im Schwunge ist, macht das Pendel des Gehirns und rückt dort den Zeiger der Erinnerung vor und auf mancherlei, was sonst verborgen geblieben wäre. Was Einfälle anbelangt, so kann eine plötzlich glänzend aufsteigende

Idee sich mitunter wieder rasch verflüchtigen; es war nur eine momentane inhaltslose Blase gewesen.

Vieles, was ich schrieb, habe nicht ich gedichtet, hat sich in mir selbst gedichtet, ohne sich leiten zu lassen von Erwägungen und Absichten. Als ich begann, war es *dieses,* und als es fertig war, war es *jenes.*

Leider habe ich an mir die Erfahrung machen müssen, daß das Studium aus Büchern, es mag der Gegenstand wie immer sein, gar wenig fruchtend auf meine Schaffenskraft wirkt, dieselbe eher lähmt und mich befangen macht. Auch was mir von anderen Leuten zur etwaigen Bearbeitung mitgeteilt wird, und selbst wenn es aus jenen Kreisen wäre, wo ich Bescheid weiß, vermag mich nur selten entsprechend lebhaft zu begeistern. Nur unmittelbar Erlebtes oder was mir plötzlich blitzartig durch den Kopf geht, das zündet und entwickelt sich. Andererseits wieder vermisse ich die Vorteile des systematischen Unterrichtes und Studiums, das schon von Kindheit auf den Geist gelenkig macht, in schmerzlichem Grade. Man ist unbeholfen im Theoretischen, in der Anordnung; vollends das manchmal nötige Nachschlagen in Handbüchern macht Schwierigkeiten, weil man die Bücher, die Quellen nicht kennt.

Worin meine bescheidene literarische Ausbildung besteht, ich weiß es eigentlich selbst nicht, und wovon ich sie habe, das weiß ich noch weniger. Die Lehrbücher der Poetik, die geschriebene Kritik, die Urteile des Publikums wirkten auf mich fast gleich Null. Höher schlage ich das Lesen jener Autoren an, mit denen man naturverwandt ist, so daß man sich anfangs zu ihnen hingezogen fühlt und sie als Vorbilder wählt. Große Klassiker oder sonst Schriftsteller, die eine mir fernliegende Richtung verfolgen, haben mich nie gefördert. Bei meinem leicht zu entmutigenden Charakter mußte das Ziel nicht zu weit und nicht zu hoch gesteckt sein, und mußte mir die Möglichkeit einleuchten, es ebenso gut oder besser machen zu können, als mein Vorbild war. Daß man sich vor dem Nachahmen seiner Lieblingsschriftsteller zu hüten hat, versteht sich. Vorbilder müssen fördern, ohne die Ursprünglichkeit und Eigenart, wenn eine da ist, zu beeinträchtigen. Am meisten zugute gekommen sind mir stets persönliche Besprechungen mit Freunden. Ein einziges lebendiges Wort bekommt mir besser als ein ganzes Buch, das mich belehren soll. Alles in allem genommen, ist es wohl die aus vielseitiger Erfahrung reifende Selbsterkenntnis, die den Geschmack und den Takt des Schriftstellers läutert und bestimmt. Ich rief sie an, sie hatte an mir noch manches zu vollbringen!

In früheren Jahren habe ich alles zwei- und dreimal geschrieben, gewöhnlich in der Absicht, um den Stil zu glätten und beim Umarbeiten einzelne Partien weiter und bedachtsamer auszuführen. In den meisten Fällen mochte das gewiß sehr zweckmäßig gewesen sein, mitunter hat sich aber in der neuen Bearbeitung auf Kosten des Natürlichen und Unmittelbaren die Künstelei eingenistet. Heute schreibe ich kleinere Sachen nur einmal, lasse aber auf dem Blatte Papier Raum frei zum Feilen, Ausbessern und Einschalten, für die Möglichkeit, daß mitunter noch ein leidlicher Einfall nachgehinkt kommt, der die Arbeit vervollständigen kann.

Schriftsteller, die sich ja unterfangen, über alles zu schreiben und auch noch über einiges andere, sollten, meint man, eine große Auswahl an Stoff haben. Und doch haben sie die Wahl nicht. Sie müssen das nehmen, was sie angeflogen, ja gewissermaßen befruchtet hat, was sie anregt, was sich in ihr Gemüt gesetzt hat. Vor einiger Zeit bin ich gefragt worden, wann der Dichter lebhafter fühle, beim Erleben des zu Schildernden oder beim Schildern des Erlebten? Nach meiner Erfahrung mußte ich beziehungsweise antworten: beim letzteren. Die Einbildung wird manchmal Erlebnis, und beim Erwachen ins reale Sein findet man sich kaum zurecht im eigenen Zimmer.

Indes geht dieses Versunkensein in den Gegenstand nicht so weit, daß zum Beispiel eine zu schildernde Gefahr mich in Angst, ein Unglück in Aufregung, eine Liebesszene in Inbrunst versetzen könnte. Das Gefühl ist anderer Art, ich möchte es mein Gefühl des andern nennen, wenn dieser Ausdruck nicht so ungereimt wäre. Besonders nervösen Naturen kann es freilich passieren, daß dieses Mitleben mit der entstehenden Erzählung zu mächtig wird und die Gegenständlichkeit derselben gefährdet; was man in solcher Verfassung schreibt, mißlingt. Seines Stoffes Herr zu sein und zu bleiben, das ist Hauptsache.

Bisweilen kommt der Dichter in die Lage, Stoffe zu behandeln, die ihn gar nichts angehen, Gefühle zu äußern, die er gar nicht hat, Gedanken zu haben, die er erst suchen muß. Um Gelegenheitsgedichte, Festspiele, Sinnsprüche aller Art wird er angegangen, und hier zeigt's sich, ob er sein Handwerk auch gelernt hat und Bestellungen auf seinen Witz annehmen kann. Mußdichtungen gehen bei mir ganz anders vor sich als die freiwilligen, da wird nach Ideen gejagt und nach wohltönenden Worten gesucht, die über den Mangel des Gefühls hinwegtäuschen sollen. Bei solcher Gedankensuche muß der Körper in mäßiger Bewegung sein — am besten ein Spaziergang —, bei welcher leichten Erschütterung etwaige

Fragmente sich im Gehirne loslösen und wie Eiszapfen klingelnd zu Boden fallen. Das Gedicht, der Spruch braucht ja nicht lang zu sein, heißt es ermutigend; als ob es der Umfang machte, wie bei einer Kuhhaut! Mit wenigen Worten etwas Rechtes zu sagen, das ist eben die Kunst. Übrigens braucht's in solchen Sachen gemeiniglich nichts Rechtes zu sein, wenn's nur klingelt. Schlaflose Nächte werden dazu hergenommen, um nachzudenken, aber die Gedanken, die in liegender Stellung entstehen, im Dunkel der Nacht leuchten, sind, bei Tage betrachtet, zumeist sehr hinfällig und verblaßt. Doch der Termin verstreicht, die Festpersonen erwarten vom Schuster die neuen Stiefel und vom Dichter das Festgedicht, was bleibt diesem übrig, als schließlich fadenscheiniges Zeug auf ein solides Metrum zu haspeln — und das Opus ist fertig.

Wenn das, was *fertig* ist, nur immer auch *vollendet* wäre!

Hier noch etwas von der Art und Weise, wie ich schreibe, feile und Verbesserungen anbringe. Nehmen wir zum Beispiel den Roman »Das ewige Licht«. Wenn die Sache im Kopfe so weit fertig ist, daß ich anfangen kann, an die Ausarbeitung zu denken, dann schneide ich mir Kanzleipapier in Quartblätter, deren etwa fünfhundert Stück. Das Blatt wird nur auf einer Seite beschrieben und links ein Rand frei gelassen. Ich beginne die Schrift anfangs des Jahres 1894, und in drei Monaten ist das Werk fertig! Jetzt beginnt erst das schwere Arbeiten, die erste Niederschrift war ja nur ein freudiges Schaffen, ein fast leidenschaftliches Selbstgenießen dessen, was innerlich lebendig geworden. Allerdings war ich während der Zeit für alles andere nicht vorhanden. Wenig Eßlust, wenig Schlaf, nicht das mindeste Interesse für äußere Eindrücke aus Gesellschaft, Natur oder Kunst, ganz unfähig für Geselligkeit — nur allein sein mit dem Gegenstande. Eine glückselige Zeit, aber man wird sehr mager dabei.

Nun ist die Rohschrift fertig, nun beginnt die weitere technische Arbeit. Durchlesen des Werkes, Feilen. Kaum ein Satz ist ganz ohne Fehler, oder er ist unklar, oder er steht nicht an der richtigen Stelle, oder er ist eine Banalität, verdirbt die Stimmung, stört den richtigen Eindruck des Ganzen; also diese Sätze streichen, neue hinschreiben links am Rande, ganze Seiten wegwerfen, neue einfügen. Das ist eine Arbeit von etwa vier Wochen. Dann kommt das Werk für den ersten Abdruck in die Druckerei. Nun wird in den Korrekturabzügen das Ganze noch einmal, und zwar genau, Buchstabe für Buchstabe, durchgelesen, es werden nicht bloß typographische Fehler korrigiert, es werden wieder Sätze gestrichen und neue eingefügt, es treten stilistische Mängel in den Vordergrund, die der Autor im Manuskript oft nicht gesehen hat, das alles wird verbessert.

Endlich ist »Das ewige Licht« in der Zeitschrift gedruckt, es scheint fertig zu sein. Welch ein Irrtum! Jetzt erst im Drucke wird das Werk gegenständlich, ich sehe es mit ganz anderen Augen als früher, ich sehe sehr große Mängel und Fehler, ich sehe schöne Möglichkeiten, die Dichtung zu erweitern, zu vertiefen. Allerhand fällt mir ein, was dazugehört, um sie vollkommener zu machen. Durch Gespräche mit andern darüber wird mir auch manches klar, das Werk wächst neuerdings aus sich hervor. Ich setze mich hin, schneide wieder Quartblätter, aber mehr als fünfhundert, und beginne scheinbar, das gedruckte Werk abzuschreiben. Es ist aber durchaus kein Abschreiben, es ist eine völlig neue Bearbeitung. Gar selten ein Satz bleibt stehen in seiner ursprünglichen Form, große neue Teile werden eingefügt, die Naturbeschreibung wird anschaulicher gemacht, die Personenschilderung plastischer gestaltet, die Ereignisse und Handlungen werden sorgfältiger begründet, persönliche Stimmungen des Verfassers, die sich ursprünglich so gerne vordrängen, werden in den Hintergrund geschoben, auffällige Tendenz gemildert. Es läßt sich ja nicht sagen, was da alles geändert wird. Ist nun das Werk dieses zweite Mal neu geschrieben, was längere Zeit als das erstemal in Anspruch nimmt, dann wird es durchgelesen, und am Rande links werden Einschaltungen gemacht, wie das erstemal. — Ist das alles geschehen, dann kommt das Manuskript in die Druckerei, um es als Buch zu drucken. Ich bekomme zwei Korrekturen, eine in sogenannten Fahnen und eine in Buchform umbrochen. Das Werk wird jetzt also von mir noch zweimal gründlich durchgelesen und sorgfältig korrigiert, wobei es wieder ohne kleine Verbesserungen nicht abgeht. — Und so bei jedem späteren Neudruck, falls es sich nötig oder erwünscht zeigt. Ich betrachte es nicht allein als eine ernste Pflicht, die literarischen Werke so fehlerfrei und vollkommen als möglich in die Welt zu geben, es ist mir auch ein inneres Bedürfnis, das zu tun. Es ist nicht allein die Achtung vor der Leserwelt, es ist auch die Liebe zu meinen Schriften, die mich zwingt, sie mit allem Fleiße nach meinem Wissen und Können zu vollenden. Es bleibt immerhin noch genügend zu wünschen übrig.

»Das ewige Licht« ist also zweimal geschrieben und fünfmal vom Verfasser gelesen und korrigiert worden, bevor es das erstemal als Buch erschien. — Ähnlich vollzieht es sich mit anderen meiner Romane; ja selbst bei Zeitungsabdrucken erbitte ich mir stets eine, manchmal auch zwei Korrekturen. Auf solche Weise ist manches meiner Werke zehnmal, ja auch zwölfmal vom Autor gesichtet worden, und, wie ich und andere glauben, nicht zu seinem Nachteil. Auch pflegen die Verleger solche Autorenrevisionen sehr zu wünschen, weil ihnen schon im Interesse ihrer Firma darum zu tun sein muß, ihre Verlagswerke möglichst fehlerfrei und formenrein in die Öffentlichkeit zu geben.

Der Laie wird es nicht begreifen, wie man etwas zehn- und zwölfmal lesen und doch immer noch Fehler übersehen kann. Und daß er's nicht begreift, begreife ich; ich begreife es ja selber nicht.

Vielleicht gelingt's aber doch, die auffallende Tatsache einigermaßen begreiflich zu machen. Ich habe oben eigentlich nur die handwerksmäßige Seite der Sache besprochen und die inneren Vorgänge beim literarischen Produzieren zuwenig oder gar nicht ans Licht gehoben. Ich habe nicht gesagt, daß beim Dichten das Schreiben lediglich der Hand überlassen wird, ohne alle Aufsicht. Das Auge schaut zwar scheinbar hin auf die entstehenden Wörter und Zeilen, sieht sie aber kaum. In Wirklichkeit ist dieses Auge ganz nach innen gewendet, wo die Ereignisse vorgehen. Da sind alle Sinne zusammengelaufen, schauen und hören zu, tun mit und gehen gleichsam in Gestalten über, die draußen auf dem Papier in der Eile angemerkt werden müssen, ehe sie sich verflüchtigen. Das soll die Hand besorgen, und sie tut, was sie mag, das eine Wort schreibt sie richtig, das andere gefehlt, je nachdem sie's in der Übung hat. So geht's wenigstens bei mir vor sich, bei dem die Absicht, richtig zu schreiben, zwar groß, aber der Drang, richtig zu dichten, noch größer ist. Wenn ich bei einer poetischen Arbeit Zeit habe, auf die Korrektur der Schreibung zu achten, dann mag ich das Zeug lieber in die Faust ballen und damit nach Spatzen werfen — es wird nichts.

Aber nachher beim Durchlesen wird der Verfasser die äußeren Fehler doch sehen! Nein, er sieht sie auch beim Durchlesen nicht. Er hat immer nur die Bilder der Seele vor seinem Auge. Es ist wie beim musikalischen Menschen, der mag ein Lied noch so fehlerhaft singen, er hört nicht die Fehler, er hört das Lied in seiner Vollendung. Es ist wie beim Redner, der hört nicht das Stottern, nicht die unrichtigen Ausdrücke seiner Rede, er hört das, was er sagen will.

Aber wenn es der Autor wiederholt liest, in der Absicht, die Fehler auszubessern? — Nun, der Dichter versteht unter Ausbessern sein Besonderes. Er versteht darunter nicht die Ausstreichung und Verbesserung von Schreib-, Sprach-, Druckfehlern, das kann jeder Korrektor, jeder Schulmeister. Er nimmt den Revisionsbogen seines Werkes zur Hand in der Absicht, Fehler der Dichtung zu verbessern, neue Schönheiten und Wirkungen hineinzulegen, kurz, sie innerlich zu vervollkommnen. Dann treten die Bedenken, Erwägungen heran, Konflikte tauchen auf, ob das künstlerisch so oder anders und wie zu machen sei. An alle Vermeidung von Widersprüchen muß gedacht werden, an Fernhaltung von Unwahrscheinlichkeiten, Geschmacklosigkeiten, wie sie in plötzlichem Einfall manchmal aus der Feder springen. Und wenn Bua und Dirndl selbander lustig durch Wald und Fluren laufen im Buch, da hat der wachsame Poet nicht Zeit, auf Druckfehler zu achten. — Bleibt doch einige Aufmerksamkeit übrig, so wäre sie auf den einfachen, klaren Sprachstil, auf Ausrottung von Fremdwörtern usw. zu richten. Lieber Himmel, wie kann man alles aufzählen, was in einem Poetenkopfe vorgeht, während er bei seinem Revisionsbogen sitzt! Sieht er zwischen all den krausen Dingen durch wirklich einmal ein umgekehrtes u oder eine falsche Endung, oder ein fehlerhaft geschriebenes Wort, natürlich wird der Unhold sofort niedergestochen mit dem Bleistift — aber nebenbei drücken sich kichernd die anderen unsichtbaren Fehler, und sie tanzen erst später keck vor den Augen des unglücklichen Autors, wenn sie durch die Presse auf Tausende von Exemplaren festgenagelt sind.

Solange der Verfasser noch ein dichterisches Interesse an seinen Werken hat, so lange ist und bleibt er ein schlechter Korrektor äußerer Fehler. Er sieht sie nicht.

Wenn ich ein Buch von mir jahrelang nicht mehr revidiert habe, so wirkt es dann bei dem nächsten Durchlesen auf mich fast wie eine Neuheit. So schlecht ist mein Gedächtnis, daß ich bei mancher Novelle, die einst von mir selber geschrieben wurde, in der höchsten Spannung bin, wie sie ausgeht. Daß man in solchem Zustande die Jagd nach Druckfehlern leicht vergißt, ist begreiflich. Nun, findet schon der Verfasser die Fehler nicht, so findet sie gewiß nachher der Leser.

MEIN HEIM

Das Wohnzimmer in der Stadt

Es ist immer gewagt, Menschenkenner zu sich zu Gaste zu laden, und es ist immer lohnend für Menschenkenner, in eines Nachbarn Haus zu treten. Völker wie Personen verkörpern in ihren Wohnräumen ihren Charakter. Der verweichlichte Türke spinnt sich ein in ein Nest von Teppichen. Der auf Pracht und Förmlichkeiten sein Heil setzende Romane liebt den mächtigen Rundbogenstil, liebt Samt und Seide oder die prunkhafte Verschnörkelung mit Goldzier. Der geradsinnige Germane baut sich seine Zimmereinrichtung aus hartem Holze mit geraden Linien.

So auch bei einzelnen Personen. Trete ich in ein Zimmer, das mit Tabakspfeifenreihen geschmückt ist, oder mit Schlägern und Säbeln und Fechtfäustlingen, oder mit Lotterbetten und Bildern, welche mangelhaft bekleidete Frauenzimmer darstellen, so werde ich — selbst wenn der Bewohner des Raumes persönlich sich versteckt und vergräbt — eine ganz bestimmte Meinung von ihm gewinnen. Ein Mensch, der seine Kleidung und Wohnung stets nach der neuesten Mode herrichtet, erscheint mir unbeständig und zerfahren. Wer einen bestimmten Charakter hat, der teilt denselben allmählich seiner Wohnung mit, die Gegenstände, die ihn umgeben, sind sozusagen aus ihm hervorgewachsen; es werden Dinge aus den verschiedensten Zeiten seines Lebens, ja selbst aus den Zeiten seiner Vorfahren und auch aus Zeiten seiner Kinder vorhanden sein, und sie werden doch untereinander harmonieren, weil sie eben zu ihrem Mittelpunkte, dem Eigentümer, in einem natürlichen Verhältnisse stehen. Mancher trachtet sein innerstes Wesen vor den Mitmenschen zu verhüllen und ahnt nicht, wie offen und geschwätzig es in seinem Wohnraume daliegt.

Der Poet, welcher die ganze Welt in seine tiefsten Herzensgeheimnisse blicken läßt, hat keinen Grund, seine Kammer zu verbergen, die sich, oberflächlich besehen, von einer gewöhnlichen Bürgerswohnung vielleicht nur durch den Mangel einer Wertheimerkasse unterscheidet. Genauer beschaut, ergeben sich auch andere Unterschiede.

Im Sommer ereignet sich's manchmal, daß fremde, neugierige und zugleich auch schöne Augen um mein Landhaus herumspähen und zu den Fenstern hineinlugen. Bei meiner Stadtwohnung geht das nicht, weil niemand in den dritten Stock emporreicht. So will ich die neugierigen Freundinnen und Freunde artig einladen, die Treppen hinaufzusteigen und mich mit ihrem sehr geschätzten Besuche zu beehren. Vielleicht verstehen wir uns dann noch um so besser. Denn auch diese Stube mit ihrem wertvollen Inhalte (die Goldrahmen sind aus Holz und die Marmorstatuen aus Gips) ist ein Denkmal meiner Vergangenheit, meiner Bestrebungen, Erfolge, Enttäuschungen, meines Glückes und auch meiner Fehler und Lächerlichkeiten. Auf die ganz unvermeidliche Gefahr hin, eitler Selbstbespiegelung geziehen zu werden, gehe ich unbefangen dran. Meine Meinung ist und bleibt, daß niemand seinen Mitmenschen etwas Besseres zu geben hat als sich selbst.

Ich bitte einzutreten! Eine hübsch geräumige Stube, nicht wahr? Die beiden Fenster sind gegen den Stadtpark hinaus, schaut im Sommer viel Grünes, im Winter viel Schnee herein. Sie sehen keine glatten Parketten und Tapeten, auch keinen Majolikaofen und keinen kunstvoll gemalten Plafond. Braungefärbte Wände, ein braungewichster Fußboden und weiß angestrichene Flügeltüren machen die ganze Eleganz aus, die ich schon so vorfand. Hier spann ich mich also ein, hier habe ich herbe Stunden und glückliche Jahre verlebt, und mit vielen Dingen, die mich in meinem Daheim umgeben, bin ich so sehr zusammengewachsen, als ob sie Glieder meines Leibes wären, oder, treffender gesagt, Glieder meiner Seele.

Die Stube ist Wohn-, Arbeits-, Besuchs- und Schlafzimmer in einer Person. Zu den Türen herein kommt der Mensch, zu den Fenstern herein kommt der Tag; weiße Spitzenvorhänge an den Fenstern verleihen dem Zimmer die Stimmung des Lichten und Luftigen. So wollen wir's uns bequem machen und die einzelnen Gegenstände ein wenig betrachten. Wertvoll im Sinne des Marktes sind sie nicht, aber unschätzbar sind sie für den, der nach langem Bemühen und Erwarten sie erworben und gesammelt oder aus lieber Freundeshand erhalten hat.

Das älteste Stück, das in der Stube steht, ist ein dunkelpolierter Schreibtisch. Ich bitte nicht zu lebhaft an ihm zu rütteln, der alte Herr steht nicht mehr auf sehr strammen Füßen. Er wurde erworben für das Honorar einer drolligen Dorfgeschichte im Jahre 1872, und zwar bei einem Trödler als altes Stück. Zur Stunde, wie er damals in meine Stube gekommen war, schrieb ich einen gut empfundenen und schlecht geratenen Vers, der heute noch an seiner inneren Schubladewand klebt.

Mit meinem ersten Namenszug auf diesem Tische unterschrieb ich den Empfangsschein einer Depesche. Die Depesche zeigte mir den Tod meiner Mutter an. — Auf dem so traurig eingeweihten Tisch ist die größere Anzahl meiner bisherigen Werke entstanden, die ersteren und intimsten derselben; »Heidepeters Gabriel« und teils auch die »Schriften des Waldschulmeisters«. Das Möbel hat in meiner Stube noch heute den Ehrenplatz, obzwar es aus seinem ursprünglichen Winkel von einem stattlichen Schreibtisch in altdeutscher Renaissance verdrängt worden ist, welcher mir gegenwärtig zur Werkstatt dient.

Auch der neue, gegenwärtig benützte Schreibtisch, ein kräftiger Bursche mit deutscher Eckigkeit, hat sich schon vollkommen eingebürgert, obzwar er noch keine andere Geschichte aufweist, als daß »Jakob der Letzte«, »Martin der Mann«, »Die Weiberpeitschen« und einige andere Bosheiten darauf entstanden sind. Seine Kästlein und Laden sind ganz der Arbeit und ihren Erzeugnissen gewidmet. Der mir werteste Gegenstand auf diesem Arbeitstische ist eine alte, rostbraune Schere, mit welcher ich einst das Lodentuch geschnitten und den Faden abgezwickt habe. Gleich daneben liegt eine goldene Feder als Andenken an ein großes Schriftstellerfest in Wien.

Seit kurzem besitze ich drei altdeutsche Bücherkästen, einen Büchertisch — der mitten in der Stube steht — und eine Bilderlade in gleichem Stile. Diese einfachen, aber geschmackvollen Stücke aus Nußbaumholz entstammen Grazer Werkstätten und bereiten mir durch ihre ruhige Kräftigkeit und freundliche Würde sowie durch ihre Bequemlichkeit etwelche Freude. Einer dieser Kästen dient lediglich zur Aufbewahrung von literarischen Erzeugnissen, Bildern, Diplomen, Albums und sonstigen Ehrenzeichen. Wer dieses Möbel etwa den Kasten der Eitelkeit nennen wollte, dem möchte ich nicht mit einem Wörtlein widersprechen.

Weil wir miteinander schon vertraut geworden sind, so will ich die geschätzten Besucher auch ein wenig in die übrigen Bücherkästen gucken lassen. Die Sammlung ist nicht groß. Ich bin ein Freund vom Buche, aber nicht von Büchern; ich pflege nur wenig zu lesen und dann lieber die alten Lieblinge zu wiederholen, als neue Bekanntschaften zu suchen. An schöner Literatur finden Sie bei mir außer den deutschen Klassikern und wenigen Freunden der Gegenwart nichts Nennenswertes. Besser steht es mit Geschichtswerken, naturhistorischen, länder- und völkerbeschreibenden Schriften und mit volksmundartlicher Literatur. Am liebsten habe ich Lebensbeschreibungen bedeutender Menschen; aus solchen — meine ich — lernt man am meisten. Die neuen Philosophen sind nur in einzelnen zufälligen Bänden vertreten, ich bin kein Freund von ihnen. Zahlreicher vorhanden sind Bilderwerke und Karten; auf letzteren verfolge ich stets die Länder- und Reisebeschreibungen, die mir eine Lieblingslektüre sind. Unter den Bildern befindet sich eine Anzahl großer Photographien Defreggerscher Gemälde, von dem Meister selbst mir gewidmet. Zu den mir besonders werten Bilderspenden gehören vier große Alpenlandschaftsbilder aus der Schweiz, die Porträts zahlreicher Dichter und Künstler mit persönlicher Widmung, von solchen auch Handzeichnungen und Gemälde zu einzelnen Teilen meiner Schriften. Reich an Interesse dürfte die Sammlung von Handschriften bedeutender Zeitgenossen sein, mit denen brieflich zu verkehren ich das Glück habe. In einem besonderen Gelasse des Bücherkastens befindet sich noch eine Anzahl jener an sich unbedeutenden Bücher, die ich in meiner Jugend gelesen und die über Bord zu werfen man nicht so leicht übers Herz bringt; darunter sind auch jene vergilbten Schulbücher, aus denen ich lesen und schreiben gelernt habe, ferner eine alte Bibel und ein Gebetbuch meiner Mutter.

Neben einem der Bücherkästen versteckt sich ein rundes, leichtbewegliches Tischchen, in dessen Lade Zigarren verborgen sind. Solche rauche ich bloß ausnahmsweise und dann nur — um meine Zimmerluft zu schonen — außer Hause, meist in froher Gesellschaft. Über seiner angedeuteten Heimlichkeit prahlt sich das Tischchen mit einer hellroten Mappe, die auf ihm lehnt und in welcher vier Zeichnungen von A. Hendschel zu meinem Gedichtchen »Därf ich's Dirndl liabn?« sich befinden.

Da die Stube gleichzeitig das Redaktionszimmer des »Heimgartens« ausmacht, so ist auch ein geräumiger Papierkorb und ein stattlicher Ofen vorhanden, in welchen die eingelaufenen »Versuche« Raum finden. Da die Stube auch den Empfangssalon bildet, so fehlen etliche Holzsessel und eine weichgepolsterte Sitzbank nicht, unter welcher ein Fußteppich die Achtung ausdrückt, die man vor den Besuchern zu empfinden hat. Da sie endlich auch das Schlafgemach ist, so kann ich das Bett nicht verschweigen, dessen Gestell jene bekannte Form hat, die zwischen Barock und Renaissance ratlos hin und her schwankt.

An der gegenüberliegenden Wand hängt ein großes Farbendruckbild nach Defreggers herrlichem Gemälde »Die Brüder«, bekanntlich die überaus herzige Familienszene darstellend, wie ein Studentlein auf die Ferien heimkehrt ins Vaterhaus und dort ungeahnt ein kleines Brüderchen findet. Ein weiteres großes Farbenbild stellt den Heiland dar, wie er in Begleitung von Petrus und Johannes ausgeht, um die Armen und Bresthaften, die an der

Straße kauern, zu trösten. Dieses mein Lieblingsbild ist über einer Art von Altartischchen so gestellt, daß ich — im Bette oder auf dem Sofa ruhend — es vor Augen habe. Ein kleines Bild »Maria mit dem Kinde« hängt am Fenster; dasselbe wird alljährlich unter den Christbaum gestellt, der auch in dieser Stube sein Heim hat. — Auf dem Ofen und den Bücherkästen stehen die lebensgroßen weißen Büsten von Goethe, Schiller und Hamerling. Endlich ist an der Wand noch das Bild eines jungen Weibes, darunter ein kleines, aus Holz geschnitztes Grabmal, welches Reliquien von der so frühe Heimgegangenen birgt.

In der Lade, die unter dem Monumentchen ist, ruht die Zither, auf deren Saiten kundige Finger einst so viele Liebesinnigkeit und süße Wehmut erklingen ließen. Sie schweigt seit langem. — Daneben ist ein kleiner Trinkbecher, aus welchem ich Gleichenberger Constantinsquelle getrunken habe vor Jahren, da die Leute hinter meinem Rücken von mir sagten: »Mit dem ist es vorbei.« — In derselben Lade liegt auch ein Ölzweig, den ein Freund einst auf dem Ölberge bei Jerusalem für mich abgeschnitten und heimgebracht hat. — An einzelnen Stellen der Wände hängen noch Lorbeer- und Edelweißkränze, auch Schleifen und Bänder. Vor wenigen Jahren hatten die Lorbeerkränze eine schlimme Zeit. Eine neu angekommene Küchenmeisterin freute sich sehr darüber, daß bei uns gewürzhaftes Suppenkraut nett in Kränzen gebunden vorrätig sei, so wie man in ordentlichen Häusern auch Feigen- und Zwiebelkränze an den Nägeln hängen hat. Sie rupfte die Blätter allmählich aus, und als ich, endlich von einer Reise heimgekehrt, dahinterkam, wies es sich, daß wir meinen ganzen Ruhm mit der Brühe gegessen hatten. Vielleicht auch ist er so am allerbesten verwertet worden.

Etwa vor einem Jahre hat mir der Prunkteufel einen Kronleuchter ins Haus geschleppt, der mit seinen roten Kerzen, die gewunden wie ein Strick sind, das Poetenzimmer mit unerhörter Pracht erfüllt. Das Christkind brachte auch ein paar metallene Armleuchter, und so ist des Glanzes und der Herrlichkeit kein Ende.

Wenn die Morgensonne kommt, die Glasprismen des Kronleuchters gleich Diamanten funkeln und in roten, grünen und blauen Feuern an den Wänden glühen, da ist's wie ein blühender, leuchtender Frühling in der Stube, und die Menschenseele hebt sich vor Freude. Sie freut sich auch darüber, daß sie sich über derlei noch zu freuen vermag.

Ein andermal lasse ich die Fensterrollen herab, auf denen in hellen Farben ländliche Idylle gemalt sind. Dann herrscht in der Stube eine warme Dämmerung, in welcher die Goldrahmen der Bilder mildrötlich leuchten. Dann schlage ich vielleicht das Buch eines hochgemuten Dichters oder Denkers auf und bin mit ihm in seinen Welten und in seinen Himmeln.

Das fröhliche Lachen der Kinder im Nebenzimmer bringt mich wieder zu mir selbst. Nun geht leise die Tür auf, und der Hausfrau sorgender Sinn prüft die Wärme der Luft und auch die Flächen der Geräte, ob sie wohl blank und frei von Staub sind, und ob nicht sonst etwas vorhanden, was die Stimmung stören könnte, die ein Poet für sein Gedeihen bedarf. — Das ist ja eben auch eine Kleinlichkeit an mir, daß ich mich in meiner Stube alsbald unbehaglich fühle, sobald ein Gegenstand nicht ganz an seinem bestimmten Platze steht, ein Buch, ein Blatt müßig herumliegt oder sonst etwas nicht in Ordnung ist. Das geniale Durcheinander, wie man es bei Dichtern und Gelehrten zu finden pflegt, mangelt dieser Poetenstube. Was ich will und brauche, das ist Sonntagsstimmung in mir und um mich.

Ich vermied es bisher, meine Herrschaften, Ihren Blick auf die Uhr zu lenken, aus Besorgnis, Sie könnten das für eine Anspielung halten. Es ist wahrlich noch nicht spät, und die Uhr geht gut. Es ist eine ehrliche Schwarzwälderin, zu der ich mir vor kurzem erst einen Uhrkasten aus Eichenholz machen ließ, wie man sie in alten Bauernhöfen findet. Diese Uhr in diesem Kasten verleiht der Stube erst die richtige Heimlichkeit; ihr langsames, leise klingendes Ticken bringt einem so recht den Frieden des Hauses zum Bewußtsein. Das weiße Zifferblatt schaut freundlich-ernst herab; ihr Zeiger ist wie ein Finger, der sich immer wieder sachte und bedeutungsvoll hebt, mahnend: Denke daran, o Freund, wie rasch die Stunden, die Tage, die Jahre fliehen! Des Menschen Wohnhaus auf Erden ist nur ein Zelt in der Wüste, dem Pilger zur kurzen Rast. Du wirst in einem dunklen Kämmerlein wohnen; die Gegenstände, an denen heute dein Herz hängt, werden zerstreut sein oder zerbrochen, fremde Menschen werden in diesem Raume leben und wohl kaum des Mannes gedenken, der hier einmal so kindisch und so froh gewesen ist.

Wer hätte in seinem Stadt- und Weltleben nicht manchmal das Gefühl tiefer Ermüdung und Verstimmung, ohne eigentlich die Ursache zu kennen! Ich leide gar manchmal unter solchen Stunden der Abspannung und des Unbefriedigtseins, habe dagegen aber einen Talisman. Ich öffne ein Kästchen an meinem Schreibtische, in ihm liegt ein eiserner Schlüssel. Er ist nicht etwa aus Stahl fein gearbeitet, sondern schier plump aus Schmiedeeisen vom Dorfschmied verfertigt. Der Anblick dieses Schlüssels erquickt mich, er erinnert mich an köstliche Zeiten und verspricht mir wieder solche, er ist mir ein Anker, an dem ich mich anhake, wenn beim Schwimmen im Meere des Weltlebens meine Kraft erlahmen, mein Mut sinken will — es ist der Schlüssel zu meinem Sommerhause in der Waldheimat.

Das Haus steht zur Stunde vielleicht halb versunken im Schnee, Winterstürme umbrausen seine Giebel, kein Pfad führt an seine Tür, die Fensterläden sind verschlossen, und kalte Starrnis liegt in den finsteren Räumen. Längst sind auch die letzten Mäuse ausgewandert, denn ihre Naturen sind nicht ideal genug, um einen ganzen Winter über an den deutschen Klassikern und hehren Werken der Philosophen zu nagen. Es ist ein armes inhaltsloses Haus für den, der nach Speck ausgeht. Und doch tut es mir wohl, den Schlüssel in der Hand zu halten und mich in ihm gleichsam des lieben Landsitzes zu freuen, den mir das freundliche Geschick gegeben hat.

Als ich im Jahre 1869 für mein erstes Büchlein »Zither und Hackbrett« das Honorar von hundert Gulden erhalten hatte, legte ich die Hälfte dieses Betrages in die Sparkasse. Das war der Grundstein zum eigenen Hause. Acht Jahre später, nachdem ich durch meinen hochherzigen Verleger Heckenast manche Bücher in die Welt geschickt, hatte mein Ersparnis mit Einschluß der Zinsen die Höhe von 4000 Gulden erreicht. Nun ging ich dran. Nur wenige Stunden von der Tummelstätte meines Kindes- und Jugendlebens, im Dorfe Krieglach, an der Ostseite desselben, erwarb ich einen zwischen Feldern und Wiesen gelegenen Grundstreifen von nahezu einem Joch[1] in der Ausdehnung, und auf demselben ließ ich mir von dem Dorfzimmermeister ein Haus bauen. Den Plan dazu hatte ich mir recht und schlecht selbst entworfen. Man warnte mich vor dem Unternehmen, es würde mir Ärger und Unannehm-

---

[1] 1 Joch = 0,575 ha.

lichkeiten bringen, und am Ende würde der dafür festgesetzte Betrag um ein großes überschritten sein. Das traf nicht zu; der Bau, das langsame Erstehen des neuen Heims hatte mich im Gegenteil höchst wohltätig angeregt, jeden Tag ging ich hin und freute mich an dem Aufsteigen der Mauern, an dem Einzimmern der Türen und Fenster, an dem Errichten des Dachstuhles und endlich an dem Fertigstellen des Inneren. Und die bestimmte Bausumme ist nicht um einen Kreuzer überschritten worden.

Der Hausbau begann Anfang Juni 1877. Am ersten September waren im Arbeitszimmer bereits die Wände übertüncht und die Fenster eingeglast. Brennend vor Verlangen, in meinem eigenen Hause zu sein, zog ich sofort noch an demselben Tage mit ein paar Büchern und der Schreibmappe in das Zimmer. Die Leute warnten mich und erinnerten an das Sprichwort: Ist ein gemauertes Haus fertig geworden, so nimmt man im ersten Jahr seinen Feind, im zweiten seinen Freund in die Wohnung, im dritten zieht man erst selber ein. Ich fand aber die Mauern nach dem schönen Sommer so ausgetrocknet, daß ich ungeachtet der Warnungen tagsüber, während in den Nebenzimmern noch die Tischler und die Schlosser hämmerten, im neuen Hause arbeitete, wobei freilich durch die offenen Fenster freie sonnige Luft zu mir hereinkam. Das Freudegefühl dieser Tage war unbeschreiblich, aber, wie ich glaube, die Folgen davon stellten sich bald ein. Ein heftiger Schnupfen begann, der sich wöchentlich mehrmals wiederholte, sich jahrelang hinzog und endlich in einen chronischen Brustkatarrh ausartete.

Das war die erste Gabe meines neuen Hauses. Dann kamen freilich bessere. Das größte Gut erwies es meinen Kindern, denen nun ein ländlicher Tummelplatz gegeben war, auf welchem sie die schönsten Jahre ihres Lebens in heller Lust verleben konnten. Die Kinder weihten mir das Haus, wie ich es ihnen geweiht hatte. Mein Herz ist sehr mit demselben verwachsen, und es ist mir weh, wenn ich bedenke, was mit ihm geschehen soll, wenn ich nicht mehr bin und es meinen Überlebenden der Beruf nicht gönnen wird, in ihm zu wohnen.

Es sind manchmal fremde Leute gekommen, um den Sommersitz zu sehen, sie suchten eine Villa im Schweizerstile, so einen architektonischen Salontiroler, und gingen an meinem Dache vorüber.

Das Haus hat nach außen nicht viel Zierliches, mit seinen dicken Mauern steht es ziemlich derb und vierschrötig da, gar keinen anderen Zweck verfolgend als den, seinen sieben kleinen Wohnräumen mit Zubehör ein solider Burgfried zu sein. Hinter dem

Hause ein Gemüse- und Obstgarten, in welchen ich eine schmucke Bretterzelle stellen ließ, vor dem Hause ein Wildgarten, dessen gepflanzte Bäumchen jahrelang nicht wußten, sollten sie in die Erde hinein- oder aus derselben hervorwachsen, die sich aber fast plötzlich für letzteres entschieden. Die ganze Besitzung ist mit einem Holzzaune umplankt, welcher freilich alljährlich vervollständigt werden muß, weil manche armen Dorfleute aus ihm ihr Brennholz zu holen pflegten. Ich spüre nicht nach, wer es tut, denn »was ich nicht weiß, macht mich nicht heiß«. Jenen aber macht es warm, und so soll darob keine Feindschaft sein.

Seit vielen Jahren bewohne ich mit meiner Familie das Haus Sommer für Sommer. Der Wildgarten gibt seinen süßen Blütenduft, seinen trauten Schatten, sein Säuseln und Vogelsingen; der Gemüsegarten wird den ganzen Sommer über nicht müde, das beste Grünzeug in die Küche zu schicken, und die Obstbäume geben uns im Herbst, wenn wir mit den Schwalben davonziehen, manchen Korb voll köstlicher Äpfel mit in die Stadt. Das Anwesen ist sehr klein, und doch schafft das Bewußtsein, es selbst gegründet zu haben, ein gutes Behagen.

Es hat sich auch schon angelassen, als ob das Haus tatsächlich zu klein werden wollte, aber ich hütete mich wohl, es zu vergrößern und dadurch den Kreis der Bedürfnisse zu erweitern. Im Gegenteile, ein einziges lichtes Zimmerchen, das meine Habseligkeiten leicht und ordentlich unterbrächte, wäre das Ideal für meine Person. Gehört ja doch alles mein, was die Natur ausgearbeitet hat im weiten Rund.

Als Aufenthalt der Glücklichen in der Bibel ist das Paradies und die Stadt als Zion bezeichnet worden. Letztere konnte nie so recht volkstümlich werden, selbst die Goldene Stadt ist über den Garten des Paradieses nicht aufgekommen. Mir gab das gütige Geschick alljährlich sechs Monate Erdenleben in der Stadt und sechs Monate Paradies auf dem Lande.

Kaum daß der Winter seinen Höhepunkt überschritten hat, werden schon die Monate, die Wochen und endlich die Tage gezählt, bis das Landhaus zu beziehen ist. Die Stadt wird lästig und lästiger, die Menge und der Verkehr mit ihr unbehaglicher, und das Aufgrünen im Stadtpark und in der Umgebung ist für mich nur dazu da, um die Sehnsucht nach dem wirklichen Lande mächtig zu entfachen. Ich fühle mich welk, stumpfsinnig, langweilig, ich empfinde eine Abneigung gegen mich selbst, und der Verkehr mit Leuten macht diese Empfindung nur noch ärger. Es ist keine Arbeitslust, keine Warmherzigkeit mehr in mir; ein grämiger, lederner Geselle, liege und sitze ich in der Stadtwohnung noch einige Zeit herum oder schleiche unlustig und halb verloren durch die lärmenden Gassen, in denen der Aprilwind den Staub aufwirbelt. — Und eines Tages packe ich urplötzlich meinen Handkoffer und übersiedle aufs Land ins Sommerhaus, wo durch die Vorsorge der wackeren Gattin alles in guter Bereitschaft steht. Die Familie bleibt einstweilen noch in der Stadt, die Kinder werden noch monatelang in den Schulen zurückbehalten und ergötzen sich im Gedanken, wie gut es dem Vater sein mag.

Dem Vater ist es wirklich gut. Die leibliche Atzung findet er im Gasthause, dann zieht er sich in sein stilles Haus zurück oder streicht über die Fluren, durch die Wälder. Er kann das alte Glück kaum fassen, das nun wieder wie ein neues Leben über ihn gekommen ist.

Unser Ziel sei der Frieden des Herzens! Nie lebendiger wird mir dieser Gedanke, als wenn ich im Frühjahr das kühle Haus betrete. Anfangs sind die Zeitungen, die mir folgen, noch Unruhestifter, bald bleiben sie unter ihren Adreßschleifen in einem Winkel der Stube liegen, bis der Leseverein des Dorfes mich mitleidig von den Papierlasten befreit. Trete ich hinaus, so sehe ich weder Tschechen noch Franzosen, weder Heiden noch Christen, weder Juden noch Antisemiten, sondern nur Menschen, die einen gesunden Egoismus haben, neben demselben auch ein gutes Herz, und beides ehrlich bekennen. Was mich anbelangt, so höre ich weder Lob noch Tadel, die Welt kann mich nicht erreichen, und das Dorf läßt mich in Ruh'. So ist der liebe, erquickende, versöhnende Frieden da, und in solcher Stimmung wird das Leben fast überirdisch, fast wunschlos. Nur »daß ich angesichts der heiligen Wunder Gottes mich meines Lebens freue, sonst will ich nichts«.

Da sitze ich im Stübchen und blicke hinaus auf die Felder, die vor dem Hause weithin ausgebreitet liegen bis zu den blendenden Waldbergen; oder ich schaue in der andern Richtung auf den uralten Dorfkirchturm, den die Schwalben umkreisen. Ein Buch halte ich vielleicht in der Hand, aber ich kann nicht lesen, ich bin zu glücklich, ich kann nicht denken, ich kann nur träumen und die himmlische Ruhe empfinden, die um mich und in mir ist. — Dann wieder sitze ich am Waldrand und betrachte den allerwärts aufkeimenden Frühling und die lichten sommerlichen Wolken am Himmel. Ich sehe dort einen Landmann, der Korn säet; dieses Korn wird grünen, und ich werde seinen köstlichen Blütenduft genießen in den langen Frühsommertagen. Es wird in goldener Reife stehen, der Mohn und die Rade und die Kornblume werden in ihm leuchten, die Schnitter werden kommen mit klingenden Sicheln, Hochsommergewitter werden aufsteigen, und ich werde dasein. Auf den Feldern werden in langen Reihen die Garbenhäuschen stehen, dazwischen wird der Pflug schon wieder die Furchen ziehen, die lichtgrünen Fächer der Rübe werden darauf zittern im kühlen Winde, daneben auf dem Wiesenrand die Herbstzeitlose, und ich werde noch dasein. Endlich werden die gilbenden Blätter von den Bäumen fallen, im Grase wird Reif, auf den Bergen Schnee liegen, auf den Feldern und Gärten wird man die letzten Früchte einheimsen, und ich werde immer noch dasein. Ich sehe den Sommer aufstehen und sehe ihn schlafen gehen, und abgewendet von dem schalen Treiben der Menschen habe ich einen Blick frei in Gottes Weltenuhr.

Regt sich dann auch einmal der Hang nach Geselligkeit, so finde ich im Dorfe Genossen, die vielleicht einen engeren, doch nicht verschwommeneren Gesichtskreis haben als jene, denen sich das Weltleben zwar geweitet, aber auch verflacht hat. Der Verkehr mit den Menschen auf dem Dorfe ist mir stets anregend und meinen literarischen Arbeiten förderlich; von den Stadtkreisen läßt sich das bei mir nur beziehungsweise sagen. Meine erzählenden Werke sind größtenteils auf dem Lande oder durch dessen Befruchtung entstanden, die nachdenklichen und räsonierenden fast alle in der Stadt und durch deren Einfluß. Und doch muß ich gestehen, daß mir für zeitweiligen Aufenthalt die Stadt unentbehrlich geworden ist. Nicht allein wegen äußerer Bequemlichkeit und aus Gesundheitsrücksichten in den scharfen Wintermonaten, sondern auch wegen der geistigen Regsamkeit, die, wie gesagt, nicht eigentlich befruchtend auf meine Arbeiten wirkt, mir aber persönlich wohlbekommt, wenn sie einen gewissen Grad nicht überschreitet und nicht nervös macht.

Das Ländliche schlichtet geistige Unpäßlichkeiten auf das trefflichste. Die im Frühjahr fast elementar gewaltige Abneigung gegen das Stadtleben beginnt gegen den Hochsommer hin die Spannung zu verlieren. Zur Zeit, wenn die Kinder mit ihren Schulerfolgen kommen und ich mit ihnen über Berg und Tal wandere, ist die Waage zwischen Stadt und Land fast ausgeglichen. Zum Beginne des neuen Schuljahres werden, ohne daß das Behagen am Landleben auch nur im geringsten abgenommen hätte, mit der Stadt neue Beziehungen angebahnt, und im späten Herbste, wenn die Wege grundlos werden und der Frost an die Mauern des Sommerhauses dringt, versucht man's neuerdings mit der Stadt. Die erste Empfindung in ihr ist die Behaglichkeit. Der Sinn für Theater,

Kunst und feiner Geselligkeit ist wieder rege, mit einem frischen Verlangen schaut man in die Welt hinein. Man wird bald enttäuscht. Ich habe, fast scheint es, das Mißgeschick, auf dem Lande in geistiger Beziehung anspruchsvoller zu werden. Der Verkehr mit der großen Natur, das Sichvertiefen in die literarischen Werke bedeutender Geister, das eigene Nachdenken auf einsamen Wegen erweitert die Seele, man schaut gleichsam von einem erhöhten Standpunkte aus auf das Menschenleben nieder. Nun ist man plötzlich wieder in der Misere der Welt. Der hohle Prunk, der geistige Hochmut, der Tratsch im großen Stile, unfruchtbare, herzvergiftende politische Gehetze und soziale Gezänke, die Modetorheiten, die Impotenz der Kunst, die sich nur noch zur Verhöhnung der Sitte zu erheben vermag — alles das und viel anderes noch widert mich an, wenn ich vom Lande komme.

Man ergibt sich indes bald und hat nur sehr auf der Hut zu sein, daß man nicht selbst von solchen Früchten der Hochkultur angesteckt wird. Ein Rückzug in seine vier Mauern steht auch in der Stadt frei, und in diesen vier Mauern vermag die Erinnerung wieder eine schöne sommerliche Welt hervorzuzaubern. In der Seele ist Sonnenschein und Blumenblühen und Vogelsang und der ländliche Friede. Und geht's einmal schief, so nehme ich den Talisman aus dem Kästlein und schwelge in dem Bewußtsein des Sommerhauses und seiner reineren Freuden.

Dieser Schilderung aus früherer Zeit ist wenig nachzutragen. Das Haus hat sich unter Ausnahme eines kleinen Zubaues seither kaum verändert. Im Garten ist ein Holzhaus mit drei Stuben, das Almhaus, gebaut worden, wegen der Vergrößerung der Familie. Wir kommen noch Sommer für Sommer her, aber die ländliche Ruhe ist hin. Ich spreche nicht von den Kindern und Enkeln, deren fröhliche Ruhelosigkeit nur belebend auf mich wirkt; aber die unzähligen Besuche aller Art, die Tag für Tag zumeist ungeladen eindringen mit ihren höflichen Lobsprüchen, kleineren Bitten und großen Anliegen, das Umschlichen- und Umlauertwerden von neugierigen Fremden, die keine Dichterschonzeit kennen — derlei hat mir die Behaglichkeit meines Sommersitzes verleidet. Von solchen »Verehrern« abgehetzt, bleibt dann zuwenig Seelenfrische für liebe Freundesbesuche und für Stimmung zur Arbeit und Naturfreude.

Wenn man von Krieglach aus gegen Osten hin an der Reichs-
straße wandert, so fällt an der rechten Seite eine langgestreckte
Baumpartie auf, die südlich ins Land hinzieht. Ein unscheinbares
Tor führt zwischen Buschwerk hinein und einen Sandweg entlang.
Die landschaftliche Stimmung ist fast plötzlich eine düstere geworden, träumend streift man über taufeuchte Wiesengründe hin, die
mit Birken-, Lärchen- und Kieferngruppen bewachsen sind und sich
links in die Dunkelheit üppiger Fichtenbestände verlieren. Hie und
da blauen links zwischen Gestämme die östlichen Alpenhöhen des
Mürztales durch, während rechts das Auge auf junge Waldanpflan-
zungen fällt. An einer Linde vorüber streift unser Weg über die
frischgrüne Au bis zu einer Stelle, wo rechts von ihm ein Fußsteig
abzweigt, der zwischen Flieder- und Haselnußgebüsche sachte
bergwärts steigt. Die Würze der kühlen Luft ist köstlich. Man
kommt zu einem Birkenwäldchen, wo sich eine Ruhebank befindet,
von der man einen großen Teil des Wildparkes überschauen kann.
Weiter hin stößt der Fußsteig wieder zum Kiesweg, der sich neben
Fichten, Ameishaufen und Wildstrupp heranzieht, vorüber an zwei
besonders auffallenden, stattlichen Lärchen, die ihre Kronen hoch
über alles ander Gewipfel gegen Himmel erheben.

Man kommt zu einem breiten beschotterten Platz, und hier ist
die Wegscheide. Der eine Weg biegt scharf ab gegen den nahen
Holzpavillon, der fast verborgen in einer Kastaniengruppe steht.
Vor uns erhebt sich die Nordfront des Herrenhauses mit ihrer glänzenden Fensterreihe, im Vordergrunde von einem blühenden
Rosenhaine besäumt. Wenn wir den Weg verfolgen dem Herren-
hause entlang, so öffnet sich uns über grüne Matten hin eine Fernsicht auf den Ort Krieglach und auf den Hohen Gölk, der sich steil
und dunkel im Hintergrunde erhebt. Wir hören das Rauschen eines
Wasserfalles. Wir stehen still und horchen. Es ist der sprudelnde
Quell einer Wasserleitung, wir stehen am Forum. Hier die Frei-
treppe zur Pforte des Herrenhauses, hier der Tummelplatz mit
allerlei wirtschaftlichen Vorrichtungen. Unter dem Schatten einer
Linde Tisch mit Rundbank, daneben ein Brunnenwerk aus der Vorzeit. — Wir wenden uns etwas gegen Südwesten, eine kurze
Strecke talwärts, dann geradeaus. Rechts grüne, blühende Matten
mit jungen Baumpflanzungen, links junges Heckengebüsch, welches
die Flächen eines Nutzgartens nur halb bedeckt. Der Weg steigt
wieder leicht an, immer gegen Süden in der Richtung des Gebirges

hin. Auf dieser ganzen Strecke genießt man die Aussicht ins weite Land, anfangs nach Westen, später auch nach Osten hin. Vor unseren Augen taucht ein leuchtender Holzbau auf, genannt das »Almhaus«, dem wir zuwandern, um an der kunstvoll durchbrochenen Veranda emporzusteigen zum Eingange. Sollten wir diesen verschlossen finden, da ein Einsiedler drin wohnt, so biegen wir etwa rechts um die Ecke, an jungen Fichtenbeständen vorüber, und gelangen nach kurzem zum idyllischen Gartenhause, das unter einem uralten Apfelbaum hingeschmiegt ruht. Wenden wir unsere Schritte gegen Osten, so erschließt sich plötzlich vor unseren Augen ein grüner Plan, von Kieswegen durchzogen. Von hier aus kann man auch die Grenzlinie erblicken, die die Besitzung im Süden und Osten abschließt. Stundenlang kann man sich ergehen in diesen Anlagen . . .

Wem gehört der herrliche Besitz? Der herrliche Besitz gehört einem Poeten, der ihn soeben wahrheitsgetreu beschrieben hat.

Er vergaß in vorstehender Beschreibung nur zu sagen, daß das Flächenmaß dieses Wildparkes, mit allem was drin und drauf steht, nicht ganz ein Joch beträgt, welches er vor Jahren selber bepflanzt hat, daß der Bäume, die da angedeutet, kaum mehr als sechzig Stämme sind, die vom Dorfe und von fremden Feldern begrenzt werden; daß das Brunnenwerk aus der Vorzeit nichts als ein gewöhnlicher Pumpbrunnen ist, den er einst graben ließ; daß das »Herrenhaus« nur von einem vorübergehenden Witzbolde so genannt wurde, in der Tat aber das bescheidene Sommerhaus ist, welches der Poet einst sich erbaut hat, und endlich, daß das »Almhaus« ein Blockhäuschen ist, das den Familienrest beherbergen soll, der im ersten Hause nicht mehr Platz findet.

Dieses alles hat der Poet vergessen zu sagen, das übrige stimmt genau, besonders das frische Grün, die würzige Luft und die herrliche Aussicht auf den Ort und auf den Hohen Gölk, die selbst Rothschild, wenn er hier einen Palast gebaut hätte, nicht besser haben könnte.

Da sieht man wieder einmal, wie es diese Herren Dichter machen; das, was sie sagen, ist oft nur schön durch das, was sie verschweigen. Und im Grunde können sie nichts dafür, daß der Leser unwillkürlich so fleißig mitdichtet. Übrigens mag letzterer sich den flüchtig skizzierten Landsitz noch so großartig gedacht haben, der Tatsache kommt er schwerlich nahe. Die Landgüter und Schlösser des Poeten liegen im Reiche seiner Phantasie, und während er sich auf seinem wirklichen Erdenraum von 1500 Geviertklaftern stundenlang ergeht, durchstreift er im Geiste Besitztümer, die alle Maße

übersteigen, die vom Neide der Mitmenschen selten, vom Steuer-
boten niemals heimgesucht werden.

Nein, das letztere will ich nicht gesagt haben. Das wäre ja gerade, als ob man sich selbst denunzieren wollte! Wie leicht könnte
der Finanzminister auf schlechte Gedanken kommen! Warum den
größten Luxus, die Phantasie, nicht besteuern? Sie wird zwar be-
steuert, sobald sie sich in Druckerschwärze oder sonstwie öffentlich
zeigt. Aber die egoistische Phantasie, in der jemand allein für sich
und ganz heimlich schwelgt, die geht frei aus, die gibt zwar Gott,
was Gottes ist, aber nicht dem Staate, was des Staates ist. Ein
Millionär zahlt Tausende von Steuern, und recht ist's. Der Phan-
tast übertrumpft den Millionär an Reichtum und Genuß bei wei-
tem, und den läßt das Steueramt laufen wie einen Landstreicher.
Ist das in Ordnung? — So könnte ein vernünftiger Finanzmann
denken. Und bums — wären morgen auch die Luftschlösser be-
steuert.

Beseelte Sachen

Zu den vielen Schwächen, die im Kampf ums Dasein mir ein
wenig abträglich sind, gehört meine Anhänglichkeit an leblose
Dinge. Wenn man sein Herz an ein Pferd, einen Hund, eine Katze,
einen Vogel hängt, so begreift sich das; wir wissen in dem Tiere
ein Gefühl, sehen in ihm eine Gegenneigung, ahnen an ihm sogar
etwas wie Liebe und Dankbarkeit. Hat man eine Blume gerne
oder einen Fluß, oder einen See, oder ein Felsengebirge, so kann die
höchst natürliche Ursache im Schönheitsgefühl liegen. Liebt man
ein Bild, ein Blatt Papier von teurer Hand, eine Haarlocke, einen
Ring, so spielen da die Gewalten der Erinnerung mit. Schließt man
sich an ein Feld, an einen Wald, an einen Garten, so kann das der
Nützlichkeitssinn machen. Wenn man im Gemüte aber an einem
alten Kleidungsstücke, an einem halbvermoderten Schrank, an be-
stimmter Ecke eines Zimmers hängt, so scheint das wohl zweck-
und sinnlos und eine manchmal sogar lächerliche Schwäche zu sein.

Ich schäme mich dieser Schwäche kaum, sie bedeutet für mich ein
Talent, mit Dingen glücklich zu sein, mit denen viele andere nichts
anzufangen wissen. Seelenlose Gegenstände kann man ja beseelen,
fast zu einer lebendigen Person machen, oder sie beseelen sich im
Laufe der Zeit und der Geschicke selbst. Jedes der alten Möbel,
die in meinem Zimmer stehen, hat für mich eine bestimmte Phy-

siognomie bekommen, mit der es entweder ernst dreinschaut, wie der Uhrkasten mit der Uhr, oder einnehmend lächelt, wie die Schublade, oder schalkhaft blinzelt, wie der Spiegel, oder beschaulich dalehnt, wie der Sessel, oder bereitwillig mitarbeitet, wie der Schreibtisch, oder friedlich schlummert, wie das Bett, oder ein dummgutmütiges Bedientengesicht macht, wie der Stiefelknecht.

Mein alter Schreibtisch, er steht sehr unbeholfen und ungefüg da in der Stube, er zerstört den »Stil« der Einrichtung; gute Bekannte beschwören mich, dieses Möbel zu entfernen. Ich kann es nicht, ich will es nicht. — Manchmal, wenn ich in traulich einsamen Stunden in der Stube auf und ab gehe, trete ich zu diesem Schreibtische, und wie ein alter Krieger sein invalides Pferd streichelt, mit dem er Schlachten geschlagen, so streichle ich das alte Möbel.

Vor Antritt einer Reise verabschiede ich mich förmlich von einzelnen Einrichtungsstücken und Bildern, bei der Heimkehr grüße ich sie ebenso herzlich. Und bin sogar eifersüchtig. Die Wanduhr darf in meiner Abwesenheit nicht ihr Ticktack schlagen, ich stelle sie früher ab. Mir ist auch nicht darum, daß der Zeiger richtig die alltägliche Zeit anzeige, die Uhr mag Mitternacht haben, wenn ich mein Morgenbrot einnehme, oder Abend, wenn ich Mittag esse, ganz wie es ihr beliebt, sie wie ich richten uns nach keiner Stunde. Ich brauche auch ihr aufdringliches Ausrufen der Stunde nicht — sie sei die richtige oder unrichtige —, darum habe ich ihr den Mund verboten, das heißt, das Schlagwerk gesperrt. Nur ihren ernstgemütlichen Pendelschlag will ich stets hören, der des Tages mir das Gefühl der Einsamkeit verscheucht und in der Nacht manchen unwirtlichen Traum löst. Wenn ich fremd im Eisenbahnzuge sitze, mein Gepäck, meine Fahrkarte nicht weiß, höchst spärlich bekleidet bin und im nächsten Augenblick aussteigen soll, so ist das eine unangenehme Sache, aus der den Träumenden das Ticktack der Uhr endlich weckt. Also ist es auch, wenn ich auf hohem Gebirge, auf einem Felsvorsprung liege, jeden Augenblick in Gefahr, in die Tiefe zu stürzen, meine Kameraden verloren habe, sie für verunglückt halten muß, das sagt die Uhr: Ticktack, wach auf, du liegst daheim wohlgeborgen in deinem Bette.

Der Gewandkasten, der Bücherschrank, der verräucherte Kupferstich an der Wand, das Kreuz aus Lärchenholz meines Heimatwaldes, ganz schlecht geschnitzt, es sind nichts weniger als Zierden, sie machen die Wohnung nicht schön, aber sie machen sie heimlich. Sie sind bei mir gewesen in den Zeiten der Armut, in den Tagen des Leides, in Jahren anspruchsloser Jugendlust — und jetzt, da es mir bessergeht, soll ich sie verabschieden? In die Rumpelkammer stecken oder gar dem Trödler verkaufen? Der Mensch darf sich auch gegen leblose Dinge einer Art von Dankbarkeit befleißigen, damit er sie um so leichter übe gegen lebendige Wesen, gegen Tiere, die ihm gedient, gegen Menschen, die ihm Gutes getan haben. Die Pietätlosigkeit gegen Sachen, die auf langen Lebenswegen uns begleitet haben, ist mitunter das Zeichen eines eigennützigen, danklosen Herzens. Auch ich habe mich anzuklagen in manchem. Ein Eckkästchen aus meinem Vaterhause, in das der Vater einst die geweihte Wachskerze, das Steuerbüchel und den Bauernkalender getan, in das die kranke Mutter ihre Medizin, ihr Eßlöffelchen, ihr Gebetbuch zu legen pflegte, war mir viel zu rußig und wurmstichig gewesen für die Stadtwohnung, ich verschenkte es. Nach einiger Zeit wollte ich das Kästchen zurückkaufen, aber es war nicht mehr zu finden, es war mit Verachtung zertrümmert und in den Ofen geworfen worden.

Ich kann mir sonder Herzweh vorstellen, wie sie einst meinen gestorbenen Leib ohne viel Umstände hinaustragen und irgendwo vergraben werden; aber wie nach meinem Tode die Trödler kommen und meine »Sachen« verschleppen, auf den Fetzenmarkt werfen, die Leute darum ein bißchen feilschen und dann mit Wegwerfung vorübergehen werden, das darf ich mir nicht lebhaft vorstellen, ohne in Traurigkeit zu verfallen. Und es ist ja wahr, ein Menschenleib, der gestorben, ist ganz seelenlos, kann nichts mehr wirken, kann niemanden mehr gefällig sein und niemanden zur Freude; ein Kasten, ein Bild, ein Tisch, für so leblos es auch gilt, kann immer wieder etwas leisten, den Menschen dienen, ihnen Behaglichkeit oder Vergnügen bereiten.

Also lebt mancher »leblose« Schrank jahrhundertelang, erlebt eine Weltgeschichte und eine eigene, eine Schrankgeschichte, könnte seiner treuen Dienste wegen in den Adelsstand erhoben werden, wie das ja gleichsam der Fall ist in aristokratischen Häusern, wo solche Gegenstände sorgfältig bewahrt werden von Geschlecht zu Geschlecht und ihre Wappen aufgedrückt haben, und endlich, wenn sie ganz unbrauchbar geworden, in einem alten Schlosse ihre Pension genießen, bis sie vollends in Moder zerfallen.

In einem Hause, das ganz nach der Mode eingerichtet ist, wo man kein altes Stück und nicht die geringste »Stillosigkeit« findet, leben Parvenus, und noch dazu solche, die nicht gemütlich sind, nicht herzbeschaulich, denn sonst müßte sich ein oder das andere Andenken an Eltern, Geschwister oder Familienereignisse immerhin finden. Ganz so gleichgültig, wie sie die Sachen angekauft, können sie dieselben wieder weggeben, sie bleiben fremd in ihrer eigenen

Wohnung, oder mit einem praktischeren Worte, sie bleiben unabhängig gegenüber den Kanapees, Fauteuils, Kommoders, Etagères, Sekretärs usw. — Und es ist ganz klug das.

Im Speisezimmer meines Sommerhauses steht ein ungeschlachter Tisch. Er ist alt, massiv, so schwer, daß zwei Personen dazu gehören, um ihn von der Stelle zu rücken, und hat bloß Platz für acht Personen. Unser sind zwölf und oft noch mehr, aber wir müssen uns an den Tisch zwängen und allerlei Unbequemlichkeiten leiden; doch die einfache Kost, die daraufgesetzt wird, schmeckt, denn es ist der Tisch aus meinem Vaterhause, auf dem ich den ersten guten Knödel gegessen und den ersten schlechten Vers geschrieben habe.

In meinem Bücherkasten befindet sich eine alte Scharteke, dickbauchig und unförmig, die Blätter vergilbt, der Einband von abgestandenem Schweinsleder, welches seit den unzähligen Jahren, da ich es kenne, riecht wie angebranntes Horn. In diesem Buche — es ist mehrere hundert Jahre alt — stehen kuriose Sachen, aber ich brauche gar nicht darin zu lesen, schon durch sein Dasein erzählt es mir allerhand Geschichten; Tatsache aber ist, daß, sooft ich dieses alte Buch ansehe, mir mein erstes — wohl ziemlich harmloses — Liebesabenteuer einfällt.

In einem sehr geheimen Fache — so steht's im Tagebuch von 1888 — verwahre ich ein paar Dukaten. Sie sind das Taufpatengeschenk für meinen ältesten Sohn. Nun sollte ich euch einmal beschreiben können, was diese Goldmünzen für Augen machen! — Genau solche wie ein kleines Kind, welches mit kirschrunden, munteren Äuglein in die Welt blickt. Wenn ich eines dieser Dukatlein vorwitzig einmal ein wenig in den Rand kneipen wollte, ich bin überzeugt, daß es aufschrie wie ein gekneiptes Kind.

Im Winkel des Uhrkastens lehnt ein altes Stück Holz. Es sieht aus wie ein morschender, halbentrindeter Baumast.

Ein neues Stubenmädchen, das wir ins Haus genommen, traf ich gerade, wie es im Begriff war, diesen dürren Ast übers Knie abzubrechen und in den Ofen zu stecken. Noch zum Glücke konnte ich es verhindern; hätte sie mir dieses Holz vernichtet, so würde ich sie wahrscheinlich ermordet haben. Es ist ein Stock, den ich mir einst als junger Mensch in den Urwäldern der Insel Rügen geschnitten, mit dem ich damals meine Reisen durch die germanischen Länder gemacht hatte, mit welchem ich alljährlich froh erregten Herzens den Christbaum anzünde und den sie mir einst in den Sarg mitgeben müssen, weil unsereiner halt auch noch in der Truhe sein Pläsierchen haben will.

MEINE FRAU

In meinen Lebensbüchern stehen viele Grabmäler. Gott sei Dank, daß ich doch einmal wieder von jemandem reden kann, der noch da ist und ohne dessen Dasein ich für mein Leben nicht fünf Groschen gäbe. Ich spreche von meiner Frau, die seit vierunddreißig Jahren meine Gefährtin ist. Sie muß sich gefallen lassen, mir zuliebe, daß in diesen Erinnerungsblättern angedeutet wird, was sie mir geworden.

In dem Aufsatze »Mein Weib« habe ich erzählt von der längst Entschwundenen und wie das Andenken an sie mit mir in stummer Pietät so schön und edel hochgehalten wird von *der,* die der Himmel mir an ihrer Statt zugeführt. Beispiele von solcher Frauenhoheit und solchem Herzensadel wird man nicht oft finden.

Einige Jahre nach jenem Verluste war ich zu Gaste gewesen im Sommerhause einer Wiener Familie Knaur bei Krieglach. Ich suchte mich mit allerlei Arbeiten zu zerstreuen; so gab ich zur selben Zeit, vom Magdeburger Buchhändler Baensch veranlaßt, die Schriften des Tiroler Dichters F. J. Lentner neu heraus. Da geschah es nun, daß bei Besorgung der Korrekturbogen mir das kaum erwachsene Haustöchterlein Anna behilflich war, indem sie mir das Manuskript vorlas, während ich den Satz prüfte. Sie las so ausdrucksvoll, daß ich ihr daraufhin einmal ins Auge schaute. Übrigens ging es dabei gar kühl und förmlich her, und es war kein dämmernd Ahnen, daß wir zwei ein paar Jahre später ein Ehepaar sein würden. Am 1. Mai 1879 in der Pfarrkirche zu Krieglach hat Anna Knaur sich mir fürs Leben anvertraut. Ein neunzehn Jahre junges Mädchen einem sechsunddreißig Jahre alten Witwer mit zwei Kindern von fünf und vier Jahren! Hat sie es bedacht, habe ich es bedacht, welche Möglichkeiten für Konflikt und Leid in diesen Tatsachen liegen können? Dazu kam, daß Anna von der reichlicheren Lebensführung eines Wiener Bürgerhauses herabstieg in die einfache, allem Luxus abgewandte Häuslichkeit eines deutschen Poeten. Dazu kam ferner ein hochgespannter Idealismus, ein bewegsames Temperament des zarten Wesens, das jede Unebenheit, jede Enttäuschung besonders heftig empfinden mußte. Es war ein Wagestück! — Die Zeit der Prüfung kam bald, die junge Frau war tapfer und voller Pflichteifer, ich merkte, wie sie heimlich litt, ich litt mit ihr und konnte nichts ändern. Aber die Liebe, die echte, mit der das Mitleid ist, die alles überwindet, sie hat gesiegt.

Die Herzens- und Geisteseigenschaften dieser Frau liegen nicht auf der Oberfläche. Da zeigt sich eher ein herbes, sensitives Wesen, das die Widerwärtigkeiten des Tages doppelt grell fühlt und leidenschaftlich darauf reagiert. Man muß sie in unterschiedlichen Lebenslagen gesehen haben, um das Goldherz zu erkennen, die Güte, die Verläßlichkeit, die Opferbereitschaft, deren diese Frauenseele fähig ist. Wenn ich — der so oft als »gut« gepriesene Mensch — auch nur annähernd so gut wäre wie meine Frau Anna! Sie zankt wacker, wenn es sein muß oder auch nicht sein muß, aber sie hilft, wo es sein kann oder manchmal auch fast nicht sein kann. Hierin mutet sie sich und muten andere ihr oft mehr Kraft und Möglichkeit zu, als billig ist, das Fazit hat sie manchmal mit ihrer Gesundheit zu zahlen. Sie ist den Stimmungen der Sympathien und Antipathien unterworfen, aber im entscheidenden Augenblick siegt das Rechtsgefühl — eine bei Frauen nicht allzu häufig vorkommende Eigenschaft.

Wie radikal und gediegen hat Frau Anna meine Häuslichkeit gebaut. Viele Jahre lang allerdings hat sie dazu gebraucht. Drängen und Liste waren nötig, mir Gewohntes gegen Geschmackvolleres zu vertauschen, bis eine einfache, aber stilrichtige Einrichtung des Hauses die Bewohner erfreute. Ein paar alte, bewußte Ölfarbendruckbilder haben sich freilich bis heute an der Wand behauptet als Zeugen einer frugalen Jugend. Frau Annas Regime wäre geeignet, ein Rittergut zu beherrschen, um so gründlicher und umsichtiger versorgt sie Poetenhaus und Garten. Und auch das nicht zu vergessen, daß sie mir bei manchen gemeinnützigen Vornehmungen ein beratender und ermutigender Kamerad gewesen ist. Und daß sie, mich völlig entlastend, alle häuslichen Sorgen allein trägt, mir das Heim so schön und behaglich als möglich macht, das ist ihre kräftige Mitarbeit an meinem Beruf, der Losgelöstsein vom Alltag und geistiger Sammlung bedarf. Unermüdlich ist sie tätig. Solange sie nicht weiß, daß in allen Ecken des Hauses, des Gartens usw. alles, auch das Kleinste, in Ordnung ist, hat sie nicht Rast und Ruh'. Manche Geringfügigkeit dünkt mich nicht wert der Sorge und Energie, die sie dafür aufwendet. Heimlich ist es schon in einem solchen Hause.

Ihr feiner Geschmack in Kunstdingen, ihr Interesse für Altertümer einerseits und moderne Entwicklung anderseits hätten etwa größere Reisen bedingt; sie sind leider nicht gemacht worden. Der Gesundheitszustand, der bei mir zumeist elend, bei ihr nicht fest war, hat uns die Anstrengungen und Widerwärtigkeiten größerer Fahrten und zweifelhafter Unterkünfte nicht wagen lassen.

Eine Reise durch Oberitalien und Tirol, ein paar Seefahrten auf dem Adriatischen Meere, eine schnelle Vorlesetour durch Böhmen und Norddeutschland, ein vierzehntägiger Aufenthalt in Tirol, Alpenfahrten und Bergwanderungen in der Steiermark und Kärnten — das war so ziemlich alles, wodurch wir gemeinsam die weite Welt angeschaut haben. Ich hätte unterwegs an Kunstverständnis und Geschmack von meiner Begleiterin schon was lernen können, wenn es überhaupt möglich wäre, solche Sachen von außen in eine Seele zu schütten, die mit anderen Dingen vollgerüttelt ist. Doch genieße ich ja täglich mit dankbarer Freude eine Häuslichkeit, die von dem feinen Sinn der Hausfrau so freundlich ausgeschmückt und so musterhaft in Ordnung gehalten wird. Mir ersetzt das die große Welt, während meine geistesrege Anna freilich nicht davon gesättigt ist. Aber auch sie findet ihr Genügen an dem nimmermüden häuslichen Schaffen und Sorgen im kleinen wie im großen, in musterhafter Verwaltung dessen, was ich in meinem Berufe erwarb und womit sie den Haushalt zu decken verstand. Ein bißchen weniger Schaffenseifer ihrerseits, ein bißchen mehr Sichgehen-Lassen zu ruhiger Erholung, besonders im Freien, könnte in unserem Leben jene Seelenharmonie krönen, von der die Kunstwerke aus Menschenhand nur Symbole sind.

Aber auch diese gemeinsamen Erholungsstunden auf dem stillen Lande wollen uns nicht gegönnt sein. Es kam jene unlustige Zeit, da ich — um meines Brustleidens wegen alles Sprechen zu vermeiden — meine Spaziergänge allein machen mußte. So habe ich frühzeitig auf das Glück, mit Weib und Kind Natur zu kneipen, verzichten müssen. Anfangs empfand ich die Vereinsamung bitter hart, aber es gewöhnt sich alles, und der Lieben aus kleiner Ferne zu denken ist oft fast noch süßer, als sie mit allen ihren bewegsamen Sonderneigungen an der Seite zu haben.

Unsere seelischen Verschiedenheiten sind ungefähr so, daß sie beisammen eine Einheit geben. Das merke ich allemal besonders dann, wenn mir etwas auf dem Herzen liegt, ob Schweres, ob Frohes. Gerade bei letzterem muß ich schnurstracks zu Frau Anna laufen und es ihr mitteilen, und erst dann, wenn sie dasselbe mitdenkt und wenn sie sich mitfreut, wird es ganz mein eigen. Kummer bei ihr ablasten können ist freilich auch gut, aber ist es auch edel, den geliebten Menschen zum Leide einzuladen?

Frau Anna verstand es stets besser, mich mit Angelegenheiten zu verschonen, die eher zu beleiden als zu beheben sind. Der schaffende Poet mochte ihr dafür Dank wissen, der Gatte und Freund aber hatte darob manche Stimmung der Abgegrenztheit zu bekämpfen.

Heldenhaft hat Frau Anna sich in Tagen meiner schweren Krankheiten bewiesen. Da war sie nicht bloß die liebevolle Trösterin, die lächelnd am Bette sitzt, den Kranken an der Hand hält und ihren Kummer zu verbergen weiß; so war sie die nimmer ruhende, sich aufopfernde Pflegerin, die stark und klug Tag für Tag das Richtige tat und veranlaßte, um das Leiden zu mindern, die Heilung zu fördern. Ich merkte wohl, wie schwer sie trug, aber ihr Mut hob mich der Genesung zu; in ihrer Nähe, so war mir, könne mir nichts geschehen. — Kleine Widerwärtigkeiten können diese Frau leicht erregen und nervös machen, in wirklicher Not und Bedrängnis hat sie nie den Kopf verloren, hat mit zielbewußter ruhiger Entschlossenheit angepackt und stets das Richtige durchgeführt. Da ist sie einfach bewundernswürdig; in diesen Zeilen das erstemal habe ich den Mut, ihr das zu sagen — jede sentimentale Note vermeidend, denn damit würde ich bei Frau Anna schlecht ankommen.

Nicht anders aufopfernd ist sie für die Kinder, wobei sie in wichtigen Dingen das Wohl der beiden älteren ebenso gewissenhaft wahrt als das ihrer eigenen drei. Nicht selten ist es geschehen, daß auch diese älteren Kinder sich hinter die Mutter steckten, wenn sie bei dem nicht immer willfährigen Vater was erreichen wollten, und daß die Mutter mit derselben Wärme, wie für die jüngeren, ihre Fürsprecherin war, wie sie ja überhaupt an deren Geschicken den gleichen liebreichen und beständigen Anteil nimmt. Es hat ja wohl auch Gewitter gegeben, wovon der schönste Sommer nicht verschont sein kann, aber es ist nicht ein einziges Mal geschehen, daß etwa der älteren eines bei mir über die »Stiefmutter« geklagt hätte. Das Wort ist niemals ausgesprochen worden. Ein Glück für mich, wofür ich dem Himmel nicht genug danken kann, daß die fünf Geschwister untereinander in treuer Neigung zusammenhalten und miteinander ebenso zur Mutter stehen. Auch darüber wird nicht geredet. Wie die älteste Tochter bestrebt ist, im Haushalt der Mutter eine Stütze zu sein, so trachtet die jüngste mit kluger Beiordnung, Lernensfleiß und ihrem heiteren Sonnenschein der Mutter Gesicht zu erhellen.

Vielleicht, daß man Frau Anna für solches Familienglück, wie es uns seit vielen Jahren beschieden ist (o Gott, erhalte es uns!), ein bißchen von stimmungsmilder Beschaulichkeit wünschen dürfte. Denn dazu fehlt ihr einigermaßen das Talent. Sie ist eben ein Mann der Tat, der im Leben deutlicher die Mangelhaftigkeit und Unzulänglichkeit sieht als die oft mehr versteckten Vorzüge, und der gerade darin die Notwendigkeit erkennt, das Ungenügende zu verbessern. Ohne diese kritische Ruhelosigkeit würde wenig Tüchtiges geschaffen werden. Aber diese schöpferische Bewegsamkeit ist es auch, die manchen eine friedliche, behaglichere Schönheit des Daseins versäumen läßt. Redlicher als Frau Anna hätte selten jemand Ursache, sich des Dankes zu freuen, den sie um Gatten und Kind, um die Familie im weiten Kreise, um zahllose andere, denen sie in ihrer Weise Gutes getan, erworben hat.

DIE KLERIKALEN

Wie hast du's mit der Religion?

Fausts Antwort auf diese Frage Gretchens dürfte wohl keines unserer gesetzlich anerkannten Glaubensbekenntnisse befriedigen. Und ein bißchen Faustnatur steckt in sehr vielen Menschen, ich gestehe es, auch in mir; da hat man keine Wahl und Absicht, das ist Natur.

Wer wissen will, wie ich es mit der Religion halte, der findet in meinen Schriften eine Antwort.

Dem Bekenntnisse meiner Väter bleibe ich treu, ohne darum andere Konfessionen zu verachten. Im ganzen bin ich der Überzeugung, daß unsere Ideale von Humanismus und Sittlichkeit im Christentum am ehesten Erfüllung finden können. Die Vorzüge der Konfessionen preise ich, wo ich sie finde; Dinge aber, die mit meiner Vernunft, wie sie Gott dem Menschen verlieh, oder mit meinem Gefühle oder mit meinen ethischen Grundsätzen nicht übereinstimmen, lehne ich für mich ab, und wenn mir dieselben auch obendrein für das Allgemeine nachteilig zu sein scheinen, so bekämpfe ich sie. Nur hat mich das Leben gelehrt, in der Form der Beurteilung rücksichtsvoller zu werden. Wir sind nicht Wissende, wir sind Suchende.

Nebst diesem subjektiven Standpunkt der eigenen Überzeugung und des persönlichen Gefühles — Dinge, die ja nicht unfehlbar sind — habe ich als Schriftsteller und Dichter auch den objektiven einzuhalten, d. h., ich habe religiöse oder konfessionelle Gegenstände nicht immer durch mein persönliches Auge, sondern oft auch durch das Auge anderer zu sehen. Ich habe das Leben, die Eigenschaften, Meinungen und Taten der verschiedenartigsten Menschen darzustellen, und es kann doch unmöglich von dem Dichter verlangt werden, daß er nur solche Personen reden und handeln lasse, die seine eigene Meinung ausrichten.

In mir ist ein unbezähmbarer Drang, über alles, was mich berührt, meine Meinung zu sagen. Stets bedaure ich, wenn Personen oder Parteirichtungen sich dadurch verletzt fühlen, allein nie bereue ich, meine von keiner Rücksicht beeinflußte, aber auch keine Person anschuldigende, einzig nur die Sache erwägende Meinung ausgesprochen zu haben, solange ich sie für richtig halten muß.

Diese hier angeführten Tatsachen, die eigentlich ganz selbstverständlich sind, hatten mir eine große Gegnerschaft hervorgerufen.

Meine Schriften konnten weder dem landläufigen Liberalen behagen noch dem Atheisten gefallen noch dem Radikalen und Naturalisten angenehm sein, ebensowenig vermochten sie dem Pietisten zu entsprechen. Das tut mir auch gar nicht leid. Befremdlicher war mir, daß der Klerus sich von allem Anfange an ablehnend gegen mich verhalten hatte, was wohl darin liegen mochte, daß ich als armer Student in die Obhut seiner politischen Gegner gekommen war. Ich hatte mich freilich auch von diesen nicht beeinflussen lassen; meine Weltanschauung brachte ich schon so ziemlich fertig als zweiundzwanzigjähriger Junge aus dem Waldlande mit, sie hat sich geklärt, aber im wesentlichen bis heute nicht geändert.

Als ich mit dem ersten Büchlein in die Öffentlichkeit getreten war, wurde selbes allerorts wohlwollend aufgenommen, nur ein paar klerikale Blätter neckten mich, und ich neckte sie dann wieder. Es war kindisch von mir, aber ich war ja überhaupt damals noch ein Kind in literarischen Dingen. Der Spaß wurde Ernst, allmählich sah ich mich auf einen Standplatz gedrängt, von welchem aus das klerikale Lager mit schärferem Auge zu beobachten war, ich sah mich ihm gegenübergestellt. Ich konnte nun mit größerer Unbefangenheit Ungemach und seelische Leiden bedenken, welche so vielen aus dem Volke, so auch mehreren meiner Blutsverwandten, durch klerikalen Einfluß erwachsen sind, und derentwegen mir Konflikte geschaffen wurden, die darzustellen nicht an der Zeit ist.

Selbstverständlich fiel es mir nicht ein, einzelner Fälle wegen der ganzen großen Institution entgegenzutreten; was mir das Herz zu sehr bedrückte, das sprach ich offen aus, dann war es wieder gut. Ich hatte Neigung zur Geistlichkeit; auf dem Lande viel mit ihr im Verkehr, kann man wohl auch ihre Vorzüge kennenlernen. Ich habe diese Vorzüge auch unzählige Male in meinen Schriften darzustellen gesucht. Keiner meiner weltlichen Berufsgenossen von heute wird den echten Priester so vom Herzen erhoben, keiner den religiösen Sinn des Menschen so begeistert gefeiert haben, als ich vermöge meiner innersten Überzeugung zu tun mich bestrebe. Andererseits schone ich freilich auch in diesen Kreisen das Verwerfliche nicht; das schone ich in gar keinem Stande, bei gar keiner Partei, auch an mir selbst nicht.

Im Bewußtsein meiner ehrlichen Absichten bin ich nun zwar sicher, daß der wahrhaft religiös denkende Teil des Klerus meinen Standpunkt würdigt, ja, ich habe Beweise davon. Im Grunde predigen wir ja doch das gleiche, der Priester auf der Kanzel, ich in meinen Schriften: die Gerechtigkeit, die Mäßigkeit, die Klugheit, den Starkmut und die Menschenliebe. Immerhin aber war es mir bedauerlich, daß die klerikale Presse ihre Feindseligkeiten gegen mich fort und fort gesteigert hatte.

Welcher Schriftsteller, der nicht stets den rein kirchlich-dogmatischen Standpunkt bekennt, ist den Klerikalen überhaupt recht? Keiner. Aber man ignoriert solche Schriftsteller. Warum bei mir der Lärm?

Wenn man den Krieg gegen mich noch völkerrechtlich geführt hätte, das heißt ehrlich und anständig und auf Grund des Tatsächlichen. Aber das war nicht immer der Fall. Zu entschuldigen wären die oft sehr bösartigen und tückischen Angriffe kirchlicher Blätter nicht gewesen, wenn sie — wie sie zwar behaupten — im Namen der Religion gestritten; zu entschuldigen waren sie nur, weil sie für ihre Partei auftraten, und Parteitaktik — man weiß ja.

Meinen Aufzeichnungen entnehme ich einige Beispiele der liebenswürdigen Behandlung, die ich mir von einem Teile der klerikalen Presse gefallen lassen mußte, und endlich auch — die Macht der Gewohnheit! — ruhig gefallen ließ. Ich habe, um das noch vorher zu sagen, die dreiste Eigenschaft, daß jedes Unrecht, welches mir zugefügt wird, mein Selbstgefühl steigert. Schmeichelei drückt mich, Lob erfreut mich, Tadel bessert mich, Schimpf beleidigt mich, des Guten willen Unrecht leiden stärkt mich. So entstehen die folgenden Zeilen durchaus nicht in nervösem Zustande verletzter Eitelkeit oder tieferer Kränkung, und sobald der Gegner den Speer wegwirft, um mir die Hand zu reichen, so ist ihm auch verziehen.

Selten griff die klerikale Presse unmittelbar eine meiner Schriften an; hatte man es mit einem bestimmten Buche zu tun, so berief man sich auf andere Bücher von mir, die noch viel schlechter wären als das vorliegende, die man aber nicht nannte. Am liebsten suchte man zur Kritik des Buches dem Verfasser als ehemaligen »Schneidergesellen« eines am Zeug zu flicken, was sich manchmal recht spaßig ausnahm, aber nicht anständig war. Mit großem Witzaufwande schrieb eines Tages ein Herr in seinem klerikalen Leibblatt: »R. soll statt des Pegasus lieber den Ziegenbock reiten und ›meck, meck!‹ rufen.« Ein anderer erfand für den Alpengeschichtenerzähler den Titel »Lederhosen-Dichter« und bedauerte ebenfalls, daß der Mann nicht Schneider geblieben. Es mag ja sein, daß meine Hosen stichhältiger gewesen wären als meine Dichtungen, allein, wenn ein Kämpe der Kirche dem vermeintlichen Antichrist nicht anders als durch die Lederhosen beizukommen weiß, so leistet er kein Beispiel von göttlicher Erleuchtung.

Das »Kremser Wochenblatt«, welches sich einst durch seine leidenschaftliche Entrüstung über mein Sprüchel, »daß der Herrgott die Priester, der Teufel die Pfaffen erschaffen habe«, so tragikomisch selbst verriet, war auch der Meinung, daß meine Hosen besser ausgefallen wären, als meine in Krems gehaltene Vorlesung, »die dazu noch zu kurz gewesen«. Ich aber meine, besser zu kurze Vorlesungen als zu kurze Hosen. Die schlechte und obendrein noch zu kurze Vorlesung erinnert mich auch an jenen Mann, der mein Gedichtchen »Därf ih's Dirndl liabn?« sich ins Taschenbuch abschrieb, bevor er in Entrüstung das Original verbrannte.

Ein besonders Eifriger suchte die Idee praktisch zu verwerten und wollte einige Bauernburschen zu einer Art von Religionsübung auf der »Lederhose« des Poeten verpflichten; sie antworteten ihm: Wenn in der Hose ein anderer stäke, so wären sie gerne dazu bereit.

Etwas ernster war eine andere Gruppe von Kritikern zu nehmen, welche wohl die zu vernichtenden Werke anführte, dieselben aber mißdeutete, ihnen absichtlich einen falschen Sinn, eine schlimme Absicht unterschob, um solche dann vor dem gläubigen Publikum zu verketzern. Oder es ward der Ausspruch irgendeiner im Buche vorkommenden Person als die Meinung des Verfassers hingestellt, ein Verfahren, wodurch man aus dem Dichter machen kann, was man will. So stellte es ein oberösterreichischer Korrespondent im klerikalen »Österreichischen Reichboten« an. Behauptete der Schelm, daß in meinem »Gottsucher« alle positive Religion geleugnet werde. Wie fatal er's traf! Denn gerade in diesem Werke suchte ich mit aller mir zu Gebote stehenden Kraft zu zeigen, daß ein Volk ohne positive Religion nie und nimmer leben könne. Habe es eine alte verloren, so mache es sich eine neue, und sei diese eine grundfalsche, wie etwa die in dem Werke geschilderte Vergötterung des Feuers, so gehe es daran zugrunde. So laut und beständig dieser Gedanke im »Gottsucher« betont wird, so wollte ihn doch manch klerikales Blatt nicht verstehen, und die Ursache dessen, weil im Roman ein fanatischer Schwärmer den harten und weltlich gesinnten Pfarrherrn erschlägt. Daß der Täter und die ganze von ihm mißleitete Gemeinde den verhängnisvollen Irrtum mit dem Untergange büßen muß, wurde von solchen Kritikern einfach vertuscht.

Der gewöhnliche Kunstgriff klerikaler Blätter war die absichtliche Verwechslung des Christentums im allgemeinen mit dem Katholizismus im besonderen. Auf solcher Grundlage brachte die »Salzburger Chronik« einmal einen giftigen Artikel gegen meine

Erzählung »Empor zu Gott«. In demselben wurde der Verfasser genannter Erzählung als Giftmischer für das Volk angeklagt, und zwar, weil er das Heiligtum in Brotesgestalt »als das Symbol des Höchsten im Himmel und auf Erden« bezeichnet hatte. — »Die Hostie ist kein Symbol, ist der *wirkliche* Gott«, wurde entgegengehalten. So wurde mein harmloses Wort auf einen anderen Kampfplan gezerrt, wo es — schließlich siegen mußte. — Dogmatik sollte nicht auf Streit ausgehen. Es erhellt, daß ein ängstlicher Dichter sich hüte vor dem Ausdrucke kirchlicher Stimmungen, denn er könnte es dem Kleriker doch nie und nimmer recht machen. Nun sind aber die Poeten einmal keine Leute, die nach dogmatischen Vorschriften dichten, ihr Wort hat den natürlichen Empfindungen des Menschen zu entspringen.

Der Dichter lebt in einer gewissen Vertraulichkeit auch mit den Himmlischen und verkehrt mit ihnen häufig in jener menschlichen Unmittelbarkeit, die das Übernatürliche in das Bereich des Sinnlichen setzt. Da gibt's manchen warmherzig humoristischen Vergleich, manch naiven Ausdruck, da nimmt der Mensch seinen Gott bei der Hand, dankt ihm jauchzend für diese schöne Welt, oder fragt ihn wohl auch einmal treuherzig nach einer besseren, und warum er dieses und jenes gerade so und nicht anders gemacht habe. Das ist ja eine durchaus volkstümliche Art, durch welche die Religion nicht erniedrigt wird, welche vielmehr zeigt, daß die religiöse Vorstellung besonders dem Gebirgsvolke im Blute liegt. Aber mancher Kritikus schien solchen unmittelbaren Verkehr ohne Zwischenperson nicht gerne zu sehen. Doch bleibe ich dabei: Wie Gott den Menschen nach seinem Ebenbilde erschaffen hat, so erschafft der Mensch sich Gott nach des Menschen Ebenbilde. Da demnach der Älpler manchmal etwas menschlich mit seinem Gott umgeht, so mag der Volksschilderer das ebenso machen. Und wenn dieser Schilderer wohl gar selbst einmal in die Art seiner Landsleute fällt, so schadet das nicht und ist gewiß nicht so schlecht gemeint, als es einige gern auslegen möchten. Ich habe mich freilich auch an die Bibel gemacht, habe Noahs Weinseligkeit, Jakobs Schlauheit, Davids Minnehuld und des starken Absalons Schwäche geschildert, habe gegen Judas Ischariot und den linken Schächer mir Ehrenbeleidigungen zuschulden kommen lassen — lauter Sachen, die übel vermerkt worden sind. Wenn mir heute ein unbefangener Mensch sagen kann, daß ich mit derlei wirklich gegen den christlichen Sinn und das religiöse Gefühl verstoßen, so überantworte ich — ohne eine Anspielung machen zu wollen — meine Bücher dem Scheiterhaufen.

Das »Linzer Volksblatt«, welches jahrelang bestrebt war, in Oberösterreich Haß gegen mich zu säen, behauptete gelegentlich schlechtweg, R. sei dem christlichen Glauben feindlich gesinnt, weil in manchen seiner Geschichten der Pfarrer mit der Köchin in Verbindung gebracht werde — und fragte naiv, ob derlei das Volk zu wissen brauche? Dann sei es kein Wunder, wenn die Lehrlinge und Gesellen nicht beten, nicht in die Kirche gehen wollten, die Mädchen überspannt würden, vor der Geistlichkeit keine Achtung hätten, die Kinder verrohten, ungehorsam und genußsüchtig würden. Das machten die Bücher von R. — Sollte das dem Manne wirklich Ernst gewesen sein? Viele behaupten es, ich aber halte ihn für einen verkappten Humoristen.

Merkwürdig wohlwollend und einfältig zugleich war ein orthodoxes Blatt der nicht unierten Kirche; dasselbe sagte: »R. wäre ein ganz guter Volksdichter, wenn er sich nur etwas mehr der Aristokratie und der Kirche anschließen möchte!« Das kommt mir vor wie das Wort meines philosophischen Schneidergesellen von dazumal: »Der Spatz wäre ein ganz hübscher Vogel, wenn er nur vom Adler den Schnabel, vom Häher die Federn und von der Nachtigall den Gesang hätte!«

Das »Literaturblatt für katholische Erzieher« behauptete einmal, daß die Propaganda, die für mich in Deutschland gemacht werde, von der Freimaurerloge ausgehe, und knüpfte daran Folgerungen, bei denen es einem eiskalt über den Rücken gehen könnte. Die Freimaurer, das sind Verführer, Seelenmörder, Teufelsknechte usw.

Am knappesten verstand es ein junger Katechet in Kärnten, sein Urteil und seine Wünsche über mich zusammenzufassen: Derselbe teilte seinen Schülern mit, daß R., der Verfasser des »Volkslebens in Steiermark« und des »Waldschulmeisters«, einfach für die Hölle reif sei.

Sehr schlau half sich ein heimisches Blatt, welches zu beobachten ich zufällig Gelegenheit hatte. Das besprach nur solche Schriften von mir, mit denen es prinzipiell nicht einverstanden war, während es die Werke, gegen die es nichts einwenden konnte, wie ein Geheimnis des Beichtsiegels verschwieg. Von solchen Blättern kann man auch lernen, wie der mißgünstige Kritiker Teile des Textes aus dem Zusammenhang reißen, sie mißdeuten, ändern oder unrichtig machen kann, um sie hernach als unrichtig tadeln zu können. Ein etwas unrichtiges, aber nicht ganz unpraktisches Verfahren.

Das sind nur wenige, mir ganz zufällig in die Hand gekommene Beispiele, wie die klerikale Presse zu schäkern liebte.

Von der Kanzel wurde in manchen Ländern so anregend und beständig gegen mich gepredigt, daß der Verleger die Reklamekosten ersparte. Im Volke ging der Same auf, aber anders, als sie wollten.

In einem obersteirischen Dorfe war eines Sonntags im Freien Christenlehre gewesen. Sie war würdig und handelte von den Torheiten des Aberglaubens. Nach der Christenlehre pflegten die versammelten Dorfburschen der Geselligkeit, sie sangen muntere Volkslieder, gegen welche der Pfarrer nichts einzuwenden hatte. Unter anderem wurde auch mein Liedchen »Dárf ih's Dirndl liabn?« gesungen. Das regte den anwesenden Kirchendiener, genannt »der Sakristei-Wastel«, auf, er fühlte sich verpflichtet, einzuschreiten. Er winkte mit der Hand und rief: »Sie sollten das Schandlied nicht singen!« — Als die Burschen lachten und weitersangen, sprang der Wastel auf ein hohles Faß und rief mit wütenden Gebärden: »Der Herrgott wird dem Buben das Mensch nie erlauben, nie! Wird nit lachen zu der Unzucht! Weinen wird er! Dem Petrus« — damit meinte er den Verfasser des Liedchens —, »dem ist überhaupt nit zu trauen. Petrus, Petrus! Du bist ein Wolf im Schafspelz!«

»Wastel, Wastel!« rief jetzt ein Bursche, »du bist ein Schaf im Wolfspelz!«

Das Gelächter, welches hierauf entstand, hat dem guten Küster alles verdorben.

Hinter solchen Partei-Kasperln stand freilich immer die geschlossene Front ernster Widersacher.

So war ich den Mucker- und Junkerblättern ein Dorn im Auge, deshalb, weil ich mit meinen Schriften für die Verlassenen der Menschheit, besonders für das Bauerntum eintrete. Jene Blätter witterten in solcher Neigung zu den Armen und Geringen einen Haß gegen die Reichen und Hochstehenden, fanden aber für diesen Vorwurf keinen rechten Anhaltspunkt. Da kam mein Buch »Martin der Mann«. Und siehe, der Hochverräter war fertig! In dem Buche wird eine Revolution und ein Fürstenmord geschildert. Ist denn derlei nicht schon vorgekommen? Freilich motiviert mein Fürstenmörder »Martin« seine Tat, denn wenn er sie nicht vor sich selbst rechtfertigen würde, wie könnte er sie begehen? Die Begründung einer Tat ist ja die erste Notwendigkeit in der darstellenden Dichtung. Kommt in Martin nicht später die Reue zu lebhaftestem Ausdruck, geht er und alles, was er liebt, nicht an seinem Verbrechen zugrunde? Und das soll revolutionär sein! Doch einige Mucker- und Junkerblätter behaupteten steif und dreist, Martin der Mann wage sich an die Person des Herrschers, predige nichts Geringeres als den Fürstenmord. Und dann kam wieder der ungebildete »Schneidergesell«, der »Giftmischer«, der »Volksverführer«, der »Antichrist«, den man wenigstens mundtot machen müsse.

So und ähnlich ging es viele Jahre lang.

Ursprünglich verlästerten mich diese Herren unter dem Vorwande, ich sei als Volksdichter nicht katholisch genug. Später zeigte es sich, daß auch jene meiner Werke, in denen alles Konfessionelle vollständig vermieden wird, wie in »Jakob der Letzte«, »Martin der Mann« usw., ihnen höchst zuwider waren.

Nicht so sehr die ästhetische Seite meiner Dichtungen griffen sie an, das könnten sie oft mit recht gutem Grunde tun, als vielmehr immer nur die »Tendenz«. Na, was habe ich denn für eine vertrackte Tendenz? — Nach längst bekanntem Vorbilde *predige ich die Liebe, nehme mich der Armen an, speise mit Sündern.*

Ich hasse niemanden, alles was Mensch heißt, steht mir nahe. Die Absicht zu beleidigen liegt meiner Natur fern. Wie es in mir ist, so schreibe ich es heraus, wie ich das Leben sehe, so gebe ich es wieder. Obzwar im allgemeinen die ernstliche Absicht hegend, als Schriftsteller Gutes zu wirken, denke ich doch während der Arbeit nicht an die Folgen dessen, was ich schreibe. Wäre ich ein bißchen praktisch, ich würde bei der Prüfung des Geschriebenen mich fragen: Wird das den Lesern auch recht sein? Werden sie das auch so verstehen, wie ich's meine? Kann das für einzelne nicht Anlaß zum Ärgernisse geben? — Werden sie mich darüber nicht verfolgen? — Aber ich möchte lieber fragen: Wenn der Dichter aus solchen Rücksichten einmal anfinge zu streichen, wo sollte er aufhören? Oder: Was bliebe dann noch übrig von seiner Meinung, von seiner Eigenart?

Seit einiger Zeit nun sind die gegnerischen Stimmen kleinlauter und seltener geworden. Der Chefredakteur eines Blattes, das mir seit vielen Jahren in treuer Feindschaft ergeben gewesen, äußerte gelegentlich: »Wir haben uns vorgenommen, den R. nicht mehr anzugreifen.«

Nun also! Warum hat man uns dieses Kapitel nicht überhaupt erspart?

Absichtlicher als die Kirchen habe ich die Sozialdemokratie bekämpft, weil sie das bisher selbständige und zufriedenere Bauernvolk in die zigeunerhafte Heimatlosigkeit hinauslockt. Die Sozialdemokratie antwortete: Rosegger hat zwar unrecht, aber wir verstehen ihn, er ist eine konservative Natur und kann nicht anders.

VORLESEREISEN

Mit gemischten Empfindungen denke ich zurück an die Zeit meiner Vorlesereisen. Ich war den Einladungen halb widerwillig gefolgt, aber es gab so viel Schönes dabei. Man reist wie ein König, nur viel bequemer, man wird gefeiert wie ein Gott, nur viel wärmer, man hat Abenteuer wie ein fahrender Spielmann. Man könnte renommieren.

Übrigens war die Sache fast widernatürlich. Wer einst dem rehscheuen Waldbauernbuben gesagt hätte, daß er in schwarzem Rocke und mit weißer Krawatte sich zur Schau stellen würde, um einem glänzenden Saale voll fürnehmer Herren und Frauen für Geld und gute Worte steirische Geschichten vorzulesen!

Angefangen hat's in Graz, bald nach dem Erscheinen meiner ersten Bücher in steirischer Mundart, so ums Jahr 1870. Ich hatte damals von einem Schauspieler öffentlich meinen »Aehndl Noah« vorlesen gehört. Die unrichtige Betonung, die Mundartfehler, das Theatralische — alles zusammen war so bedenklich, daß ich mir sagte: bedenklicher könntest es auch du nicht machen. In Privatgesellschaften möchte ich hie und da schon einen schüchternen Versuch gewagt haben. Bei einem Heringsschmaus des Grazer akademischen Gesangvereins war es, daß ich dem Drängen der Leute nachgab, auf das Podium sprang und ein lustiges Geschichtlein in steirischer Mundart vorlas. Das Beifallsgeschrei, das darauf losgebrochen, hat mich bloß verblüfft. Wenn sie einen solchen Lärm schlagen, dann sollen sie so bald nicht wieder etwas zu hören bekommen. Am nächsten Tage stand's sogar in der Zeitung — ich schämte mich ein wenig und war ein wenig stolz.

Von diesem Tage an verging kaum eine Woche, ohne daß ich angegangen wurde, irgendwo etwas vorzulesen, sei es bei Festunterhaltungen, bei Wohltätigkeitsakademien oder in heiteren Privatkreisen. Man brauchte bald nicht lange zu bitten, mir gefiel, daß ich gefiel, und wenn sie bei meinen Schwänken lachten, so lachte ich lustig mit. Die Säle waren stets überfüllt, es hieß, die Leute kämen meinetwegen; wo ist der junge Mensch, dem das nicht schmeichelte! Der Lärm war oft so ungestüm, daß mir bange wurde, er stand zu den Kleinigkeiten, die ich bot, in keinem Verhältnis. Solcher Beifall ward mir manchmal sogar bedenklich, weil er gerade bei den tollsten Späßen zum Übermaße wuchs. Das würde nicht lange anhalten, war meine Meinung, doch solange die

Leute bei meinen Vorträgen lachen wollen, sollen sie halt in Gottes Namen lachen. Dann gab's auch Geschenke, hübsche eingerahmte Bildchen, Seidenschleifen, Busennadeln, Ehrenmitgliedschaften und Diplome. Und eines Abends hat man mir nach der Vorlesung von hinten meuchlings einen Lorbeerkranz auf den Kopf gelegt. Ich riß das Ungetüm sofort herab, aber Hamerling sagte mir damals: »Geben Sie acht, die Male auf der Stirn vergehen nicht mehr!«

Hamerling, obwohl in jener Zeit schon sehr kränklich und zurückgezogen, hatte einmal eine Akademie besucht, bei der ich mittat. Am nächsten Tage sagte er mir folgendes: »Lieber Rosegger, seien Sie mir nicht böse. Einmal und nie wieder! Ich saß da, nicht anders wie ein armer Sünder. Wie Sie lesen, darüber will ich nicht sprechen, das ist eine Gabe, für die Sie sich in aller Demut bei Ihren Steirern bedanken mögen. Aber ich war während der ganzen Vorlesung in unbeschreiblicher Angst. Wie leicht kann Ihnen etwas passieren! Sie können sich versprechen, es kann Ihnen die Stimme versagen, Sie können ohnmächtig werden und vom Stuhle fallen. Und vor allem, Sie können mißverstanden werden, und ich könnte ein abfälliges Urteil über Sie flüstern hören — ich ertrüge es nicht.« — Der einzige Mann, der in diesen Worten eine so große Innigkeit für mich aussprach, wollte meiner Versicherung kaum glauben, daß ich — erst nur einmal oben sitzend — nicht die geringste Befangenheit verspürte, daß ich die feste Zuversicht hätte: es kann mir nichts geschehen! — Aber erst wenn ich oben saß. Die Stunden, ja sogar ganze Tage vor der Vorlesung waren mir oft eine Qual, ich hatte Angst vor dem Publikum so lange, bis ich es leibhaftig vor mir sah. Dann fürchtete ich es nicht mehr.

Endlich war's so weit, daß ich in großen Sälen regelrechte Vorlesungen hielt, die den Abend ausfüllten und deren Ertrag manchem gemeinnützigen Zwecke wohltat. Ich war ein »Wohltäter« geworden, es war so leicht, man konnte geben mit vollen Händen, ohne selber etwas zu haben. Ja, man erhielt sogar Reisevergütung und bisweilen ein außerordentliches Honorar. In Wien führte mich der Verein »Literaturfreunde« ein. Es hat Jahre gegeben, in denen ich ein dutzendmal in Wien öffentlich las. Das ging alles wie von selbst. Um die Mitte der siebziger Jahre huben auch die Einladungen aus Deutschland an. Ich säumte lange, weil es mir unwahrscheinlich vorkam, daß sie da draußen im Schwäbischen und da unten in Preußen sollten Steirisch verstehen können. Im Herbst 1878 machte ich die erste Vorlesereise nach dem Norden. Diese Reisen wiederholten sich dann fast Jahr für Jahr. In den großen Städten fanden sich die Zuhörer zumeist leicht in die älplerische

Mundart, da kamen die Alpinisten, Germanisten und alle, die im vornhinein für die Sache Innerung und Verständnis hatten. Schwieriger war es in mittleren und kleineren Städten, wo die Leute in ihrem engeren Kreise leben; aber auch hier waren sie allemal nach dem ersten Drittel der Vorlesung so weit, daß sie zu rechter Zeit lachen oder sich die Augen reiben konnten. Allerdings waren es nur wenige Stücke, bloß solche, die nicht gar zu steirisch gedacht und gemacht, die vielmehr allgemein Menschliches gaben, mit denen man an der Elbe, an der Spree, an der Weser, am Rhein und selbst da hinten am Adriatischen Meer reisen konnte. Und je weiter der Weg, je größer wurden die Ehren. Stellenweise gab es zum Empfange sogar weißgekleidete Jungfrauen, die Gedichte hersagten und Blumensträuße überreichten. Festbankette, überschwengliche Hymnen an mich, die deklamiert, gesungen, gedruckt wurden. Es gab Beflaggung, Ehrenbögen, Höhenfeuer, es gab in gewissen Blättern, auf Parteitribünen und Kanzeln sogar Warnungsreden und Strafpredigten gegen mich und meine harmlos humoristischen Volksbildchen. Ich hätte manchmal lieber Ernstes gelesen, das die Art und Neigung des Poeten unmittelbarer vorgestellt haben würde, aber man wollte überall Lustiges haben. Und es ist wahr, Besseres kann man den armen Menschen auf Erden nicht antun, als wenn man sie lachen macht.

In erster Zeit bin ich gar vornehm aufgetreten, ganz wie man sagt, daß es sein müsse: Weiße Halsbinde, weiße Handschuhe, Frack und Zylinder. Der Waldbauernbub! — Als mir die Lächerlichkeit auffiel, trachtete ich das Publikum durch einen anständigeren Anzug zu ehren. Bei einem deutschen Herzoge glaubte ich mich eines Tages entschuldigen zu müssen, nicht im Salonanzuge erschienen zu sein. Er antwortete: »Ich habe nicht den Frack eingeladen, sondern den Rosegger!« Vor jedem Zuhörerkreis, ob auf dem Dorfe oder in Anwesenheit von Fürsten, hatte ich die gleiche Achtung, und an jedem Abende suchte ich mein Bestes zu leisten. Ob die Zuhörer sich kühl verhielten oder tobenden Beifall spendeten, das ging mir wenig nahe; war ich mit der Leistung selbst zufrieden, so empfand ich das größte Behagen, wenn nicht, so konnte mich kein Zujauchzen aus der Verstimmung reißen. Außer es wäre der Beifall öfter von jener Art gewesen, wie dazumal in Zürich, wo unmittelbar nach Schluß der Vorlesung aus dem Publikum ein hübsches Mädel zu mir heransprang und mich tüchtig abküßte. Dieses Beifallsklatschen hat mir sehr gut gefallen.

Der liebe Gott scheint Bedenken gehabt zu haben, ob die Ehrungen, die ich von Volk und Fürsten erfuhr, mich nicht am Ende eitel machen könnten, daher hatte er in Graz sich hinter einen neugeadelten Parvenu gesteckt. Dieser Edle lud mich eines Tages ein zu einem Hausfeste, mit der Bitte, nach dem Diner den Gästen, unter welchen sich auch der Statthalter und der Landeshauptmann von Steiermark befanden, etwas vorzulesen. Die sehr dringende Einladung wurde ausnahmsweise angenommen. Als ich zur mir angegebenen Stunde in das Palais kam, saßen die Gäste bereits im Rauchzimmer beisammen. Auch ein Zitherspieler war da, dieser und ich bekamen Bier und sollten nun die gesättigten Herrschaften während ihres Verdauungsprozesses ergötzen. Ich machte zum bösen Spiel gute Miene, las dem Hausherrn zu Ehren die Geschichte »Vom blauen Ochsen« und ging davon. — Am nächsten Tage schickte mir der Gastherr eine Geldnote, die ich sofort den Armen in Krieglach übermittelte, und zwar im Namen des neugebackenen Edelmannes, der den Titel hat, aber nicht die moralischen Mittel dazu.

Nun wieder hinaus. — Pflegt sonst das Publikum den Vorleser zu kritisieren, so sei es hier einmal umgekehrt. In den verschiedenen Himmelsrichtungen sind meine Zuhörer verschieden. Der steirischen Sache wird draußen im Reich überall Sympathie zugewendet. Im Süden ist man mehr für das Heitere, im Norden verträgt man auch den Ernst. Vom »Büaberl« und »Dirnderl« hört man überall gern. In einer Stadt an der oberen Donau verwahrte man sich im vorhinein gegen »Pfarrerspäße«. In einer Stadt am Main verlangte man Sarkastisches gegen religiöse Mißbräuche, denn die Bevölkerung sei gut christlich. In einer österreichischen Stadt wollte man in steirischer Mundart etwas politisch Deutschnationales hören und war nachgerade verblüfft über mein Geständnis, daß der deutsche Bauer seinen Patriotismus weniger spreche als lebe. In Magdeburg fragte mich eine Zuhörerin, ob bei dem »Ehestreit«, den ich gelesen, gelacht oder geweint zu werden pflege. Ich antwortete: »Ganz nach Belieben.« In einer Stadt Bayerns verübelte man es beim »Aehndl Noah« dem Gottvater, daß er steirisch redet. Als es herauskam, daß er ursprünglich hebräisch gesprochen, war es ihnen auch nicht recht. Der Gottvater hat halt keine Muttersprache. Über Noahs Räuschchen stritt ich eines Tages mit einem salzburgischen Landpfarrer im Wirtshaus so lange, bis wir selber eines hatten.

Die Volksmundart hat in ihrer kulturlosen Unschuld die Macht und das Recht, ohne frivol zu sein, manches zu sagen, was die Sprache der Gebildeten höchstens anzudeuten wagen darf; und so wenig ich in bezug auf die Aussprache den Zuhörern entgegenkommen kann, ohne den Wert der Form zu gefährden, ebensowenig kann auf prüde und empfindsame Seelen Rücksicht genommen werden, soll von der naiven, schalkhaften, leidenschaftlichen Seele des Volkes unserer Alpen ein wahres Bild gegeben werden. Und den Zuhörern ist's in der Regel auch recht so. Nur einmal hörte ich im Publikum einen Ausruf, von dem ich bis heute nicht sicher bin, hat er »unvergleichlich« oder »unverzeihlich« gelautet.

In meinem Tagebuch heißt es: Ich sitze bei der Vorlesung dem Publikum mit einer gewissen Verstocktheit gegenüber. Das ist ein brodelnder Hexenkessel von Leuten. Aber es gibt fast immer auch Menschen darunter. Solche verdienen Achtung. Ich bin gewöhnlich versunken in meinen Vortrag, sehe nichts, höre nichts als meine Dorf- und Waldgestalten, die tatend, leidend, lachend, neckend oder betend an mir vorüberziehen. Ich habe im Vorlesen nichts gelernt und nichts vergessen. Manchmal hatte ich mir wirksame Gesten und Wendungen ausgedacht, eingelernt; als der Augenblick kam, machte ich es doch anders, und zwar so, wie es die augenblickliche Stimmung verlangte. Von der hängt alles ab. Ich lese ein Stück an verschiedenen Tagen ganz verschieden, gewöhnlich gelingt es vor einem größeren Publikum besser als im engen Kreise; es ist, als ob von den vielen Leuten ein erfrischendes Fluidum ausginge. Man kann sich tagsüber bitter krank und zu Tode erschöpft fühlen und am Abende vor tausend Menschen mit Leichtigkeit eine Stunde lesen. Fünf Minuten vor Beginn der Vorlesung und in den Zwischenpausen geht der Puls fieberhaft wild. Während der Vorlesung vergißt man jedes körperliche Leiden, um so heftiger tritt es nach derselben wieder auf.

An kleinen Abenteuern fehlt es dem wandernden Sänger nicht. In einer Stadt Thüringens ging es mir ähnlich wie einst Gottfried Kinkel; der versäumte in Nürnberg den Eisenbahnzug nach München zu seiner Vorlesung und telegraphierte dahin dem Vortragskomitee: »Komme mit Zehnuhrzug abends, Publikum zusammenhalten!« — Rasch Biertische, Krüge, Rettiche herbei, und siehe, der Bayer blieb sitzen. Einige Minuten nach zehn Uhr trat Kinkel, brausend begrüßt, in den Saal und hielt den Vortrag. — Ich kam allerdings in jener thüringischen Stadt noch rechtzeitig an, aber mein Koffer nicht, der war, Gott weiß wo, zurückgeblieben mit dem Vortragsmanuskript. Ich kann keine drei Zeilen meiner eigenen Schriftstücke auswendig, und hätte ich sie noch so oft schon gelesen. Bei einem Käsehändler wurde rasch ein alter »Heimgarten«-Jahrgang aufgetrieben, daraus las ich hochdeutsche Stücke, die während des Vortrages in die steirische Mundart übertragen werden mußten. Just keine spaßhafte Arbeit. — Schlimmer war es ein anderes Mal in Wien, als ich mitten im Vorlesen der Geschichte vom schlauen Bauernarzt gewahr wurde, daß in der Schrift die letzten zwei Blätter fehlten. Es blieb mir nichts anderes übrig, als am Rande des Abgrundes abzubrechen und ruhig ein neues Stücklein zu beginnen. Der größte Teil der Zuhörer merkte es gar nicht, nur ein einziger gestand mir später, daß er beim »Bauernarzt« die Pointe nicht verstanden hätte. Daß diese Pointe in Graz zurückgeblieben war, habe ich ihm nicht auf die Nase gebunden.

Mit den »Pointen« ist's überhaupt eine eigene Sache. Es gibt eine gewisse Mundartdichtung, die man Spargelpoesie nennen könnte. Der ganze Stamm wegen des obersten Köpfleins — das ganze Gedicht wegen der Pointe. Nicht alle Pointen, die bei meinen Bildern und Erzählungen vermißt werden, habe ich in Graz vergessen. Auf Kosten des inneren Wesens, der Wahrhaftigkeit einer Dichtung soll man keine Anekdotenmache treiben, keinen Schlußapplaus erfeilschen wollen.

Ein grauenhaftes Abenteuer hatte ich draußen an der Nordsee — in Bremerhaven. Wenige Stunden vor der Vorlesung dort nehme ich wahr, daß mir mein Vortragsmanuskript fehlt. Es war der besonders für Vorlesungen bearbeitete und eigenhändig sauber geschriebene »Volkshumor in den Alpen«. Ich hatte diesen »Volkshumor« vorher in neun Städten Deutschlands gelesen, am letzten Abende noch in Bremen und sollte ihn auf derselben Reise noch in sechs weiteren Städten wiederholen. Sogleich depeschierte ich nach Bremen zurück in mein Hotel, auch an das dortige Vortragskomitee und an den Rathauskeller, wo ich tags zuvor nach der Vorlesung den Abend in heiterer Gesellschaft zugebracht hatte. Ob mein Volkshumor nicht dort wäre? Unverweilt nachschicken! — Rückantwort: Hier kein Volkshumor!

Wo stak der Schelm? Am stärksten hatte ich die zwölf Apostel im Rathauskeller in Verdacht. Es war dort sehr munter zugegangen, und auch der Alpensänger hatte sein Herz so gründlich in Mosel- und Rheinwein gebadet, daß er am anderen Morgen in seinem Kopfe nachgerade das Brausen des Rheinfalls bei Schaffhausen zu hören glaubte. Nun war das Fest vorüber, auch die Handschrift, und niemand wollte sie gesehen haben. — Was tun? Das Kind lernt zuerst sprechen und dann erst lesen. Bei mir war es umgekehrt, ich konnte lesen, aber nicht »sprechen«. In meinem Leben hatte ich nicht vier Zeilen recht und gut auswendig gesprochen.

An den Straßenecken von Bremerhaven schrien große Zettel die Vorlesung aus, die ich in dem dortigen wissenschaftlichen Verein noch an demselben Abende halten sollte. Die Stunde der Not kam immer näher. Schon war ich zum Komitee gelaufen: Die Vorlesung könne nicht stattfinden, mir sei der Volkshumor in Verstoß geraten. Sie zuckten die Achseln, diese Kieselherzen, der Vortrag könne unmöglich verschoben werden, der Saal sei ausverkauft, auch aus Nachbarorten seien schon Leute da, man könne eine Absage nicht verantworten, außer ich wollte plötzlich erkranken. Das letztere war unter obwaltenden Umständen tatsächlich verlockend, ich wollte aber — bei näherer Überlegung — doch lieber mit Ehren ausgelacht werden, als in der schönen Reihe der Krankheiten die geeignetste auszuwählen und mit ihr ins Bett zu gehen. Die Buchhandlungen und Leihbibliotheken der Stadt hatte ich bald durchjagt, keines meiner Bücher in steirischer Mundart war aufzutreiben. Angekündigt war aber der Vortrag in steirischer Mundart, einen hochdeutschen habe ich mein Lebtag nicht gehalten; man sagt draußen hinter den schwarzgelben Pfählen auch etwas boshaft, sie verstünden besser meine Bauernmundart als mein Hochdeutsch. — Also keine Rettung.

Der Abend dämmerte. Von meinem Gasthoffenster aus sah ich die Leute in den Saal strömen zum »Volkshumor in den Alpen«. Und wer in ganz Bremerhaven an diesem Abende den wenigsten Humor verspürte, das war der, von dem sie ihn erwarteten. Plötzlich kam mir die Erleuchtung: Mut, Knabe! Echter Humor wohnt nicht auf dem Papier, vielmehr in der Brust. Stülpe dich einmal um, lies nicht — erzähle! — Rasch mit Bleistift die Schlagworte einiger lustiger Geschichten und Anekdoten: »Is 's wos, so is 's nix«, »Die Gansleber«, »Die erste Dampfwagenfahrt«, »Der Aehndl Noah«, »Brückenwirts letzter Willen«, »Der Schneckenhäusel Hiesel«. So, gut ist's. Nun den Kopf in kaltem Wasser aufgefrischt, dann ruhig und würdevoll in den Saal. — Des Inhaltes bist du sicher. Denke nicht an die Seiten, worauf du die Dinge geschrieben hast, denke an die lebendige Geschichte, dichte während des Sprechens. Geh welterschaffen.

Ich habe mich hingesetzt vor die fremde, vielhundertköpfige Menge, habe angefangen zu plaudern, als säße ich in der Altdeutschen Weinstube zu Graz mitten unter meinen Freunden, habe Sprüchlein gesagt, lustige Älplerart geschildert, Schnurren und Schwänke erzählt. Die Zuhörer haben gelacht, und ich mit ihnen. Weit über eine Stunde haben wir uns zusammen unterhalten und sind dann heiter auseinandergegangen. Am frohesten war ich selbst.

Des andern Tages reiste ich nach dem Rhein. An Bremen fuhr ich nicht vorüber, ohne auszusteigen, um nach der verlorenen Handschrift zu suchen. Sie war und blieb spurlos verschwunden. So fuhr ich weiter. Unterwegs dachte ich nach über die Vorlesung in Bremerhaven. Jetzt kam sie mir vor wie ein Fiebertraum, ich konnte mich kaum erinnern, was ich gesprochen und wie ich's gesagt hatte. Gelacht haben sie, aber wie ist's gemeint gewesen? Welchen Unsinn konnte ich geschwatzt haben in der Verwirrung? Keinesfalls war das Wagestück ein zweites Mal zu versuchen. Was stand mir noch in den anderen Städten bevor, in Essen, in Elberfeld, in Kassel, in Magdeburg, in Leipzig, in Chemnitz?

Ich verdiene nicht den zehnten Teil der Huld, mit welcher der Himmel mich mein Lebtag bedacht hat! Als ich in der Stadt Essen bei einem Freunde, dem Rechtsanwalt Dr. Niemayer, saß, gar beklommen wegen der Vorlesung, die ich an demselben Abende wieder ohne Manuskript halten sollte, kam der Postbote und brachte mir — die verlorene Handschrift? Nein, die nicht, wohl aber ein Paket von Zeitungen aus Bremen und Bremerhaven. Dieselben enthielten spaltenlange Artikel über meinen freien Vortrag, und die »Weserzeitung« brachte den Vortrag selbst, der mitstenographiert worden war.

Nun stand's da zu lesen, was ich gesprochen hatte. Es war erträglich. Und so habe ich alle künftigen Vorlesungen über den »Volkshumor in den Alpen« — aus der »Weserzeitung« gehalten.

Sollte der »redliche Finder« der in Verlust geratenen Handschrift ein humorloser Autographensammler sein zu Bremen, so rufe ich ihm zu von Fels zum Meer: er möge das Ding nur behalten, wir in den Alpen stünden auf die etlichen Blätter Volkshumor nicht mehr an — wir hätten frischen. —

Etwas heiß fühlte ich den Boden einmal in Karlsruhe. Das ist eine feierliche Stadt, und solange sie steht, war in ihr kein öffentlicher Vortrag in unserer Bauernmundart gehalten worden. Die Anzeige, die mir vorausging, hatte also nicht den Mut, zu gestehen, daß der, so nach ihr kommen werde, genauso und nicht anders sprechen wird, als ihm der Schnabel gewachsen ist. »Ein Sagen aus Steiermark« hatte die Museumsgesellschaft, die mich rief, angekündet. Der festlich beleuchtete Saal überfüllte sich mit festlich geschmückten Leuten, alle Seelen staken sozusagen in Frack und Glacéhandschuhen — nur die meine nicht.

Ich begann die Vorlesung in einer etwas allgemeiner gehaltenen Form, um dann sachte in mein Alpenfahrwasser überzuschwimmen: »Geehrte Zuhörer! Ihr habt mich rufen lassen, daß ich aus der fernen Steiermark zu euch an den Rhein komme, um euch lustige Geschichten von meinen Landsleuten zu erzählen. Aber ich bin halt ein Sohn meiner Muater und Herz und Zung' sein mir so fest zusammgwachsen, daß ich's nur steirisch kann sagen, was steirisch ist. Epan ist's was Neugs, was 's hören werd's, aber Schlimm is 's nix, und so wölln mar in Gottesnam die tauberlweißen Handschuach ausziachn und in bluatwormen Menschn aussalossn, der in jedm von uns steckt. Nochha wern mar uns scha vastehn und ols guati Freund ausanondagehn.« — Nach diesen Worten war im Saal ein rauschender Hauch, als ob der Föhn ginge, das Eis schmolz, und wir verstanden uns.

Das löbliche Komitee, welches eine Vorlesung veranstaltet, mißt sich zwei Aufgaben bei, die außerhalb seiner praktischen Zwecke stehen: Es trachtet, daß das Publikum zufrieden sei. Letzteres glaubt man manchmal bewerkstelligen zu sollen durch Besorgung von Beifallsklatschen. Es gibt verschiedene Arten von Beifall, und Sachverständige vermögen den falschen vom echten leicht zu unterscheiden. Beginnt er mit einzelnen kräftigen Handschlägen, nach deren Kanonendonner stellenweise ein Kleingewehrfeuer von Klatschen folgt, welches dann wieder in einzelnen Schlägen verläuft, so ist das falscher Applaus. Erhebt sich der Beifall sofort nach der Wirkung gleichmäßig und in allen Gegenden des Saales, währt ein Weilchen und erlischt dann wieder gleichmäßig, so deutet das auf einen Erfolg in gewöhnlichem Sinne. Ist es nach der Wirkung im Saale einen Augenblick still, erhebt sich dann ein Sturm, der immer lebhafter und allgemeiner wird, bis er brausend den Saal erfüllt und eine Weile braucht, bis er sich legen kann, so ist das ein dem unerwarteten Ergebnis folgender Beifall von wahrem Werte, und der Vorleser kann sich sagen: Jetzt hast du ihnen ein Geschenk gemacht, der Dank ehrt den Empfänger wie den Geber — verneige dich. — Aber noch höher als dieser rühmliche Beifall steht dem humoristischen Vorleser das herzliche Lachen.

Von allem Lachen, das ich als Vorleser je erfahren, war mir weitaus das liebste — welches? Das schalkhafte und verständnisvolle Kichern hinter dem Fächer? Das dünne Meckern des verschrumpften Roués? Das süße Lächeln eines feinen Mündchens? Bewahre! Oder wohl das tiefe Brusttonlachen des Mannes? Sehr wohltuend. Doch das liebste Lachen war mir ein anderes.

Eines Tages besuchte ich auf Einladung das k. k. Blindeninstitut in Wien. Nachdem der Direktor mich mit den Einrichtungen der Anstalt bekannt gemacht und ich die Zöglinge — es waren deren ungefähr siebzig im Alter von sieben bis sechzehn Jahren — bei ihrem

Unterrichte und ihren Arbeiten beobachtet hatte, nachdem mir von einem der Kleinsten durch das Sturmsche Gedichtchen »Gott grüße Dich!« ans Herz geklopft worden war, willfahrte ich dem Ersuchen, den armen Kindern irgendein Stücklein aus meinen steirischen Dichtungen vorzulesen. Sie versammelten sich im Festsaale und saßen jetzt erwartungsvoll in den Bänken enge nebeneinander mit ihren blassen oder rosigen, aber durchweg ernsten Gesichtlein — Gesichter, die nicht sahen! Zumeist waren es kleinere Kinder, aus nah und fern zusammengekommen in dieses Asyl der Lichtlosen. Ein blasses Knäblein, das erst zwei Tage früher aus Kärnten gekommen war, weinte aus Heimweh still vor sich hin. Keine Augen, und doch Tränen!

Eine große Wehmut kam über mich, als ich so am Tischchen saß und im Buche nach einem heiteren Stückchen blätterte. Da es unmittelbar vor Weihnachten war, so wählte ich das Stück: »Dem Tannenbaum sei Lebn und Sterbn«. Mehrmals wollte mir vor innerer Bewegung die Stimme versagen in dem Gedanken, wem jetzt dieses Bildchen von armen Kindern und der Christkindliebe vorgelesen werde. Lautlos horchten die Zöglinge, manchem zuckten die Mundwinkel. Als nun im Walde die Buche und der Ahorn anhuben in menschlicher Sprache zu reden und die »Kranabetstauden« als altes Weiblein mit zahnlosem Munde geschwätzig ihre Beeren anpries, da erhub sich unter meinen jungen Zuhörern ein so helles herzliches Lachen, wie ich es frischer noch nie gehört hatte. Und dieses Lachen war mir das liebste von allem Beifall, den ich je erfahren. Selbst der kleine Kärntner lachte, während in den Augenwimpern ihm noch die Tropfen hingen, und ich hätte sie mögen küssen, alle, vor Freude darüber, daß sie — denen das Licht der Sterne, die Glut der Blumen und der freundliche Anblick der Mitmenschen versagt ist, so herzlich lachen können. —

Für mich die interessanteste Vorlesung war jene, die ich meinen Bauern hielt in Krieglach. Stellte mich eines Tages von diesen Bauern einer zur Rede, warum ich nur immer fremden Leuten steirische Vorlesungen hielte; man möchte es doch auch daheim einmal hören, was draußen über die steirischen Bauern gesagt werde. Gegen jeden, der aus dem Bauernstande springt und »zu den Herren geht«, ist Mißtrauen vorhanden. Der Bauernjanker ist vom Stadtrocke zu oft überlistet worden. Und jemand ließ im Dorfwirtshause laut werden, der Peter würde auch nicht viel anders sein als andere, die dem Vaterstande abtrünnig sind und sich dann über ihn lustig machen. — Nu, nu! — Ich habe mir's wohl gemerkt, daß nirgends die Standesvorzüge so sehr die Standesfehler überwiegen als im Bauerntum, daß nirgends die menschliche Tüchtigkeit so unverwüstlich ist als im Bauernstande. Und diese Überzeugung habe ich so oft und laut ausgerufen, daß die Herrenleute darüber manchmal ganz nervös geworden sind. Im ganzen gehöre ich weder den Bauern noch den Herren, sondern bloß mir selber. Doch war nun Gelegenheit, meinen Bauern einmal Rechenschaft abzulegen.

Zur Weihnachtszeit 1885 ließ ich in Krieglach auf dem Kirchplatze folgende Anzeige ergehen:

»In Johonnstog, Nochmittog um drei, gleih noch da Lidanei, is ban Höbnreich-Gosthaus a lustige Vorleserei als Gruaß za da heilign Weihnachtszeit extra für die liabn Londsleut von Peter Rosegger.

Einglodn sein dazua Baursleut und Hondwerchsleut, Monleut und Weiberleut, die Jungen und die Oltn, wölln uns af Gspoaß und Ernst gemüatlih untaholtn. Eingong frei. Gracht wird nix dabei. Kemps nit zspot, 's fongg on knopp um Drei.«

Herrischerseits schüttelte man dazu die Köpfe. Den Bauern Bäuerliches in Bauernsprache vorzulesen — das kann sauber werden! Was der Bauer schon weiß, das mag er nicht wieder hören. Wenn sich der Bauer was vorlesen oder vorpredigen läßt, so muß es was Fremdartiges, Pathetisches sein, theatralische Sentimentalität oder toller Spaß, und je unnatürlicher vorgetragen, desto besser; nur tüchtig schreien dabei. Dieweilen das Volk ein tausendköpfiges Kind ist.

Was wird also mit solch einem tausendfältigen Kindskopfe anzufangen sein? Freilich gibt es in Stadt und Land ein Publikum, das auf obigen Speck geht, aber der Bauer — so dachte ich — stößt seine eigene Seele nicht zurück. Und zudem ist es ja in der Tat etwas Neues, Seltsames, wenn ihm einmal ein Poet gegenübertritt, der die alte Bauernseele, wie sie ist, auspackt, die tapfere, schalkhafte, spottende, leidende, jauchzende und sündenheiße Bauernseele! »Va dir hon ihs, dir gib ihs«, sagt dieser Poet zu seinem Volke. — Man durfte also der »lustigen Vorleserei« in Krieglach mit einiger Spannung entgegensehen. Es war die erste solcher Art.

Am Johannistage, einem frischen Wintermorgen, fuhr ich also von Graz nach Krieglach. Auf dem Kirchplatze vor den Anschlagzetteln standen Gruppen von Bauern, buchstabierten die Kundmachung und schienen vor allem froh, daß es keine behördliche war. Eifrig besprachen sie sich untereinander, und jeder hatte seine Meinung über die »lustige Vorleserei«. Es war nicht mehr das alte Geschlecht, mit dem ich aufgewachsen und in die Schule gegangen; obschon auch von diesen noch etliche darunter, war es doch eine jüngere Generation, mit der ich nicht mehr so recht in Fühlung stand. Es fielen Bemerkungen, die mir zu denken gaben. »Wird holt der ondri Christ (Antichrist) in da Ledahosn sein!« sagte einer. »Ich geh nit eini«, sagte ein anderer. »Wer' mih nit aweil feanzln lossn von an Stodtherrn.«

»Ah na«, meinte ein dritter, »einigehn kina ma jo. Brauchn eahm jo nix z'glabn.«

»Und won er keck wird, rama mar eahm's Wildi ober und schmeißn an aussi.«

Um halb drei Uhr war die große Stube im Gasthause dicht besetzt. Es war der Tanzboden, und schon diese Reminiszenz lag der Sache ungünstig. Noch immer kamen Leute herbei, ganz bescheiden fragten sie an, was sie zahlen müßten, wenn sie »zualosn gehn« dürften. Trotz der Versicherung, daß freier Eintritt sei, wickelten die Weiber Kupfergeld aus den Ecken ihrer Sacktücher: »Gonz umsist trauad mar uns wul nit eini, a wenk wos gabadn ma von Herzn gern, gleiwul af a Seidl Wein.« — Ein alter, schwerhöriger Bauer meinte, ihm helfe es nichts, wenn er hineinginge, er sei so viel »terisch« und wollte den Platz einem anderen nicht versitzen, ließ es sich aber nicht nehmen, bei der Wirtin einen Gulden zu hinterlegen »für dem Dichter seine Kinder«. Ein armes Weiblein wand sich durch die Menge und stellte sich an der Treppe auf, weil es gehört, daß in der großen Stube Geld verteilt würde.

Die große Stube im ersten Stock war dermaßen angepfropft mit Menschen, daß der anwesende Dorfbaumeister noch rasch Untersuchung halten mußte, ob den Drambäumen des Bodens eine solche Last zugemutet werden dürfe. Als dann das Tor geschlossen wurde und der Vorleser in die Stube wollte, war für ihn kaum mehr Platz vorhanden. Auch etliche »Herrische« waren aus Nachbarsorten herbeigekommen, die mußten diesmal hinten in den Winkeln stehen. Vorn in den ersten Reihen saßen die Waldbauern, Ochsenknechte und Stallmägde.

Und diese betrugen sich musterhaft. Fast laut- und bewegungslos saßen sie da und warteten und fingen die Worte des Lesenden mit Ohren und Augen auf. Ich begann mit der Begründung meiner Vorleserei, zu der ich meine Landsleute eingeladen hätte, um zu zeigen, was ich über sie geschrieben und fremden Leuten vorzulesen pflegte. Als sie merkten, daß ich ganz »spaßig bäurisch« sprach, da kicherten die Weiber, und die Mannsgesichter gingen freundlich in die Breite.

Zuerst las ich aus meinem »Zither und Hackbrett« den »Ehestreit«, eine mit derbem Humor und blutendem Herzweh durchwobene Dichtung. Die Bauern lachten und schluchzten genau bei denselben Stellen wie die Städter. »Bei der Predi bin ih frei zrehrn kema (weinend worden)«, gestand mir nachher ein dickes Weib. »Und a Gspoaß is ah dabei, daß ma lochn muaß«, setzte ein Nebenstehender bei. »Sou viel schön zsomgstellt hot er's.« Dann las ich aus »Stoansteirisch« »D' Schwoagarin und ihr Kua«, ein Stücklein, bei welchem ich mich augenscheinlich tief in die Herzen aller anwesenden Stallmägde eingenistet hatte. Ferner kam ein Stück, das — wie ich gleich dartat — einzig nur der Bauernschaft vermeint war. Gegen die Waldverwüster:

> »Wiar a Milch ohni Rahm,
> Wiar a Vogel ohni Federn
> Is der Baur ohni Bam.«

Ein Bauer, der seinen Wald vertut, ist

> »Wiar a Bua, der sein Buschn
> Von Huat owareißt,
> Wiar a Dirndl, dös gar
> Sei greans Kranzerl wegschmeißt . . .«

Bei diesen Stellen verlängerten sich mehrere Gesichter beträchtlich, und ein viereckiger Bauer rief heftig dazwischen: »Wos woaß dan a so a Stodtherr! Wan da Wold sul stehnbleibn, muaßt holt 's Steuromt niedareißn.« Seine Nachbarn beruhigten ihn, da dürfe man nicht unterbrechen, sowenig wie den Pfarrer auf der Kanzel. — Besser behagte das lustige Stück vom Bauerndoktor, der seine vertrauensseligen Patienten auf die drolligste Art bei der Nase herumzieht. Dabei wurde aus vollen Hälsen gelacht; jede Figur im Geschichtlein bezogen sie auf Personen ihrer Bekanntschaft: »Däs is der! Däs is de! Ma gsiacht's und hört's urntlih, ah, däs is a Gspoaß!« Zum Schlusse ließ ich das scheidende Jahr 1885 als alten Mann auftreten, der die dörflichen Ereignisse des vergangenen Jahres launig erzählt und dann mit einem höflichen Neujahrswunsche Abschied nahm.

Gerade vor mir war ein greiser Landmann gesessen, gebückt und mit weißem Haar. Der hatte fortwährend sachte mit dem Kopfe genickt; und nun, als die Vorleserei und der Lärm aus waren, murmelte er vor sich hin: »An iads Wort a Wohrheit.«

Nach keiner Vorlesung bin ich je so glänzend rezensiert, durch keinen Lorbeerkranz so hoch geehrt worden als durch diesen Ausspruch des Greises.

Noch eine Weile blieben die Leute sitzen und stehen, es kam aber nichts mehr, und so drehten sie sich nach und nach lässig zu den Türen hinaus. Übles war nichts geschehen, als daß während der Vorlesung draußen ein paar Burschen, die keinen Platz mehr hatten finden können, ein Spektakel schlugen. Wenn ich eingeladen bin und werde dann vor der Türe abgewiesen, so schlage ich am Ende auch Spektakel.

Die nachträgliche Meinung über diese Vorleserei war eine geteilte. Die einen wollten mir die Hand küssen und meinten, ich sei halt so viel »a gmoana Herr!« »Und de oltweltisch Sproch! Wia der ältesti Bauer! Und lochn ba der Dummheit. Go da Herr Pforra hot glocht!« Andere versicherten, sie hätten bis morgen zuhören mögen; Butter und Eier, wenn sie einmal schicken dürften dafür. »Wonst wieder amol wos woast«, sagte mir ein Holzmeister mit der Geldkatz' um den Bauch, »nochher därf die Frau Muada Höbnreich wul ihr Haus spreitzn, sist tretns ihrs zsom.« Eine alte Magd gestand freimütig: »Ih bin holt sou viel vageßlih; wan ihs leßti Trum hör, hon ihs ersti scha wieda vageßn. Vastondn hon ih ah nit viel, weil ih ollaweil af d' Hen hon denkt, de ma gestern da Geir hot ghult.« Dem entgegen sagte ein schneidiger Bergler: »Vastondn hät ih olls, unterholtn hon ih mih ah, oba gfolln hots ma nit. Er möcht uns Bauersleutn wos in die Pappn schmiern. Dronkriagn möcht er uns. Däs is a Feiner! Ih sog enks, Nachbarn, trauts koan Herrn, und wan er ah nouh sa bäurisch redt! Oba wan er nouh amal kimbb und predigg, nochha bring ih mein Olti ah mit!« —

Damit genug. Wenn man alle Erlebnisse erzählen wollte, die einem Rhapsoden passieren, der vierzig Jahre lang (nahezu ein halbes Tausend Vorlesungen) umherzieht in nah und fern — es gäbe ein pudelnärrisches Buch. Was die Leute sich hinter mir dachten, das weiß ich nicht und frage nicht danach. Ich gab, was zu geben war, und besser als ich konnte, habe ich nie gelesen. Meine besondere Freude an solchen Vorlesungen war allemal das Aufhören und die Heimreise. Die Schattenseite meiner Vorlesereisen war, daß ich von denselben häufig leidend nach Hause kam. Hamerling hatte mich oft gewarnt davor, besonders im Winter mich den großen Strapazen auszusetzen. »Und wenn Sie davon allemal noch etwas hätten!« sagte er oft. »Sie glauben mit Ihren Vorlesungen für gemeinnützige Zwecke weiß Gott wieviel Gutes zu tun. Kein Mensch dankt Ihnen dafür.« Einmal gab der Dichter mir die Biographie Boz Dickens zur Beherzigung. »Der hat sich auch zu Tode gelesen, lieber Rosegger, aber er hat sich vorher mit seinem Humor wenigstens eine Million Dollars zusammengelesen.«

Humor und Millionen! — Welche verzweifelte Zusammenstellung!

HEIMWEH

Wer es nicht kennt, der lese das nicht. Er würde nur unwirsch
werden über die verdammte Sentimentalität. Und hätte insoweit
recht, die Sentimentalität ist verdammt widerlich. Aber das Heimweh! Das ist nicht sentimental, das ist brutal, das bringt dich um,
wie der grimmigste Feind. Jener Soldat auf der Schanze: Der
Feind hatte ihn um das Bein gebracht, um die Hand; ums Leben
hatte ihn das Heimweh gebracht im Lazarett. Das Heimweh ist ein
Mysterium, man kann es nicht sagen, man muß es singen, wie die
Liebe.

Im deutschen Volke klingt ein Lied: »Zu Straßburg auf der
Schanz.« Ein Soldat, der Klänge seiner Heimat gedenkend, flüchtet, wird gefangen und erschossen. »Das Alphorn hat mir solches
angetan. Das klag' ich an!« — Ich glaube, kein anderes Volk hat
ein solches Lied als das deutsche, und für keinen ist es so gesungen
als für den Älpler. »Verschont mein junges Leben nicht, schießt zu,
auf daß das Blut raus spritzt, das bitt' ich euch!« Lieber sterben,
als die Qual des Heimwehs noch länger leiden.

Auch ich weiß vom Heimweh ein lebenslanges Lied zu singen.
Der Städter, der eine angestammte Heimstätte nicht so kennt,
dürfte uns Berg- und Dorfmenschen schwerlich sekundieren. Er ist
um ein Leid ärmer und um ein Glück. Darum auch tat's mir um das
untergehende Bauerntum so leid! Es hat seinen Kindern stets eine
Heimat gegeben. Aber nicht jeder ist so kindisch, wie der kleine
Waldbauernbub war, der von seiner Schafweide aus beständig auf
das wenige Büchsenschuß weit entfernte Haus hinschaute, als könne
es ihm gestohlen werden. Dem Abc-Schützen blutete das kindische
Herz, wenn er vom nachbarlichen Schulhausfenster aus sein Heimathaus sah, wie es auf dem gegenüberliegenden Berge in still-
heiterem Sonnenscheine dalag. Wenn dann der aufsteigende Rauch
verriet: jetzt kocht die Mutter Strauben und Sterz, glaubte ich vor
Heimweh sterben zu müssen. Ein- oder zweimal hatte ich die
Schule gestürzt, weil es mir nicht möglich war, die Barfüßlein von
Vaters Erdgrund loszubringen. Und darauf am Abende habe ich
erfahren müssen, daß auf diesem Erdgrund scharfe Birkenreiser
wachsen. Wenn am Sonntag mein Oheim mich mitnahm in die
Kirche, da ging es an, in Kirchen hatte ich niemals Heimweh. Aber
dann im Wirtshaus! Saß der Oheim zwischen den lärmenden,
rülpsenden Gesellen, bis am Abend der Wirt das Kerzenlicht auf

den Tisch stellte und »Guten Abend« sagte. Mir ein Gläslein süßen Obstmostes mit der Semmel zum Tunken! Wieviel salziges Augenwasser troff hinein! »Wart nur, Bübel, wart, bis ich ausgetrunken hab', dann gehen wir heim!« So sagte der Oheim trostweise, aber er trank nicht aus, schwatzte nicht, spielte nicht, sondern saß da und saß da. Und wenn daheim das Haus gebrannt hätte, der Oheim würde auf sein Austrinken gewartet haben, bevor er mit dem Wasserkübel Feuer löschen gegangen wäre.

Mit Urgewalt erfaßte das Heimweh mich im zwölften Lebensjahre. Damals wollte im fünf Stunden weit entfernten Birkfeld der Dechant mich in sein Latein nehmen, daß aus dem Halterbuben einmal ein braver Pfarrer werden sollte. Auf Kost und Wohnung wurde ich in ein spinnweb'ges Bauernhaus getan, wo mir gleich am ersten Abend ein schlimmer Junge die schwarze Zipfelmütze vom Kopf riß und in den brennenden Ofen warf. Das war genug, die Zipfelmütze war von meiner Mutter gewesen. Wie sorgsam hatte sie mir dieselbe über die Ohren gezogen — und jetzt im Feuer! Mir war, als verbrenne die Mutter mit. Die Traurigkeit ist nicht zu sagen. Ich zählte die Monate, die Tage, die Stunden bis Weihnachten, wann mir ein Heimbesuch gestattet war. Dieses Zählen war ein lustiges Geschäft, schon während des Zählens vergingen die Minuten. Aber der erste Tag wollte nicht vergehen.

Und in einer nächsten Nacht lag ich auf dem Strohschaub in der Stube. Zu den Fensterlein schien der Vollmond herein, und ich tat nicht schlafen, nicht träumen, tat nichts als beten und weinen. Dieser fremde Kasten, dieser fremde Winkel, dieser fremde Ofen. Mir war übel zum Vergehen. Das dauerte so bis Mitternacht, da richtete ich mich auf und fragte: »Warum nicht?« Plötzlich warm war mir in der Brust, und so selig, so selig! Ich hatte mich rasch entschlossen zu fliehen. — Zehn Minuten später war ich mit meinem Handbündel bereits im Walde, durch den die Straße zog. Sonst hatte ich mich mächtig vor Gespenstern gefürchtet, heute liebte ich sie, denn es waren Heimwesen, von unseren Knechten und Mägden geschaffen. Anheimelten sie mich, aber ich sah keine. Ich sah nichts als die Bäume, die mir begegneten und sachte gegen das schreckliche Birkfeld hinabzuwandeln schienen, dieweilen ich voranlief gegen mein Alpel im Waldlande. Am Morgen sah ich das alte Haus, die Mutter stand gerade an der Tür und tat einen Schrei. Ihr Söhnlein, das sie schon als schönen Bischof gesehen mit der weißen zweispitzigen Seidenmütze, das lief jetzt scheu wie ein Reh über den Anger hinab. Es hatte Angst vor den Seinen. Das war ein böser Aufruhr, als ich so zurückkehrte; und dann kamen wieder die öden Plackereien des bäuerlichen Werktagslebens. Aber ich ertrug sie schweigend und dachte mir manchmal: wie dumm! Zu Birkfeld in der Schule beim freundlichen Dechant und seinen Büchern wäre es doch schöner gewesen. Ich machte mir eine Bischofsmütze aus Baumrinden, predigte den Schafen und firmte die Zicklein.

Später in den Lehrjahren lief ich von meiner Meisterherberge jeden Samstag nach Hause, oft auch — wenn es nicht zu weit — in den Wochennächten. War ich über die alte klobige Schwelle getreten und hatte das Innere des Hauses auch nur einen Augenblick gesehen, dann war ich's zufrieden. Einmal packte es mich in einem Bauernhause bei Mürzzuschlag. Am Sonntag, während Meister und Geselle sich des Lebens freuten, ging ich über Berg und Tal nach Alpel, wo Vater und Mutter an diesem Tage aber gar nicht zu finden waren. Hingegen saß auf dem Baume der Jungknecht und schmiß mir Holzäpfel an den Kopf. Ich ging nach Mürzzuschlag zurück, und das blaue Auge erinnerte mich die ganze Woche über an das Glück der Heimat. Wenn wir Schneider im Sommer bisweilen wochenlang keine Arbeit hatten, dann war es lustig, dann saß ich auf den Matten meines Vaterhauses, hütete die Lämmer und las Bücher über die weite Welt. Die weite Welt ging trotz des Festgewachsenseins an der braunen Erde niemals aus meinem Kopf, und niemals warest du, frohe Wienerstadt, du, lohleuchtender Süden, du, freies Schweizerland, niemals warst du mir so schön als vom Gesichtspunkt meines Heimathauses aus im stillen Waldland.

Und so lange neigte ich doch hinaus, bis plötzlich die Wendung kam. In jenem Winter habe ich eines Tages meine Siebensachen in ein Taschentuch getan und bin in die weite Welt gegangen. »Behüt' euch Gott, alle miteinander, in dreißig oder vierzig Jahren komme ich wieder!« So habe ich mich lachend von den betrübten Meinen verabschiedet. Fröhlich, unbefangen, gedankenlos wanderte ich fort von daheim, als ob's zu einer Dorfkirchweih des Nachbarortes ginge. Trotz der Erfahrung noch so einfältig zu sein, du zweiundzwanzigjähriger Mensch! War's die Jugend oder die Dummheit? Gott segne beide!

In der Buchhandlung zu Laibach, da sprachen sie eine schöne hochdeutsche Sprache. Sie war ganz eckig vor lauter Hochdeutsch. Das war schön. Untereinander redeten sie eine fremde Sprache — Slowenisch. Das war noch schöner. Meine Arbeit war, slowenische Gebetbücher zu falzen — da hatte ich sie nun, die vielen Bücher, nach denen mein Herz gebrannt! Im Grunde aber war mir nicht recht wohl. Sooft ein halbes Stündlein Zeit war, ging ich auf den Schloßberg, dort sah man die beschneiten Berge; ging zum Bahnhof, dort liefen die Eisenschienen wie ein liebes Doppelband nach Steiermark und Krieglach; ging in die Kirche, dort bei der Messe klang das Dominus vobiscum genau wie daheim. Damals dämmerte mir die Ahnung auf, warum die Sprache der katholischen Kirche in der ganzen Welt die lateinische ist. Sie ist eine Eisenbahnschiene um die ganze Welt und gleichsam die Heimatsprache aller Pfarrkirchen.

Mein Vergnügen am Essen, sonst eine gesegnete Eigenschaft der Jugend, war dahin. Wenn sie slowenisch sprachen, wurde mir übel im Magen, als ob ich Speck gegessen und Wasser darauf getrunken hätte. Was ich in der Buchhandlung angriff, geriet verkehrt. Mein Chef war gütig, er schaute mir manchmal ins Gesicht. Er riet mir frische Luft an, dann würde es schon besser werden. Wie soll es besser werden im fremden Krainerland? Sooft ich ein Kleidungsstück betrachtete, das mir die liebe Mutter genäht, die gute Schwester geglättet hatte, hub die Bestie an zu graben. Im Freien war mir manchmal etwas leichter. Wo alles fremd war, wo gar nichts an die Heimat Erinnerndes zu sehen war, da ging es fast eher noch, aber schon ein Fichtenbaum, eine Kuh oder ein Schaf konnten mir die ganze unerreichbare Waldheimat quälend vor Augen zaubern. Das Meckern einer Ziege drang mir tausendmal wonniger ins Herz als die Marschmusik der Soldaten in der Sternallee. Ein Buchbinder, zu dem ich mit einem Armvoll Gebetbücher geschickt wurde, schaute die Jammergestalt mitleidig an und fragte in krainerischem Deutsch, ob ich Zahnweh hätte. Auf meine Verneinung war all sein Mitleid dahin — wenn man nicht Zahnweh hat, wozu ein solches Gesicht! Und wie hätte ich ihm meine Not klagen können! Es war ja kein Wort dafür vorhanden. Ein Bangsein, eine Beklemmung, eine immerwährende Angst, daß daheim ein großes Unglück sein werde! So namenlos weh! Was die Seekrankheit für den Leib, das ist das Heimweh für die Seele. — Noch heute kann ich keinen Buchbinderleim riechen ohne Widerschein jenes Leides, denn solcher Geruch erinnert mich an Laibach im Krainerlande.

Die Schlaflosigkeit der Nächte war noch nicht das Schlimmste; schlimmer war in kurzem Schlafe der Traum, der mich heimführte ins liebe Waldhaus. Denn das Erwachen dann in der fremden frostigen Kammer mit der Aussicht auf eine nahe rußige Hofmauer spottet aller Pein, die ich je in diesem Jammertale kennengelernt habe. — Wie viele Jahre schon vermeinte ich in der Fremde zu weilen — was konnte daheim schon alles geschehen sein! Und noch nicht zehn Tage, seit ich mit fast tanzenden Schritten das traute Haus verlassen hatte. Die dreißig, vierzig Jahre, bis der Schlingel wieder einmal kommen wollte, konnten etwas länglich ausfallen. In die Bücher, auch wenn sie deutsch waren, tat ich kaum einen Blick; als wären sie Holzscheite oder Steine, so legte ich sie hin und her.

Später in Graz war es namentlich die Weihnachtszeit, die mich nahezu gewaltsam ins Gebirge riß, wo in Haus und Kirche einst das Christuskind dem Menschenkinde erschienen war. Aber das erneuerte sich sachte wieder, später, als die eigenen Kinder erschienen und mir die Stadt zur zweiten Heimat machten.

Trotzdem hat das Waldland mich niemals freigegeben. Meine Verwandten und Jugendbekannten waren im Laufe der Zeit weggestorben oder ausgewandert, mein Heimatshaus unter fremdem Besitz verfallen. Alles in jungwuchernde Waldwildnis versunken, und mich zog's doch wieder hinauf, und der Berg mit seiner öden, vermodernden Hütte war mir immer noch der Mittelpunkt der Welt.

Manche schöne große Reise ist mir am Heimweh gescheitert. Die erste Reisezeit war's immer ganz froh vorwärts gegangen, allmählich kam eine gewisse Unruhe und Hast in mich, das Interesse an den fremden Umgebungen verblaßte, ich kürzte den Aufenthalt in einzelnen Stationen ab und beschleunigte die Fahrt. Die Gedanken wendeten sich weltmüde der fernen Steiermark zu, bis ich dann allemal plötzlich umkehrte und mit dem schnellsten Zug Tag und Nacht fuhr — in die Heimat! Es gab ja Zeiten, wo ich eine Heimat eigentlich gar nicht hatte, weder da noch dort. Meine Mutter gestorben, die Verwandten zerstreut — Weib und Kind noch nicht vorhanden. Ich besaß kein Haus, keine Scholle, konnte in Steiermark kaum mehr mein eigen nennen als etwa in Holland oder in Australien — und doch zog's mich zurück, erbarmungslos, unwiderstehlich. Einmal draußen im Schwabenlande wurde durch den Heuduft der Wiesenmahden plötzlich ein solches Heimweh entfacht nach den Almmatten im Waldlande, daß ich eilends hinauffuhr nach Tirol, wo der Alpenheuhunger zur Not gestillt worden ist. Ferner erinnere ich mich, daß in Rom mir eines Tages eine so leidenschaftliche Sehnsucht kam nach dem Feldrain mit den Ahornen im Waldland. An jenem grünen Raine hatte ich vorzeiten ein Buch über Rom gelesen vom Colosseum, vom Pantheon, von der Engelsburg, von der Kirche des heiligen Petrus, hatte die Dinge in Holzschnitt betrachtet und heiß gewünscht, dieses Rom doch einmal mit leiblichen Augen zu sehen. Nun sah ich es, und nun sah ich kein erstrebenswerteres Ziel, als wieder dort am Feldrain zu sitzen unter den Ahornen! — So unbegreiflich ist der Mensch! Mit größter Überwindung entschloß ich mich zur Weiterreise nach Neapel. Aber ich aß nicht mehr, ich schlief nicht mehr, ich schaute nicht mehr in den Baedeker. Mein einziges Gebet- und Erbauungsbuch war der Eisenbahnkurier mit seinen Heimfahrtrouten. Und ein paar Tage später, mitten in den Ruinen von Pompeji — es waren auch noch der Vesuv und die Blaue Grotte im Plan gestanden — kam's mit solcher Gewalt, daß ich an den Bahnhof lief, dort die in Verwahrung gegebene Reisetasche an mich nahm und ununterbrochen — heimfuhr. Am fünften Tage stand ich auf einer Höhe des kühlen, stillen Waldlandes, blickte fast betroffen in die Runde und fragte: warum? — Ich wußte nicht, warum ich gekommen war. — Es ist ja doch nichts. Wie sonnig, wie blühend war Italien, und wie nebeldumpf sind diese Berge! Wie bunt, wie liebenswürdig, wie göttlich vergnügt waren diese Welschen, und wie schwerfällig und schläfrig sind diese Steirer! Ein galliger Kleinhäusler rief mir zu: »Da ist er ja wieder, der Stadtzottel, der zu den Herrischen gegangen ist, weil er nit arbeiten will!« — Das war der Heimgruß, und da kam ich mir sehr töricht vor.

Ein anderes Mal, in Böhmen, war ich schon gewitzigt und gab nicht nach. Wo findest du eine herrlichere Königsstadt als das hunderttürmige Prag! Mit guten Freunden, mit Wein, mit Festlichkeiten und allen Listen wollte ich das böse Hangen übertauchen, da wurde ich krank, bekam Fieber, verfiel in Schwäche und Apathie, und der Arzt flüsterte zum Wirt: »Heimreise! Aber sie wird schwerlich möglich sein.« Das Wort Heimreise hören, und ich war schon frischer. Noch am selben Abend reiste ich. In Pardubitz kein Fieber mehr, in Brünn Hunger nach Schinkenbrot, in Wien angekommen, war ich gesund. Im Schatten des Stephansturmes war ich vor Heimweh stets gefeit gewesen. Selbst heute noch, nachdem die alten Freunde, mit denen ich in der Kaiserstadt nachgerade eine zweite Jugend verlebt, längst gestorben sind, nachdem ich in diesem verzauberten Walde aus Stein wieder fremd geworden bin — der Stephansturm hat für mich immer noch die Wirkung wie die Berge im Waldlande, er gibt mir das süße, das ruhige Heimatsgefühl. Vielleicht wohl ein wenig auch darum, weil man vom Stephansturm aus so hübsch auf den — Südbahnhof sieht.

In den achtziger Jahren hat ein unternehmungslustiger Impressario mich nach Amerika schleppen wollen, um dort meine Vorlesungen zu machen. Mit jenen Bekannten, die mir damals zu dieser schönen Reise wärmstens geraten haben, spreche ich noch heute kein Wort. Ich empfand das Ansinnen wie eine persönliche Beleidigung. Eigentlich hätte ich sie gerichtlich verklagen können wegen Aufreizung zum Selbstmord. Ein anderes wäre meine Reise nach und durch Amerika nicht gewesen.

Später bot eine vornehm gesinnte Dame im Hinblick auf meine schwache Gesundheit mir ihr Haus an der Riviera zum Winteraufenthalt an. Um dem Heimweh allen Vorwand zu untergraben, sollte ich auch die Familie mitnehmen. Mit Weib und Kindern unter den Ölbäumen, Palmen und Lorbeeren zu wandeln im Angesichte des Meeres und des goldenen Himmels mit seinem südlich milden Hauch! Herrliches Leben! — Was geschah? Schon im Vorgedanken an den Aufenthalt im fremden Land wurde mir übel. Schon vorwegs bekam ich Heimweh, und zwar siebenfaches, für Mann, Frau und fünf Kinder. — Im nordischen Winter haben wir unseren Christbaum gefeiert — daheim.

Wenn sie mich zu den Soldaten hätten genommen! Ich hätte so oft fort müssen bei Nacht und Nebel und in die Wälder zurück, und wäre wahrscheinlich so oft wieder eingefangen worden, bis, alle übrigen Strafen durchgelitten, es mir ergangen wäre wie dem zu Straßburg auf der Schanz!

Und ein so furchtbarer Seelenzustand soll etwa gar noch poetisch sein? Wieso denn das? Von Gottes und Natur wegen ist der Poet doch überall daheim, wo es schön ist, wo echte Menschen wohnen; er soll mit dem ernsten Nordländer sinnen und mit dem heiteren Südländer lachen, mit dem Sohne des Ostens träumen und mit den gierigen Kindern des Westens genießen. Die Welt muß seinem Herzen gehören und sein Herz der Welt. Und so ein dummes Waldpoetenherz hängt wie ein Fichtenzapfen an einem Baum! — Ach ja, es gibt Waldpflanzen, die eben nicht versetzbar sind. Auf der Insel Rügen habe ich die Feder ans Papier gesetzt und nicht können dichten; in Venedig habe ich die Laute zur Hand genommen und nicht können singen. In aller Welt habe ich nach den von ihr gebotenen Früchten gelangt und nicht können glücklich sein.

Gehe du nun aber einmal mit mir in mein Waldland, du wirst mich staunend fragen. Du wirst dort den Moder einer vergangenen Welt finden und eine schwere Trauer. Da tritt aus dem Dickicht der Jäger und weist dich davon, dich und mich. Das wäre der Hirschen Revier, da hätten wir nichts zu suchen!

Heimweh nach einem Orte, wo man — fremd ist!

KRANKSEIN

Gesunder Leser, überschlage dieses Stück, außer du willst wissen, wie glücklich du bist.

Der Waldbauernbub daheim wußte gar nicht, daß es auf der Welt Leute gibt, die ganz gesund sind. Im Waldhause war immer jemand an etwas krank. Halsweh, Zahnweh, Kopfweh, Brustweh, Ohrenstechen, Strauchen, Bauchzwicken, Gallfieber, das war so das Gewöhnliche, und kein Mensch haderte deshalb mit dem lieben Herrgott — es war eben so, mußte so sein, das Leiden ist dem Menschen aufgesetzt, und der Herr Jesus hat auch seine Wunden gehabt. Die Lebensweise, heute zuwenig essen, morgen zuviel, heute schlecht Gesottenes, morgen nicht gar Gekochtes, wochenlang zuwenig Waschwasser, plötzlich wieder zuviel, das war's, ein anderes Aufgesetztsein gab es nicht. War dann das Leiden da, so bestand die Diät in überheizten Stuben, in Vermeidung aller frischen Luft, dazu die Kurpfuscher mit ihren Salben, Pflastern, Medizinen — alle Stunden einen Löffel voll —, es war ein Wunder, daß überhaupt noch jemand gesund wurde.

Außer zwei meiner Geschwister, die in erster Kindheit an »Friesel und Fraisen« (Ausschlag und Krämpfen) gestorben waren, haben wir allmiteinander das Waldhaus lebendig verlassen. Ein paarmal gab's Lungenentzündung und Nervenfieber, da wurden die geprüften Ärzte angerufen, die waren stundenweit weg, sahen vom Kranken nichts als das bewußte Fläschel und heilten per Distanz. Es gelang so schlecht und recht, wie in der Stadt, wo der Doktor täglich ins Haus kommt. Die Natur war sich selber überlassen, tat, was sie wollte, und machte die Kranken, falls die ihr unter die Füße geworfenen Hindernisse nicht gar zu groß waren, ehzeit wieder gesund.

Meine Mutter litt häufig an Schwindel, zuviel Blut! hieß es. Alljährlich mußte ihr einmal zur Ader gelassen werden, das war für mich allemal ein schrecklicher Tag. Die Mutter bluten zu sehen! Sie ging nach Krieglach oder Fischbach oder Langenwang zum Arzt. Der entblößte ihren Arm und ließ das Schlageisen auf die Ader schnappen. Ein schwarzroter Bogenstrahl, eine ganze Schüssel voll Blut. Dann Unterbinden, dann Einfatschen[1] des Armes, dann im Wirtshaus ein Stück Fleisch und ein Glas Wein, denn

---

[1] Mit Binden umwickeln.

jetzt mußte das Blut wieder nachgezüchtet werden. Wegen Ohnmachtsanwandlungen unterwegs über das Gebirge mußte ich die Mutter öfter begleiten. Einmal war es auf dem Heimweg mitten im Walde, daß meine Mutter stolperte, zu Boden fiel und den wunden Arm an einen Stein stieß. Sie stand rasch auf, versicherte, es sei nichts geschehen. Nach wenigen Schritten aber sank sie wieder um, und ich sah, wie an ihrem Arm das Blut hervorrieselte zwischen den Binden. Sie schlief, sie war im Gesicht weiß wie Lehm, und ich stand gelähmt neben ihr und konnte nichts denken als: jetzt ist die Mutter gestorben. Ein Fuhrmann kam gefahren, den rief ich an, die Mutter wolle nicht aufwachen! »Recht hat sie!« sagte er und fuhr davon. Sein Hündlein umkreiste bellend die Ohnmächtige und leckte ihr das Blut von der Hand. »Hilf uns, du lieber Hund!« schrie ich dem Tiere weinend zu. Der beleckte ihre Faust, ihre Stirne, und sie machte die Augen auf. »Es ist schon besser«, sagte sie leise, »laß mich nur noch ein wenig rasten, dann gehen wir weiter.« Nachdem sie selbst den Verband geordnet hatte, war doch auch der Fuhrmann umgekehrt und hat uns heimgeführt. So steht jener Waldgang noch in meiner Erinnerung, ich mochte damals kaum viel über sechs Jahre alt gewesen sein.

Mein Vater war bis zu seinen reiferen Jahren ein gesunder Mann gewesen. Um diese Zeit fiel er in ein schweres Nervenfieber, wie man sagte, und geriet nach Verlauf desselben in einen Zustand, der von Ärzten und Winkelärzten als Schwindsucht erklärt wurde. Er magerte ganz ab, war vor Schwäche zu jeder Arbeit unfähig und litt beständig an Melancholie. Ich erinnere mich noch, wie er mit mir kleinem Knaben in Wald und Feld sehr langsam umherging; oft mußte er sich vor Erschöpfung im Freien hinlegen; sein Herzleid war, daß ihm die Ameisen auswichen, denn das ist nach dem Volksglauben bei Kranken ein schlimmes Zeichen. Die Leute prophezeiten ihm keine Heilung mehr. »Wenn die Blätter abfallen, wird er halt sterben.« So hat es an zwei Jahre gedauert, dann hub er wieder sacht an zu arbeiten und zu leben wie ein gesunder Mensch. Aber eigentlich genesen zu dem kräftigen Manne, der er früher gewesen, ist er nie wieder. Einst ist er unter seinen Altersgenossen in Krieglach-Alpel der einzige Kranke gewesen, nach fünfzig Jahren war er von ihnen der einzige noch Lebende.

Die anderen, die Gesunden, glaubten sich nicht hüten zu müssen, sie kannten kein Maß in der Lebensführung. Die einen rasteten zu lange, die anderen arbeiteten zu scharf, aßen zu stark, tranken zuviel, hielten in ihren Leidenschaften keine Regel, kein vernünftiges Ziel. Wenn ich der guten Leute gedenke, die in jenen

Gegenden lebten, so zeigt sich im allgemeinen folgendes: Die Wohlhabenden und Genießenden starben frühzeitig, die Armen, kümmerlich Lebenden erreichten ein höheres Alter.

Meine Mutter starb freilich schon in ihrem vierundfünfzigsten Lebensjahre; mein Vater ist zweiundachtzig Jahre alt geworden.

Ich hatte in meiner frühen Jugend eine Lungenentzündung zu überstehen gehabt und kann mich noch recht wohl erinnern an die feuchtkalten Egel, die auf meiner Brust weideten. Meine häufigsten Jugendübel waren Zahn- und Ohrenschmerz. Die Zähne konnten herausgerissen werden; bei den Ohren hat unser Knecht auch manchmal angefaßt, wenn es galt, mich vom Schreibpapier zum Dreschflegel zu geleiten — aber ohne weiteren Heilerfolg.

Dann, als ich in die Studie kam, die Bergluft gegen Stadtstaub vertauscht hatte, war das den Augen nicht recht. Eine chronische Entzündung der Augen machte das Tagstudium schwer und das Nachtstudium fast unmöglich, gleichsam als wollten sie sich rächen dafür, daß sie gegen Waldesgrün das Büchergrau umtauschen mußten. Es half ihnen aber nicht viel; sie wurden nur sehr kurzsichtig, die Entzündung aber verlor sich, um später als Katarrh in Nase und Bronchien umherzuspuken.

Wenn ich meine Krankengeschichten weitererzähle, so geschieht es ein klein wenig in der Absicht, meinem Leser, der möglicherweise ja auch irgendwie leidend ist, ein gutes, ermutigendes Wort zu sagen. Und ist der liebe Leser gesund, so mag er's erfahren, wie gut er's hat. In den Krankenstuben lernt der Gesunde wie der Kranke — das Glück kennen.

In den Jahren 1877 bis 1879 (ich bewohnte damals zeitweilig mein neues, noch nicht vollkommen ausgetrocknetes Sommerhaus) empfand ich manchmal ein Unbehagen, ohne eigentlich zu wissen, wo es fehlte. Es war wie eine große körperliche Ermüdung, welche durch Rast und Ruhe aber nicht behoben wurde. Überanstrengung, Nervosität, hieß es — das sagt vieles und nichts. Als sich der Zustand allmählich steigerte, kam ich darauf, daß die Ursache in der Brust war, daß ich manchmal an das Atmen erinnert wurde, an das der gesunde Mensch sonst in Jahr und Tag nicht denkt. Eine gewisse Beklemmung war, besonders in den Nächten. Anfang 1879 zog ich mir auf einer Schlittenfahrt eine starke Erkältung zu, nach welcher bedenkliche Erscheinungen von Brustkrankheit auftraten. Zur Zeit hatte auch ein quälendes Seelenleiden begonnen, welchem ich nicht Herr zu werden vermochte und welches möglicherweise eine Ursache meines körperlichen Verfalles war. Ich hub mit den Ärzten an. Allerhand Ratschläge anderer Personen drängten sich selber auf, und nun begann eine Zeit mannigfaltigster Versuche. Die meisten der Ratschläge vereinigten sich für kalte Waschungen, die ich monatelang anwendete. Ich wurde dabei immer erschöpfter, konnte weder Hitze noch Kälte mehr ertragen, ohne daß sich Schleimhautentzündungen und Husten einstellten, bis endlich im Oktober 1879, bei einem plötzlichen Witterungswechsel von warmem Sonnenschein auf Schneefall, ein heftiger Bronchialkatarrh mit Asthma auftrat. Zwei Tage und zwei Nächte rang ich unter größter Anstrengung nach Atem. Das Röcheln und Pfeifen in der Brust war weithin zu hören, und die Bekannten und Freunde standen herum, wie am Bette eines Sterbenden. Das Fleisch fiel so rasch von den Knochen, daß ich vollkommen überzeugt war, auf galoppierender Schwindsucht in den Himmel hineinzureiten.

Am vierten Tage war ich zur Überraschung meiner Umgebung aus dem Bette, weil ich in aufrechter Stellung leichter atmete. Nach frischer Luft verlangte es mich, und bald saß ich auch wieder am Arbeitstische. Die kalten Waschungen wurden aufgegeben, hingegen kamen andere Mittel. Als Nahrung fast ausschließlich Fleisch, Milch, Eier, Malaga; später versuchte ich es mit reiner Pflanzennahrung. Am Leibe trug ich sogenannte Jägerwäsche. Leichte Turnübungen trieb ich täglich mehrmals. Im Frühsommer Kur in Gleichenberg, eisenhaltige Säuerlinge mit Milch jeden Morgen usw. Die schweren Anfälle aber wiederholten sich im Jahre fünf- und sechsmal und öfter, jeder tat, als wollte er der letzte sein und mir den Garaus machen. Manchmal dauerte der Brustkatarrh mit peinlicher Atemnot wochenlang, bis endlich wieder ein Weilchen der Erleichterung kam.

Wunder nahm es mich, daß dabei die geistige Arbeitslust nicht eigentlich litt, selbst in Stunden der Atemnot war ich angeregt, und während die Brust unter schwerer Beklemmung wie in Todesangst ächzte, dichtete es im Kopf Geschichten und Schwänke.

Ich wollte also doch mit dem Leben nicht abschließen. Wo und sooft es Gelegenheit gab, befragte ich Ärzte. Mancher horchte an der Brust, horchte am Rücken, guckte mit dem Spiegel in die Luftröhre hinab. Keiner sagte, was es eigentlich war, jeder verordnete: Schonung, keine Aufregungen, gute Nahrung, regelmäßige Spaziergänge, früh schlafen gehen. Mit ängstlicher Gewissenhaftigkeit hielt ich mich an diese Regeln, allein ich gesundete nicht und ich starb nicht. Dann verlegte ich mich auf Quacksalbereien, denn alt und jung, männlich und weiblich, herrisch und bäuerlich, geistlich und weltlich wußte guten Rat. Gemswurzelpulver. Hasenfell auf die

Brust. Tausendguldenkrauttee. Molken. Waschungen mit Weinessig. Höhenluft. Fichtenreisig im Schlafzimmer. Moorbäder. Ich tat nun schon alles mit der ziemlichen Gleichgültigkeit eines Mannes, dessen Tage gezählt sind. Versucht wurde selbst die Terrain-Kur, bei der nicht bloß die Tage, sondern auch die Schritte gezählt sind. Im Walde machte ich auf Anraten Lungenturnübungen, indem ich mit gehobenen Achseln wiederholt hoch aufatmete und mit weitoffenem Munde die frische Luft einschlürfte. Ich gesundete nicht und starb nicht. Im ganzen war nicht zu verkennen, daß ich immer mehr herunterkam. Den besten Rat gab mir ein alter Herr auf dem Grazer Schloßberg: Ich sollte trachten, nur noch einige Jährchen älter zu werden, dann wäre ich über das gefährlichste Alter hinaus.

Also lebte ich weiter, so gut es ging. Aber bisweilen verdroß es mich doch, daß ich oft so heiß nach Atem ringen mußte, den andere leicht und froh in die Brust trinken und ein lustig Liedel pfeifend wieder von sich blasen. Mühevoller erwirbt sich keiner das tägliche Brot, als ich das bißchen Luft erschnappen mußte aus dem unendlichen Vorrat, der uns umgibt. Der Hergang eines Asthmaanfalles war stets folgender: Anfangs das Bedürfnis zu ruhen, bald kommt ein milder Schlaf, dessen ganze Süßigkeit mir bewußt ist, wie sonst nie. Endlich erwache ich wieder, fühle ein leichtes Unbehagen, in den Gliedern ist ein plötzliches Hitzen, Reiz zum Niesen, dann merke ich, daß der Brustkorb etwas enge ist. Ich habe das Gefühl, als schwelle sachte die Lunge an. Das Atmen wird schwerer, wie mit Stricken schnürt's die Brust zusammen, das pfeift, ich muß mich aufrichten, den Oberkörper vorgeneigt ist's noch am erträglichsten; aber es verschlimmert sich, ich versuche alle möglichen Stellungen einzunehmen, es nützt nichts, jede Bewegung verstärkt die Atemnot, und vor Atemnot kann man kein Wort mehr sprechen, nur Silben kurz herausstoßen. So müde fühlt man die furchtbar arbeitende Lunge, daß man jeden Augenblick meint, sie müsse versagen. Das geht nun aber nicht bald vorüber, es dauert mindestens vier Stunden, oft auch, mit geringen Erleichterungen, einen oder mehrere Tage lang. Ein qualvoller Zustand. — Mit der Welt war ich zu jener Zeit im reinen, bat den Himmel nur noch, daß er rascher mache. Die Anfälle kamen und gingen. Fast kamen sie mir im Laufe der Zeit milder vor, was aber auch die Gewohnheit machen konnte. Wenigstens ließen sie mich seelisch gleichgültiger. Doch die Kuren und Medizinen, auch die Regelmäßigkeit der Lebensweise wurden mir endlich langweilig. Ich wollte in das träge Hinsiechen manchmal eine kleine Abwechslung bringen. Zur Munterkeit reizte ich mich auf, mit Leuten trachtete ich wieder mehr zu verkehren, obwohl immer alles erschrocken war von meinem Aussehen. In Gesprächen aber röteten sich meine Wangen, ich wurde lebhaft, ließ mich bewegen, manchmal etwas Steirisches zum besten zu geben, auch begann ich Wein und Bier zu trinken. Ich hub an, ins Wirtshaus zu gehen, unterhielt mich und dachte vielleicht erst um Mitternacht daran, nach Hause zu gehen. Manchmal kam darauf die Atemnot, manchmal nicht. Da fiel mir nämlich einmal etwas auf. Wenn ich des abends in Gesellschaft und unter lebhaftem Gespräche nach Hause ging, so folgte in der Nacht oder am nächsten Tage Brustkatarrh und Atemnot; ging ich allein, so war's gut. Endlich fiel es mir ein, daß die beim Sprechen rasch eingeatmete kalte Luft Ursache der Anfälle sein könne.

Als vor Jahren ein verdienstlicher Grazer Arzt mich versichert, daß durch Ausbrennen der inneren Nasenwände mit Lapis oder Wegschneiden der Anschwellungen und Wucherungen in der Nase mein Brustleiden heilbar sei, verstand ich den Zusammenhang nicht. Heute weiß ich freilich, daß dem Atem der Weg durch die Nase im Notfalle mit Feuer und Schwert erkämpft werden müsse!

Behoben war die Atmungsnot aber trotzdem nicht, und gerade im Sommer, wo gar keine kalte Luft einzuatmen war, kam sie am heftigsten. Da wurde mir einmal von jemandem die Asthmazigarette angeraten, die aus getrocknetem Kraute des Stechapfels besteht. Es ist das sogenannte Hexenkraut, mit dem im Mittelalter allerlei Verzückungen und Bezauberungen zuwege gebracht worden sein sollen. Ich lehnte dieses Mittel barsch ab, es war wohl wieder eines von den Hunderten nichtsnutzigen. Jahrelang lag die mir zur Probe gespendete kleine Zigarette in meiner Tischlade, mir vor Augen. Einmal aber, während eines heftigen Anfalls, nahm ich sie zündete sie an und sog einige Züge des Rauches in die Lunge. Tabaksraucher würden das Zeug schwerlich für ein »gutes Kraut« erklären, es war aber doch eins. Nach kaum zehn Zügen fühlte ich mich zur größten Überraschung erleichtert in der Brust, und der Atem ging lind und ruhig. Das Mittel habe ich bis heute beibehalten. Es wird zu Asthmazeiten abends angewendet, wonach allemal ein süßer, erquickender Schlaf folgt, aus dem ich gestärkt und zur Arbeit munter erwache. Von allen Heilmitteln, die ich mein Lebtag angewendet, ist dieses das einzige mit positiver, unmittelbar wohltätiger Wirkung. Das Asthma hat für mich seine Schrecken verloren. Nun kam aber einmal etwas anderes.

In einer Dezembernacht des Jahres 1892 erwachte ich und empfand in der rechten Brust ein scharfes, heftiges Stechen. Mein erster Gedanke: Lungenentzündung! Am Morgen aufgestanden, jagte mich heftiger Schüttelfrost ins Bett zurück. Der Arzt bestätigte meine Mutmaßung. Drei Tage nachher waren wir so weit, daß der in Wiener Neustadt studierende älteste Sohn heimgerufen wurde. Mir war ganz klar, was das zu bedeuten hatte. Dann im Nebenzimmer Ärztekonzilium, ich hörte nur von einem hohen Fieberstande, vom »Versehenlassen«, weiter hab ich nicht hingehorcht auf das Urteil über Leben und Tod. Mir fehlte nachgerade das Interesse dafür, ich war schläferig. So gut habe ich nie geruht, wie in jenen Tagen schwerer Krankheit. Jede Bewegung war nicht bloß verboten, sondern wegen der großen Schwäche auch unmöglich. In den Nächten, wenn die Meinen im Nebenzimmer wohl bange nach den kurzen Atemzügen horchten, sah ich liebliche Erscheinungen aus der Kindheit, hörte den Wiegengesang meiner Mutter. So kam das Weihnachtsfest. Sie wollten auf den Christbaum verzichten an dem Tage, der über Leben und Tod entscheiden sollte. Die Bitte, den kleineren Kindern ihr holdes Glück nicht vorzuenthalten, ich konnte sie nur hauchen. So wurde im Nebenzimmer der Tannenbaum aufgestellt. Obschon stark am entgegengesetzten Rande des Lebens, gehörte auch ich — wie es sich nun herausstellte — zu den kleinen Kindern. Den Christbaum wollte ich sehen. Der Arzt, dem meine Stimmungen gar wohl bekannt waren, gestattete, daß das Bett so gegen die Tür gerückt werde, um mit meinen Augen an dem Weihnachtsbaume teilnehmen zu können. Als dann der Baum leuchtete und sie das Bett rückten, barst dieses plötzlich auseinander, so daß nach allen Seiten die Bretter und Kissen hinfielen und ich mit meinem Strohsacke auf dem Boden lag. Der Meinigen Schreck war groß, ich aber lag ganz zufrieden, wo ich lag, und betrachtete den strahlenden Baum. Ich werde ja ohnehin das letzte Mal Lichter und Kinder sehen, fiel es mir ein, aber mir war ganz gehoben dabei zumute. Das Sterben ist ja auch ein Fest. — Ein anderes Bett war bald vorhanden. Die Trümmer des alten wurden in das Vorhaus gelehnt, und davon kam das Gerücht: er ist tot. Mein Schlaf in derselben Nacht mag danach gewesen sein, die Wärterin soll Stund' um Stund' mit ihren Medizinen, Labungen und Hilfsbereitschaften zu meinem Bette gekommen sein, ich wurde nicht wach, und am Christmorgen wußte sich der Arzt vor Vergnügen nicht zu fassen über das plötzliche Sinken des Fiebers. Die Krise war glücklich vorüber.

Im ganzen ist meine Kränklichkeit mir eine gute Erzieherin geworden. Sobald ich nur ein bißchen über die Schnur haue, werde ich bestraft. So habe ich mir's angewöhnen müssen, nie ganz so lange zu essen, bis ich satt bin, nie zu heiß und nie zu kalt, die

Speisen gut zu kauen, nie mehr als ein Glas Wein zu trinken, nie mehr als eine Zigarre zu rauchen, nie länger als bis zehn Uhr abends aufzubleiben, womöglich nie weniger als fünf, nie mehr als sieben Stunden zu schlafen, und nie daran zu vergessen, daß der Herr erst am sechsten Tage den Adam erschaffen hat. —

Ein zweites Glas Wein hatte bei mir schon Folgen, — allerdings nicht die bekannten landläufigen, ich wurde bloß heiter und geistig angeregt. Bald aber kam körperliche Abspannung, Erschöpfung; das erste Glas mag stärken, das zweite schwächt. Der Katzenjammer nach einem übermütig verlebten Abend äußert sich bei mir weniger körperlich als seelisch am nächsten Tage. Nie habe ich bereut, zu rechter Zeit schlafen gegangen zu sein, eine lustige Gesellschaft versäumt zu haben. Wie oft aber das Gegenteil! Und noch gut, wenn der allernächste Tag schon Richter ist, wenn es dann vergeben und vergessen wieder weitergeht.

Mein Schlaf ist spärlich und leicht, ein Schläfchen nach dem Mittagessen schmeckt gut, wird aber gern mit Atemnot oder einer gewissen Trägheit für den Rest des Tages bestraft. Ein Spaziergang in der Sonnenhitze wirkt auf mich wie Gift; bei kalter Witterung, in Regen, Schnee und Sturm wandere ich gern und ohne Gefahr. Bei Ausflügen fühle ich mich gewöhnlich als zu warm und zu schwer gekleidet. In leichtem Kleide habe ich mich nie erkältet, in schwerem nach ausgebrochenem Schweiße unzähligemal. In der Wohnung offene Fenster ohne Zugluft; scharfer Wind ist nach meiner Erfahrung nicht so schlimm, weil nicht so falsch als Zugluft. Im Schlafgemache Winter und Sommer die Nacht über ein offener Fensterflügel, aber so, daß der Luftstrom nicht aufs Bett geht. Von hartem Bette bin ich kein Freund, dazu sind meine Knochen nicht genug mit Fettpolster überzogen; ist die Unterlage weich, so kann die Decke leicht sein, eine dünne Wolldecke, im Winter zwei, aber keine widerliche und ungesunde Tuchend (Federdeckbett). Das Kopfkissen soll hart und flach sein.

Die beste Medizin und Erfrischung für einen Kränklichen ist mäßige Arbeit. In manchen Leidensstunden ist Arbeit freilich unmöglich, sobald es aber sein kann, soll man sie trotz oft großer Schwäche und Schmerzen sofort wieder ergreifen. Arbeit regt die Kräfte an, lenkt die Gedanken von der Krankheit ab. Gar manches lustige Geschichtchen habe ich unter schwerer Atemnot geschrieben.

Der Krankheit doch nicht gleich nachgeben; sich ja nicht immer die Lehre der Materialisten vorstellen, daß der Geist nur vom Fleisch abhänge, manchmal ist es umgekehrt, und ein starker Wille hat schon manche Krankheit überwunden. Tätigkeit ist die Trieb-feder der Lebensuhr. Man kann sich überarbeiten, aber noch weit leichter kann man sich überfaulenzen. Leute, die nichts zu tun ha-ben oder nichts tun wollen, als auf ihre Leiden zu achten, werden immer etwas zu klagen haben, und jener Wohlhabende ist gesund geworden, als er arm ward, nicht mehr Zeit hatte, krank zu sein, sondern sich den Unterhalt erwerben mußte.

Mancher Kranke würde sein Leiden mit großer Geduld ertragen und mit aller Gemütsruhe der Genesung entgegensehen, aber er quält sich mit der Angst vor dem Sterben. Würde er wissen, wie-viel ein Mensch aushalten kann, welch eine Zerstörung des Körpers dazu gehört, bevor er stirbt, er würde nicht so ängstlich sein. Er soll doch einmal die Bäume betrachten im Walde; wie wenige von ihnen sind ganz gesund; der eine krankt an den Blättern, der an-dere hat tote Äste, dem dritten fällt die Rinde ab, der vierte hat einen geknickten Wipfel, der fünfte einen hohlen Stamm oder ist sonst angemorscht und zerfressen. Und sie leben doch, sie grünen jedes Jahr, wachsen und weiten sich und sterben noch immer nicht. — Wo ist ein ganz gesunder Mensch? Mancher wird nur darum alt, weil er kränklich ist, weil er demzufolge trachtet, vernünftig zu leben. Und mancher wird nur darum ein besserer Mensch, weil er kränklich ist; er lernt sich bezähmen, sein Augenmerk auf geisti-ge Vorzüge richten, seine Freude an seelischen Gütern suchen. Und mancher wird nur darum glücklich, weil er kränklich ist, denn er findet mehr Ruhe und Frieden in der Ergebung, als er im Hasten, Jagen und Wähnen je gefunden hätte.

EIN FREMDER HERR

Das war auf meinem Häuschen zu Krieglach. Ich saß mit der Feder weit von aller Welt, mitten in der Wildnis meines »Jakob des Letzten«, am Toten See bei Altenmoos, dort, wo es im Frieden Gottes heißt. Klopft's an die Tür. Ich schreck' auf — ein Fenster? — Ein Bücherkasten? — Wo bin ich denn? — Ei ja so, in meiner Schreibstube bin ich, und die kürzlich erst eingestandene Magd kommt herein, um zu melden, daß ein fremder Herr im Vorzimmer sei.

»Ein fremder Herr? Was ist das, ein fremder Herr? Fremde Herren gibt's genug, was gehen mich fremde Herren an?«

»Bitt', der fremde Herr will den gnädigen Herrn sprechen.«

»Der gnädige Herr ist nicht vorhanden. Ich heiße Herr Vater, verstehen Sie?«

»Bitt', gnädiger Herr Vater...«

Stand der Fremde auch schon in der Tür. Ein untersetzter Mann mit schönem blondem Vollbart, hoher Stirn, dunklem Gesichte, blitzenden Augengläsern, einem grauen Überrock auf der Achsel, einen lichten Sonnenschirm in der Hand. Aber mein Gott, mir tanzte noch das ganze Altenmoos im Kopfe herum, fast taumelte ich, während der Fremde eingeladen wurde, »einen Augenblick Platz zu nehmen«. Scharmanter kann man ja doch niemanden hinauswerfen, als mit diesem »einen Augenblick Platz zu nehmen«, erfahrenere Leute setzen sich auf solche Einladung auch gar nicht nieder. Meinem Fremden aber mußte das neu sein, denn er setzte sich nieder. Den Schweiß trocknete er sich von der Stirn, denn es war ein heißer Sommertag und der Mann zu Fuß aus Mürzzuschlag gekommen, mehr als zwei Stunden Weges auf sonniger, staubiger Straße. Nun, so ließ ich ihn sammeln. Dann bemerkte er, daß wir für diesen Sommer Nachbarn wären, er habe sich in Mürzzuschlag niedergelassen für etliche Wochen, und die Gegend sei auch recht anmutig. Der Aussprache nach war er ein Norddeutscher, und als solchem, dachte ich, würden ihm wahrscheinlich die Berge zu niedrig sein in Steiermark. Doch beschwerte er sich nicht darüber, und mir war's auch recht; in Altenmoos um den Toten See herum gab es allerdings höhere Berge als im Mürztal. Hingegen verwunderte sich mein Fremder über die große Hitze, die in Steiermark herrsche; ich widersprach ihm, lag doch frostiger Nebel in der Schlucht, und der See hatte Eiskrusten. Ja so, das war in Altenmoos. Da er einen Blick auf das offene Klavier warf, so fragte er, ob ich denn auch musikalisch sei?

»Besonders viel gesungen wird«, antwortete ich, »über die Feldlehne hin ziehen in weißen Fäden die Fußsteige, auf welchen jetzt zur Feierabendzeit junge Burschen zu zweien, oder auch zu mehreren gesellt, langsam dahingehen und helle Jodler singen.«

Da merkte ich, daß er mich etwas verdutzt ansah, ich hatte zu meinem eigenen Schreck einen Satz aus »Jakob dem Letzten« gesagt.

Nun wurde es ein bißchen still, und ich dachte, jetzt wird er gleich mit der Bitte hervorrücken, um eine Zeile oder sonst ein kleines Andenken — wie das regelmäßig zu geschehen pflegt, wenn ein werter Besuch sich zum Abschiede bereit macht. Mein Fremder jedoch rückte mit keiner Bitte hervor, sondern war der Ansicht, er würde sich denn wieder auf die Beine machen sollen. Obschon dem Manne recht gut ins Auge zu gucken war, so widersprach ich seiner Ansicht nicht gerade offen. Dann stand er gelassen auf, empfahl sich freundlich und ging davon.

Ich eilte wieder an meinen Arbeitstisch. Dort lag die Visitenkarte noch, die des Fremden, welche die Magd hingelegt hatte. Nun — wie mag der Mann heißen? Ein Blick auf die Karte: Wie? Was? Johannes Brahms? Der berühmte Komponist? Das ist nicht möglich! Das ist nicht möglich!

Stürzte meine Frau zur Tür herein: »Du, denke dir, wer jetzt an unserem Hause vorübergegangen ist? Brahms, Johannes Brahms! Er muß es gewesen sein, ich kenne ihn nach einem Bilde.«

»Ich bin ein Unglücksmensch!« war mein Schrei. »Er war ja bei mir, hat mich besucht! Auf diesem Stuhl ist er gesessen, und ich — ich hab' ihn nicht erkannt!«

»Du bist ein...«, der Name, den sie mir gab, paßte weniger auf mein Äußeres als auf mein Inneres; ich steckte ihn also ein, und wir schauten zum Fenster hinaus. Dort auf der sonnigen, steinigen Straße, den lichten Sonnenschirm aufgespannt, schritt er langsam dahin — Mürzzuschlag zu.

»Nachlauf ihm! Auf der Stelle laufe ihm nach und bringe ihn zurück!« rief mein Weib. Aber mir waren die Füße wie in die Dielen gebohrt, ich fühlte mich gelähmt. Es war überhaupt nicht mehr gutzumachen. Und der Fremde schritt dahin die lange Straße, immer weiter fort, bis von ihm nur noch das lichte, zuckende Scheibchen des Sonnenschirms zu sehen war.

Dann schleuderte ich die Blätter meines Jakob, der mir so heillos vor dem Licht gestanden, in den Winkel, und dann ging der laute Jammer an. Er war den weiten Weg gegangen, um uns die Ehre eines Besuches zu erweisen. Ohne ein Dankeswort, ohne einen Tropfen Labnis habe ich ihn fortgehen lassen, nicht ahnend, daß ein Mann über die Schwelle meiner Hütte getreten, dessen Name nach hundert Jahren noch klingen wird in deutschen Landen. Erst am Abende zuvor waren wir wieder entzückt gewesen von seinen Sonaten, die meine Frau so schön zu spielen verstand. Mein ältester Knabe spielte Brahms und Brahms und konnte nicht genug Brahms spielen, und seine liederlustige Schwester konnte nicht genug Brahms singen. Und nun das! Wenn in meinem Hause der Hausvater nicht ein so brauchbares Einrichtungsstück wäre, ich wüßte nicht, wie es mir ergangen an demselbigen Tage! Was half es, daß der Stuhl, auf dem der Künstler gesessen, mit Ranken und Rosen bekränzt wurde, was hilft es, daß er noch heute der Brahmssessel heißt! Es ist gerade so, wie die Deutschen herrliche Denkmäler setzen ihren großen Männern, die sie im Leben vernachlässigt, nicht erkannt und ganz versäumt haben.

Das Selbstverständliche wäre nun gewesen ein Buß- und Bittgang nach Mürzzuschlag. Aber dazu hatte ich nicht den Mut. Mir schien es fast am besten, den so Hochverehrten und so Schwermißkannten an seine Wanderung nach Krieglach gar nicht mehr zu erinnern. Glücklich wäre ich, wenn er beim Verlassen meines Hauses nicht anders gedacht hätte als: O du armer, du zerstreuter Poet! — Nach einigen Tagen wagte ich es aber doch und ging nach Mürzzuschlag, ihn zu suchen. Da hieß es: Meister Brahms ist gestern abgereist.

Ich habe ihn nie wieder gesehen.

EHRGEIZ

Von der Süßigkeit der Ehre habe ich in meiner Jugend nicht viel zu schmecken bekommen. Wenn ich die Korngarben eines Tagschnittes gesammelt oder ein verlaufenes Kalb heimgebracht hatte, sagte meine Mutter höchstens: »Brav bist, Peterl!« Der Vater war selbst mit dieser Auszeichnung vorsichtig. Dann als Lehrling war schon Ehre und Strafe genug, wenn der Meister schwieg. Als ich in Schrift und Bild die ersten »Kunstwerke« schuf, von denen schon oftmals die Rede gewesen, würde mancher gemeint haben, jetzt sei die Ruhmesbahn eröffnet. Nun, der Beifall meines Publikums hörte sich so: »Schauts den Lausbuabn on, wos der olls zwegebringt! Onsechn tat mar eahns nit!« Studenten würden für ein solches Lob auf Säbel fordern. Ich dachte insgeheim: Besser, man ist gescheiter, als man ausschaut, denn umgekehrt! Und das war schon eine Überhebung. — In der Handelsakademie hernach wurden meine Leistungen angenommen, weil von dem ungeschulten Bauernjungen »halt nichts Besseres zu erwarten« war.

Just zur Eitelkeit hat mich also die »selige Jugendzeit« nicht verzogen. An Ehre hatte ich auch weiter nie gedacht, mußte unter gegebenen Verhältnissen froh sein, ohne Schande durchzukommen. Es wurden auch noch keinerlei Möglichkeiten erwogen, als ich die berühmten Dichter Anastasius Grün und Rober Hamerling kennenlernte.

In meinem sechsundzwanzigsten Lebensjahre erschien in Graz mein erstes Büchlein. In den nächstfolgenden Tagen getraute ich mich kaum auf die Gasse, aus wonniger Bangnis, meine Bekannten und auch Fremde würden mir von allen Seiten zulaufen und sagen, sie hätten das Büchlein schon gelesen. Nicht ein einziger ist herbeigelaufen. Aber einige Zeitungen lobten so schön, daß ich Angst bekam, sie würden demnächst ihr Lob widerrufen müssen. Das geschah wirklich in einigen Fällen. Ich fand es soweit ganz in Ordnung, auch wenn sie mich zausten und sagten, der Lärm, den man um den aufgestandenen Schnaderhüpfeljodler gemacht, sei ein übertriebener gewesen. Es wundert mich heute, daß ich, der sonst ziemlich Empfindliche, mir weder aus Lob noch aus Schimpf viel gemacht habe. Ich dichtete weiter, wie es in mir vorging, wie ich mußte. Ich schaute immer aufwärts, wohl auch um zu sehen, ob es recht hoch und steil sei bis hinauf zu Friedrich Schiller.

Dann fing allmählich etwas Ungeahntes an.

Im Jahre 1874 wurde ich das erstemal zum Ehrenmitglied ernannt, und zwar von einem Alpenverein. Das Diplom in goldenem Rahmen hing ich an die Wand, dorthin, wo man es schön sehen konnte. Zehn Jahre später wurde ich das erstemal zum Ehrenbürger erhoben, und zwar in meiner Heimatsgemeinde Krieglach. Zur selben Zeit taufte ein mir persönlich fremder Grazer Bürger seine von ihm erbaute und eröffnete Gasse mit meinem Namen. Das hat mich stark gefreut. Ich ging hin, um an der Ecke die Tafel zu lesen »Rosegger-Gasse«. Damals war es noch neu, Lebendigen an Straßenecken Gedenktafeln zu stiften. Der erste Lorbeerkranz wurde mir frühzeitig in einem Freundeshaus bei der Mahlzeit meuchlings versetzt. Das Töchterchen des Hauses legte mir ihn von rückwärts auf das »lockige Haupt«. Er war noch so bequem klein, daß er mein Köpfel gerade schön umfing. Es war eine mehr spaßhafte Huldigung, ich nahm das heilige Zeichen aber doch mit heim und besah im Spiegel mein gekröntes Haupt. Es sah dem Torquato Tasso leidlich gleich; der Abstand meines »Zither und Hackbretts« vom »Befreiten Jerusalem« war größer. — Später, besonders auf Vorlesereisen, gab es Kränze vom Umfang eines Schwungrades, mit Schleifen lang und breit wie Kindsfatschen[1]. Ich schmückte damit meine Stubenwände und hielt darauf, daß die Bänder mit den goldenen Widmungen hübsch den Augen der Besucher ausgestellt waren. Viel später, als die Blätter schon raschelten wie dürres Laub im Herbst, ließ ich die Siegestrophäen hinausschaffen in die hintere Kammer, auf einen Haufen zusammen, wo sie so lange liegenblieben, bis nur noch das dünne spießige Drahtgeflecht vorhanden war, das Dornenkronen ähnliche Gebinde. So etwas, wer genauer zusieht, ist hinter jedem Ehrenkranz verborgen.

Die ersten Zeitungskritiken über meine Bücher habe ich mit Gier gesammelt, die schmeichelhaften oft gelesen, die absprechenden seltener; habe sie in ein Buch geklebt und feierlich aufgehoben. Später tat ich die Rezensionen, die so ins Haus gekommen, noch ein bißchen geordnet in Mappen, noch später warf ich all derlei untereinander, bis der Kasten voll war, ein Papierwulst, den ich nie mehr las und auch sonst niemand lesen wird. Nur die polemischen Artikel, die boshaften, persönlich beleidigenden legte ich besonders und blätterte manchmal in ihnen und ließ mich ritzen und bespritzen, damit mir dann die Ehrungen wieder um so besser schmeckten. Bisweilen, wenn ich heute einen Blick werfe auf die modernden Papierstoffe im Kasten, fällt es mir wohl ein, wieviel

[1] Wickelbänder, Windeln.

sie — auch die mißgünstigen — einst zur Bekanntmachung meines Namens getan hatten.

In späteren Jahren erschienen Bücher über mich, wovon mir manches äußerst behagte, weil ich mir aus ihm fast wie eine leidliche Persönlichkeit vorkam, und wovon mich manches wieder zu mir selbst brachte, weil es dartat, wie armselig mein Können, wie unzulänglich mein Wissen, wie gering meine literarische Bedeutung ist. Da sind meine Gefühle denn oft höchst auf und nieder schwankend gewesen, »himmelhoch jauchzend, zum Tode betrübt«, und ich hatte zu tun, um mich selbst so weit im Gleichgewicht zu halten, daß meine Werke die gemäßigte Welt- und Menschenfreudigkeit bewahrten und jenen strengsten Richtern nicht allzusehr recht gaben.

Ehrungen, die in solche Zeiten der Zweifel und der Mutlosigkeit fielen, haben mich immer gestärkt und gehoben, während Anhäufung von Auszeichnungen in glücklichen Zeiten mich eher mißmutig und bange machten. War ich einmal mit einem Werk von mir zufrieden, dann taten mir auch andere Anerkennungen wohl, sie schienen mir am Platz; hingegen in Zeiten der Unzufriedenheit mit mir selbst haben äußere Ehrungen mich gedrückt und verzagt gemacht, wie eine Angabe, die ich nie würde bezahlen können.

Man könnte sagen, der Ehrgeiz sei eine noch niedrigere Eigenschaft als der Geldgeiz. Mit Geld könne man Gutes tun, der Ehrgeizige tue nichts, als sich selbst zu schmeicheln und schmeicheln zu lassen. Die Ehrungen seien nichts anderes als Züchtereien persönlicher Eitelkeit und rücksichtslosen Größenwahns; der Ehrgeiz nehme allen großen Absichten und schönen Taten den ethischen Wert. — Bei dem jetzt so beliebten Personenkultus wundert es mich nicht, daß man auf solche Gedanken kommen kann. Jeder wird ja gerne sein Werk geehrt sehen; wenn er aber seine Person verhimmelt und sein Werk etwa ignoriert sieht, dann ist es schwer, an den Ernst der Ehrungen zu glauben. Wir begehen gern hundertjährige Dichterjubiläen, aber die Buchhändler wissen zu sagen, daß kaum ein Exemplar der Dichtungen gekauft wird.

Derlei Gedanken waren es, die mich immer befangen gemacht hatten, wenn die Leute mich erhoben. Fast gedemütigt fühlte ich mich. Erst nachdem ich im allgemeinen den Sinn der Ehrungen richtig einschätzen lernte als Ausdruck anerkennenden Wohlwollens der Mitwelt, der nicht zu besonderem Dank verpflichtet, sondern von der Dankpflicht befreit, gewann ich die Unbefangenheit, mich über Auszeichnungen harmlos freuen zu können.

Wir sahen also: Zum Beginne der Laufbahn war wohl von

»hohen Zielen« die Rede, aber von Ehrgeiz keine Spur. Wie soll denn das auch so besonders schätzbar sein, das Königreich der Scholle verlassen und ein windiges Federtier werden! Aber ich mußte mich so und gerade so auswachsen, »sagen sie dazu, was sie wollen«. — In der Stadt nachher wehte die Luft zum Fliegen. Und als sie sachte anfingen, die lieblichen Formen der Anerkennung, da behagten sie mir, und es erging mir wie dem Bayer mit seinem Biere: Je mehr ich trank, je durstiger wurde ich, und mein Auge schaute aus, auf welchem Wege Ehre zu erwerben ist. Da hörte ich eine leise Stimme: Halt! — Ich weiß nicht, kam sie aus heiligen Höhen oder aus menschlichen Tiefen. Halt! rief es, wenn du auf diesem Wege weitergehst, so kommst du auf die Alltagsfläche, zur Liebedienerei, zur Handlangerei für der Philister Schwächen und Begierden, zum Parteigötzen, du findest eine Menge Leute und verlierst dich selber. Wer nach Ehre jagt, der begibt sich in die Knechtschaft der Menge und muß nach ihren Pfeifen tanzen. Der Ehrgeiz ist nicht die hochgemuteste, nein, sie ist die untertänigste aller Leidenschaften. Der Stolz wird auf andere verzichten, um sich selbst zu behalten. Bleibe du im Gerichtssprengel deiner selbst, laß dir von niemandem gebieten, als von dir selbst. Sei zu stolz, um nach Ehre zu haschen.

Ehre ist das Gelten eines Menschen bei Lebenszeit. Ruhm ist das Gelten, das ihm die Nachwelt zuerkennt. Egoistische Triebe sind beide, der Ehrgeiz wie der Ruhmgeiz, denn sie feiern nur die eigene Person und ihren Ruf. Wenn dieser Trieb die Haupttriebfeder zu großen Taten ist, dann mögen solche Taten zwar auch gemeinnützig sein, sind aber ethisch nicht viel wert. Der Altruismus, das Leben für andere, für alle, verlangt, daß das Wohl der Menschheit der Ruhmlast des einzelnen, des Leistenden, vorgezogen werde. Der Altruist wird auch dann für das allgemeine Wohl arbeiten, wenn er dafür von seinen Zeitgenossen verfolgt, von der Zukunft sein Name nicht genannt wird. Daß der Name in Vergessenheit gerät, das macht ihm nichts, wenn nur sein Werk lebt. Seine Nachkommen werden nicht aus dem Ruhme des Vorfahren etwas gewinnen können, wohl aber aus dessen bleibendem Werke.

Er, der Erdgewordene, weiß ja doch nichts mehr, spürt ja doch nichts mehr davon, wenn in aller Welt sein Name widerhallt. Aber da sein Ich möglicherweise neu geboren in der Menschheit weiterlebt, so kommt er ja ohnehin selbst zum Mitgenusse seines voreinst geschaffenen Werkes; hängt ein Name dran, so spricht er ihn aus wie jeden andern der vergangenen Wohltäter, ohne zu wissen, daß er es — selbst gewesen. — Wo bleibt da für das Individuum der Wert des sogenannten Nachruhms! — So kann der Kraftmensch in höherem Sinne sagen: Ich verlange keine Ehre, denn ich schaffe für meine eigene Zukunft.

Mit diesem Ewigkeitsmaßstab kann unsereiner nicht gemessen werden. Wir Kleinen, wir Dazwischenstehenden, die für die alte Welt zu spät und für die neue zu früh gekommen sind, wir Brückenarbeiter müssen zufrieden sein, wenn es uns gelingt, das Tiefersinken der Trasse zu verhindern, unsere Mitlebenden in der Not des Daseinsstreites zu laben, zu ermutigen, ihr Auge manchmal nach dem Hochziele zu lenken. Das Gelabtwerden mit zeitläufigen Humoren und Heiterkeiten lassen sie sich gerne gefallen, dafür sind sie dankbar, dafür bieten sie Ehre; für Hinweise auf das Hochziel sind sie schon weniger gestimmt, selbst wenn in künstlerischer Schöne die erhabenen Anbilder vor ihre Seele gestellt würden. Dafür haben sie selten eine andere Ehre als — ehrerbietiges Schweigen. Wenn man also sieht, daß weniger dem Großen, vielmehr dem Mittelmäßigen der reichste Beifall, die glänzendsten Ehren zuteil zu werden pflegen, so wird man nachdenklich, wenn über das eigene Haupt der Strom der Auszeichnungen sich allzu reichlich ergießt. Solche Ehrungen haben also doch das Gute, daß sie bescheiden machen, daß sie einen, der vielleicht in hoffärtigen Gedanken schwelgt, daran erinnern, was er ist, wohin er gehört und was ihm gebührt: der Ruhm des Tages, weil ihm der des Jahrhunderts nicht zukommt.

Derlei lose Betrachtungen wurden mir oft bestärkt, wenn ich sah, wie viele Opfer an Seelenfrieden, Menschenleben und — Ehre der Ehrgeiz fordert. Selbst wirkliche Ehre vermag der Ehrsüchtige hinzugeben für seine eingebildete. — Über das kostbare Gut der bürgerlichen Ehre ist mein Ehrgeiz im Ernst nie wesentlich hinausgekommen. Was mir trotzdem an außergewöhnlicher Ehre geschenkt wurde, das genieße ich endlich in ruhiger Freude, ohne daß es mich zu hochmütig oder zu demütig machen könnte.

BEKENNTNISSE UND GESTÄNDNISSE

Anläßlich des fünfzigsten Geburtstages 1893

I

Gehört die Zahl der Lebensjahre eines Menschen in das Gewinn-
oder in das Verlustkonto? Ist das Leben ein Gut oder ein Übel?
Im ersteren Falle sind die zurückgelegten Jahre ja ein Verlust, im
letzteren Falle ein Gewinn. Oder umgekehrt? Wunderlich ist das:
Junge Leute, besonders Weiber, geben sich gerne jünger; alte Leute,
besonders Männer, gerne älter, als sie sind. Mir war ein zugewan-
derter Greis bekannt, der war jahrzehntelang immer neunzig
Jahre alt; unter dieser Fahne lag er im Schatten, wenn die andern
Korn schnitten, unter dieser Fahne gab er weise Lehren, unter dieser Fahne ging er betteln. Wenn der Mensch uneigennützig seine
Lebensaufgabe gelöst hat, durch reiche Erfahrung lauter und weise geworden ist, dann kann er mit gutem Fug im Schatten ruhen
und — betteln gehen. Doch anderen weise Lehren geben wird er
nicht; wenn er wirklich weise geworden ist, dann muß er ja wissen,
daß alles Predigen eine müßige Arbeit ist, daß jeder nur einen
Lehrmeister anerkennt, nur einen einzigen — die persönliche Erfahrung.

Wenn der junge Mensch voller Kraft und Mut dem künftigen
Leben entgegenjauchzt, so ist er freilich so arm wie der grüne Halm
im Mai, aber so glücklich wie die Blüte und so reich an Hoffnung
wie die noch zarte Ähre.

Anders ist die Stellung des Mannes, der zwischen Jugend und
Alter steht, der nicht mehr hoffen kann und seine Aufgabe noch
nicht als erfüllt betrachten darf. Und wenn er sich fragen muß, ob
seine fünfzig Jahre in das Gewinn- oder in das Verlustkonto gehören, und er weiß die Antwort nicht, so ist das eine recht unbehag-
liche Sache.

Von dem Schreiber dieser Zeilen, den gegenwärtiger Zeitab-
schnitt zu einem Rückblick bewegt, darf vielleicht gesagt werden,
daß er nicht zu den Unzähligen gehört, die ihren Beruf verfehlt
haben. Ob der Schriftsteller Genügendes leistete, ist eine Frage,
die offenbleibt, sicher ist, daß unser Mann in jeder anderen Lebensstellung noch weniger geleistet haben würde und höchstwahrschein-
lich sehr unglücklich geworden wäre. Am ersten noch als Pfarrer
in einem entlegenen Gebirgsdorfe, wo Dogmatik und Politik sich

nicht störend zwischen ihn und seine Gemeinde gedrängt hätten, dürfte es ihm möglich gewesen sein, das Seinige zu vollbringen. Als Lehrer wäre ihm wahrscheinlich schon die Geduld zuwenig geworden, wenn der Erfolg nicht beizeiten dem Ideale entsprochen hätte. — Vor Jahren ist mir, wie schon früher erzählt, nahegelegt worden, eine Volksschulinspektion in Steiermark zu übernehmen. Diese Stelle hätte mich, den damals jungen Familienvater, aus Sorgen gerissen; unbedenklich habe ich abgelehnt und es nie bereut.

Glücklich kann nur der sein, dessen Neigung mit seiner Berufstätigkeit zusammenfällt, ihm wird die Arbeit selbst zum Genuß. Das war mein Fall als Schriftsteller. Und wenn ich daran zugrunde gegangen wäre, meiner Passion, zu fabeln und die Anliegen des Gemütes aufzuschreiben, hätte ich frönen müssen. In dem, was ich als meinen Beruf erkannt, habe ich mich fast vollkommen frei und naturgemäß bewegen können. Allerdings, die Kritik hat mir manches vorschreiben wollen. Anfangs riet sie mir, nur in steirischer Mundart zu dichten, bald setzte sie mich gnädigst ins Recht, Dorfgeschichten auch in Hochdeutsch schreiben zu dürfen, weitere schriftstellerische Zugeständnisse hat sie mir nicht machen wollen, ich aber tat, was mein Herz begehrte, schrieb Stadtnovellen und Kulturromane, schrieb Naturbilder, Reiseerlebnisse, Stimmungs- und Lehrgedichte, Theaterstücke, Bergpredigten und habe meinen geschätzten Mitmenschen unverhohlen ins Gesicht gesagt, was mir an uns allen nicht recht ist. Zuerst ist man über diese eigenmächtigen Ausfälle in fremde Gebiete empört gewesen, allmählich hat man sich daran gewöhnt, die Novellen und Romane sind gelesen, die Theaterstücke aufgeführt, die Gedichte in Musik gesetzt und gesungen, die Bergpredigten nicht befolgt worden. Jedem das Seine. Mir war die Genugtuung, mich nach allen Seiten meines Wesens ausleben zu können.

Wäre ich Bauer geblieben oder etwas anderes geworden, so würde ich nicht mehr leben, dann wäre es gewiß der verfehlte Beruf gewesen, der mich getötet hätte. Ohne Neigung etwas zu tun, schon das ist schlimm, aber Dinge, wozu die Neigung vorhanden, zu unterlassen, das macht erst richtige Unglücksmenschen.

Meine ersten schriftstellerischen Versuche machte ich noch in der Zeit der Kielfedern, die ich mit der Nähschere der Mutter spitzte, weil's mit dem Taschenfeitel nicht gehen wollte. Mochte damals zwölf oder dreizehn Jahre alt gewesen sein. Öffentlich trat ich als schriftstellerischer Dilettant neun Jahre später auf, und als zünftiger Schriftsteller gelte ich seit meinem sechsundzwanzigsten Jahre. Als in Frankreich die deutschen Kanonen krachten, entstand mein erstes hochdeutsches Buch, nachdem ihm zwei Büchlein steirischer Mundart vorangegangen waren. Seither sind an dreißig Bände erschienen, ich zähle sie, wägen mag sie das Publikum. Der Autor hat die Genugtuung erfahren, daß seine Schriften in der weiten Welt auch zu den Armen sprechen, um — wie es seine Absicht ist — zu erquicken und zu erheben, dort, wo es am meisten not tut. Vor allen Dankeskundgebungen haben mich stets solche am meisten gefreut, die aus den Krankenstuben, aus den Strafhäusern, aus den Hütten des Elends kamen mit dem Geständnisse: du hast uns getröstet, erheitert, den Glauben an Gott und Menschen wiedergegeben. — Daß mir solches manchmal gelungen, ist meine stolze Freude, für die ich Gott, der sie gab, in Demut danke.

Aus diesen Bekenntnissen scheint hervorzugehen, als ob ich mit meinen schriftstellerischen Leistungen sehr zufrieden wäre. Das bin ich nun zwar nicht und war es nie. Es kam wohl vor, daß ich zeitweilig etwas für gelungen hielt, mich darüber freute. Häufiger jedoch trat mir meine Unzulänglichkeit vor Augen. Wenn das Bewußtsein vorhanden ist: du kannst es nicht besser machen, nun, da gibt man sich drein und verzichtet; wenn jedoch eine innere Stimme sagt: das ist nicht so gut, als es sein könnte, du hast ein Stück deines Talents dem Erwerbe zum Opfer bringen müssen, du hast deine Fähigkeit nicht erschöpft! — so ist das peinigend wie böses Gewissen, und kein Lob von außen spricht davon frei.

Und wenn derlei zu oft vorkommt, so unterwühlt es das Vertrauen an sich selbst. Die Stimmung verdüstert sich, so daß man endlich fragt: Wozu denn überhaupt das alles? Sich hinsetzen, allerlei Gesehenes, Erlebtes, Fabeleien und Hirngespinste aufschreiben oder Gedanken wiederkäuen, die schon tausendmal gesagt worden sind, ohne daß sie je jemandem genützt hätten, Bücher machen, die Leute unterhalten, aufregen, ihnen vertrauensselig allerlei Herzensnöte beichten oder gar mit ihnen zu zanken — ist das wert eines Menschenlebens? Will man darum essen, trinken, geachtet sein und nach dem Tode noch ein paar Jahrzehnte Unsterblichkeit heischen? — Genaugenommen, ist ein solcher Beruf denn doch etwas windig. Wie solide hingegen ist die Arbeit des Holzschlägers, des Feldbauers, des Handwerkers, des Mannes, der die gesellschaftliche Ordnung mit aufrechterhält! Im Angesichte der drängenden Bedürfnisse und der ungeheuren wirtschaftlichen Nöte, die in der Welt herrschen, erscheint fast der Dichter ein — Luxusgegenstand, den sich ein Volk leisten oder auch nicht leisten will.

Es hat Zeiten gegeben, da ich Mut fand in der Vorstellung, als gehörte der Poet mit zu den Propheten und Pfadfindern für eine bessere Zukunft; als habe der, dem das Wort gegeben, die Pflicht, es zu führenden Zwecken zu gebrauchen. Es liegt auch in meiner Wesenheit, nach Kräften mitzuarbeiten zum Zwecke, die Irrtümer unserer Kultur zu erkennen, die Vorurteile und Schäden auszurotten, die seit Jahrtausenden bewährten Ideale, die so oft verlassenen, wieder zu beleben, vor allem einen wohlwollenden Geist wachzurufen, so daß in dieser mit unabwendbaren, natürlichen Leiden schon reichlich vollgepfropften Welt nicht auch noch die Menschen einander peinigen möchten.

Aber siehe, sooft ich diese bessere und würdigere Seite meines Berufes betätige, war es einer schweren Menge von Leuten nicht recht. Mit nichts kann man solche Leute mehr in Wut bringen, als wenn ihnen der Rat gegeben wird, wohlwollend zu sein gegen alle Kreatur. — Nicht etwa aus meinen dichterischen Fehlern und Mängeln, sondern gerade aus dieser reinen Art meines Wesens sind mir im Laufe der Zeit manche Leiden und Kränkungen erwachsen. Oft gab mein Egoismus mir den Rat: Laß sie gehen, sie sollen treiben, was sie wollen, wozu dir Unannehmlichkeiten bereiten, dir Feinde machen? — Aber ich konnte es nicht lassen. Wenn die vielen Irrtümer, die nach meiner Meinung gepflegt werden wie heilige Wahrheiten, das viele Unrecht, das begangen wird unter dem wohlklingenden Titel schöner, aber mißverstandener Ideale, mich empörten, da wäre es wider meine Natur gewesen, schweigend zuzusehen.

Vor achtunddreißig Jahren war eines Sonntags Christenlehre in Alpel. Der Kaplan Gußmann aus Krieglach war da und erklärte, daß alle Menschen, die nicht christkatholisch getauft wären, der ewigen Seligkeit verlustig gingen. Ich mußte den Geistlichen hernach auf dem Heimweg begleiten, um die Tasche mit dem kirchlichen Gewande zu tragen. Unterwegs machte das dumme Bauernbübel den Mund auf und sagte: »Das kann doch nicht sein, daß Gott alle verdammt, die nicht getauft sind. Gott ist ja gerecht, und die Chinesen können nichts dafür, daß sie vom katholischen Glauben nichts gehört haben.« Es war ein spottbilliger Einwand. Sagte hierauf der Kaplan: »Willst also du gescheiter sein als unser Herrgott! So gehe nur hin und erschaffe eine bessere Welt und laß dich für sie kreuzigen.« Darauf habe ich mir gedacht: Es ist wahr, welterschaffen kannst du freilich nicht, dummer Bub, also sei still! — Es war mein erstes laut geäußertes Bedenken gewesen gegen eine feststehende Anschauung. Seither hat's in mir nimmer Ruhe geben wollen. Viele Richtungen und Einrichtungen, die mir verwerflich schienen, habe ich bekämpft mit aller Absicht, und viele Menschen, die daran hingen, habe ich beleidigt, ohne es zu wollen. Der beliebteste Schlager, mit dem meine Gegner mich schon hundertmal getötet haben, war der Vorwurf, daß ich nichts gelernt hätte, also nichts verstünde, also schweigen solle. Wenn man, die Einseitigkeit wiederholend, den Spieß umdrehen wollte, so wäre solchen hochgelehrten Leuten ebenso der Mund zu verbieten, weil sie ja doch alles nur aus Büchern gelernt, wenig aber erfahren und mit persönlichem Auge gesehen haben. Ich habe drei, wenn nicht gar vier verschiedene Gesellschaftsschichten durchlebt, durcharbeitet und durchlitten. Die dabei gemachten Erfahrungen dünken mich in meinen hoffärtigsten Stunden fast so wertvoll wie ein ganzes achtklassiges Gymnasium. Zwar bin ich nachher auch jahrelang auf Schulbänken gesessen, sogar auf solchen der ehrwürdigen »Alma mater«, zwar habe ich unzählige Lehrbücher gelesen, teils sogar durchgeochst, aber alles, alles das hat nicht anschlagen wollen; mein Reitrößlein hat nie aus dem dürren Heu der Schulweisheit, immer nur aus dem grünen Grase des Lebens seine Nahrung gegrast. Fett ist es dabei auch nicht geworden.

Sosehr sich die Herren manchmal über mich haben ärgern müssen, so waren sie zu meiner Verwunderung allemal bald versöhnt, wenn die spaßhaften Lieder, Geschichten und Schwänke aufmarschierten, nur als Lustigmacher sollte der Poet auf der Bühne stehen, während er eine schwerkranke Familie hatte — die Menschheit.

Diese Kluft zwischen Bußprediger und Kasperl zu überbrücken, gelingt nur dem echten Humoristen, mir ist es sehr oft nicht gelungen. Wenn ich's aber noch zuwege bringe, dann erst darf dreist gesagt werden: du hast deinen Beruf nicht verfehlt.

Ob ich in der Literatur eine Stellung einnehme, und welche, darüber ist natürlich auch schon nachgedacht worden. Ich bin mir darüber vollkommen unklar, und die Literaturgeschichtenschreiber? Einmal hat mir so einer gesagt: »Sie sind schwer ins Fach zu bringen, mein Lieber, Sie sind so spießig und siebeneckig und reimen sich in keine Kategorie, Sie sind ein Wilder, und für solche hat man keine Fächer.« Nun, so gedenke ich eben außerhalb der »Literaturgeschichte« stehenzubleiben. Auch literarischen Verbindungen und dem, was man »Koterie« nennt, bin ich stets ferngeblieben, ihren Leitern nicht vor den Füßen herumgestanden; mir war's immer ein Spaß, zu beobachten, wie weit ich ihnen vorhanden war, wenn ich persönlich nicht vorhanden war. Mit dem sogenannten »Literarischen« habe ich also wenig zu tun, und es ist eine rechte Schalkerei des Geschickes, daß ein Mensch, der keinen Bücherstaub leiden mag, selbst Bücher schreiben muß.

Ich bin ein kleiner, aber warmer Mensch, der sich selbst immer auch anderen mitteilen möchte, glaube, aus meinem inneren Leben immer geben zu müssen, und habe doch selbst so wenig. Die Leiden und Freuden, die mir persönlich zustoßen, könnte ich nicht ertragen, wenn ich sie nicht in Worte bringen und mir also gegenständlich machen dürfte. Dasselbe ist bei allen Zeitfragen der Fall, die uns alle angehen, die mich nicht gleichgültig lassen — ich muß darüber mein Anliegen sagen, damit auch andere Mitträger desselben werden können. Darum ist's doch etwas wenig philosophisch gedacht, wenn es heißt: Was gehen ihn solche Sachen an, da soll er nicht dreinreden, das versteht er nicht. — Verstehen! Das ist viel verlangt. Wenn nur der Verstehende sprechen dürfte, der Erdkreis wäre stumm wie ein Kirchhof. — Kurz, ich tat, was ich mußte. Ich habe vieles aus innerer Notwendigkeit geschrieben, manches aus Erwerbsbedürfnis, nichts aus Ehrgeiz.

Du lieber Gott, geachtet zu werden, so was man für den Tag braucht, das ist ja hübsch und erleichtert das Leben. Der Ehrgeiz aber, wenn ich ihn hätte, wäre unersättlich. Zweihundert Jahre Unsterblichkeit wären mir viel zuwenig, da fange ich lieber gar nicht an, unsterblich zu werden.

Eine weitere Frage ist, ob mit meinem Worte auch immer mein Leben übereingestimmt hat, ob Fehler und Irrtümer, die ich an anderen rügte, nicht auch mir hinten am Zopfe hingen? Es hat wohl Zeiten gegeben, wo ich mir errötend vorgenommen, fürderhin mäuschenstill meiner Wege zu gehen. — Fünfzig Lebensjahre sind vorüber. Wäre es mir gelungen, ein literarisches Kunstwerk zu schaffen, dann könnte ich Hoffnung haben, auch noch ein zweites zu vollenden — aus mir selbst einen möglichst vollkommenen Menschen zu machen. Aber es ist halt schwer. Oft, wenn man sich vornimmt, schrecklich brav zu sein, passiert einem ein Malheur. Allerdings sind nach den Hundstagen die Gewitter nicht mehr so streng, aber auch das Alter hat seine moralischen Gefahren. Das Sicherste gegen schwere Verirrungen ist gewissenstreue Arbeit, solange es geht.

In bezug auf das körperliche Wohlbefinden dürfte für die Zukunft kaum viel anhaltend Gutes zu erwarten sein. Trotz des Brustleidens, das sich steigern wird, hatte ich mir eine hübsche Idylle zusammengeträumt. Von körperlichen Kräften zwar verlassen, würde ich im Garten sitzen und in die weite Gegend hinausblicken und im Anschauen der Natur recht glücklich sein. Nun nimmt aber in letzter Zeit mein Augenlicht merklich ab. Sollte ich noch ein paar Jährchen leben, so sinkt vielleicht ein Vorhang nieder zwischen der Außenwelt und mir, so daß dann doppelt Gelegenheit und Muße sein wird, die stets so heilsame Einkehr in sich selbst zu halten. — Ist die Lust verschwunden, für andere zu fabulieren, dann fabuliere ich mir wohl noch selber allerhand vor von der »schönen Welt«, von den »guten Menschen«, denn die einmal eingebrockte Suppe muß ausgelöffelt werden auf anständige Art. Wem das Leben nicht gefällt, so wie es ist, der muß sich eben ein schöneres dichten. — Jedenfalls strebe ich nach Kräften der zweiten Kindheit zu — dem hohen Alter.

Noch beglückwünsche ich mich, daß die Mitmenschen meine große Schwäche, oft und viel von mir selbst zu reden, sich so willig gefallen ließen. Freilich ist es nur eine gewohnte Form, durch das Beispiel der mir wohlbekannten eigenen Person den Menschen im allgemeinen aufzuzeigen, sowie mancher Leser in mir sich selbst finden dürfte. Jeder von uns ist ein Hohlspiegel und Brennpunkt der Welt; nicht was die Welt an sich selbst ist, kümmert uns, sondern wie sie uns erscheint. So möchte wohl jedes empfindende und denkende, scharf ausgeprägte Eigenwesen ohne viel Ziererei offen sagen dürfen, was es von der Welt und von sich für eine Meinung hat, sich selber kennenlernen heißt seine Welt kennenlernen. Freilich ist Selbsterkenntnis noch lange nicht Selbsterkenntnis. Diese läßt — soviel uns zu den Geburts- und Neujahrstagen auch Gutes gewünscht werden mag — sicherlich immer noch viel zu wünschen übrig.

II

Was ich heute noch an mir verraten will, das pflegt man sonst zu verschweigen, denn es schaut nicht viel Ehre dabei heraus. Schlecht sein ist schlimm, dumm sein noch schlimmer, unwissend sein am allerschlimmsten. Ein Ignorant! Wenn ein Dummer vieles weiß, und das kommt nicht selten vor, so ist das ein Zeichen von Fleiß und Strebsamkeit. Einer aber, der unter Gebildeten lebt und nichts gelernt hat und nichts weiß und sich nicht bestrebt, so einer ist wahrlich ein Greuel.

Ihr Leute, und so einer bin ich!

Da gehe ich schon seit länger als dreißig Jahren unter euch umher, wandere landauf und -ab, stadtein und -aus, lehrsaalhin und -her, verkehre mit den klügsten Leuten, besitze eine Menge Schriften aller Art und schreibe selbst ein Buch ums andere — und die allerwenigsten Leute ahnen, wie ungebildet ich im Grunde bin. Nur die Vertrautesten wissen, wie es zum Beispiel mit meiner

Orthographie steht und wie häufig ich den Leuten ein X für ein U mache.

Das klein bißchen, was ich weiß, hat mich das Leben, das bißchen, was ich vermag, die Not gelehrt. Mein Unvermögen, mich mündlich auszudrücken, hat mich das Schreiben, mein Drang, das Geschriebene anderen mitzuteilen, das Lesen gelehrt. Als Familienvater mit zweifelhaftem Einkommen habe ich das Rechnen gelernt, als Hirte auf der Weide Zoologie, als Ackerbauer und Hauer Mineralogie, als Heuer und Holzknecht Botanik. Geographie habe ich auf Reisen, Geschichte aus den aufeinanderfolgenden Ereignissen in ihren Ursachen und Wirkungen, Volkskunde als wandernder Bursche gelernt und Astronomie in schlaflosen Nächten, wenn ich aufblickte zu den Sternen. Gedanken über Physiologie, Anatomie, Medizin und Geduld haben mir die Krankheiten beigebracht, Theologie habe ich in Zeiten der Not und Verlassenheit getrieben und Rechtskunde in der Prüfung meiner selbst: »Was du nicht willst, das man dir tut, das tu' auch anderen nicht.« Das Musizieren ist mir traut geworden durch die Waldvögelein und das Rauschen der Wasserfälle, das Fabulieren habe ich gar nicht gelernt. Mein erstes Kindesstammeln — sagt die alte Base — sei eine Geschichte in steirischer Mundart gewesen, und mein Leben — sagen schöngeistige Zeitungsberichte — sei ein Roman.

Aus all diesem erhellt, wie weit es mit meinem Wissen her sein kann. Zu beneiden jeder, dem es gegeben, sich auf den glatten Straßen der Bücher zu bilden, denn auf den rauhen Wegen des Lebens geht's notig vor sich. Endlich hätte äußerlich ja auch ich Gelegenheit gehabt, durch Bücher mich zu vervollkommnen, aber meine Natur ist, wie ich schon oft eingestehen mußte, so geartet, daß Bücherstudium mich nur wenig vorwärts bringt und das Lesen von Dichterwerken mich in meinem eigenen Denken und in literarischen Versuchen mehr hindert als fördert. Nur wenige bedeutungsvolle Bücher sind es, die mir sehr genützt, die meine Entwicklung, meinen Charakter, meine Bestrebungen beeinflußt haben, besonders Bühnendichtungen, gut dargestellt, denn solche nahen sich dem wirklichen Leben. Andere, selbst weltberühmte Werke haben mich nicht gepackt, haben mich kalt gelassen. Wer keine Begeisterung heucheln kann, der schämt sich auch nicht zu bekennen, daß er manches Kleinod der Weltliteratur, das jeder Gebildete kennen soll, gar nicht oder nur zum Teile durchgelesen hat. Zum Entsetzen meiner Leser sei es verraten, daß ich von der Iliade nicht eine Zeile, von der Odyssee nur Bruchstücke gelesen habe, daß mir Dantes Göttliche Komödie gänzlich, Cervantes' Don Quixote größtenteils unbekannt ist, daß Voltaire, Byron, Walter Scott, Longfellow nie in meinen Gesichtskreis traten, daß mir die deutschen Dichter des Mittelalters mit Ausnahme Walthers und der Nibelungendichtung vollständig unbekannt sind, daß ich von Klopstocks, Herders, Jean Pauls, Wielands Werken nicht den vierten Teil kenne, ja daß ich sogar in Goethes »Wilhelm Meister« schmächlich steckengeblieben bin. Das ist ein schweres Sündenbekenntnis; tausendmal hätte ich vorgezogen, diesen Mängeln abzuhelfen, als sie zu verraten, alle Mühe ist fruchtlos geblieben. Ich habe es nie vermocht, mich »durchzuarbeiten« bis zu dem Momente, wo der Gewinn anfängt, denn wo ich mich durchgearbeitet, da hatte ich schließlich oft nichts zu verzeichnen als ein Stück verlorner Zeit. Bloß um über gewisse Werke »mitsprechen« zu können, war mir die Mühe zu groß, und so sind die Schätze, an denen andere sich köstlich laben können, mir verschlossen geblieben. Auch in diesem Sinne bin ich nur Bauer, der einzig aus seiner eigenen Scholle Nahrung zu ziehen weiß. Einst hat mir ein Freund gesagt, der moderne Dichter müsse alles lesen, was vor ihm gedichtet worden, damit er aus demselben für Geist und Form seiner Produkte Nutzen ziehe und so gleichsam auf den Achseln seiner Vorgänger stehen könne. Ich mag aber weder auf Stelzen gehen noch auf Achseln stehen, bleibe auf meinem Erdboden, und wenn ich auf demselben so groß bin wie ein Kornhalm, so ist's mir genug.

Lange habe ich es nicht begreifen können, daß die Leute nichts Tragisches, Erschütterndes lesen oder auf der Bühne mehr sehen wollen. Sie hätten ohnehin Sorge und Kümmernis genug, sie wollten lieber einmal vergessen und sich aufheitern. Das verstand ich nicht. Von Literatur und Kunst mich rütteln und erschüttern zu lassen, das tat mir manchmal wohl, das war ein Feuer, an welchem die täglichen Mücken der Verstimmung, des Ärgers kläglich verbrannten. Und in meiner glücklichsten, lustigsten Lebenszeit habe ich selbst mein schwermütigstes Buch geschrieben — den Waldschulmeister.

Allmählich wurde das anders. Die Härte des Lebens, die Ungerechtigkeit und Elendlichkeit, die auch ich erfahren mußte, machten mein Herz wund und wehleidig. Und heute bin ich auch einer von denen, die im Buche, auf der Bühne keinem elenden Menschen begegnen wollen, weil man sie im Leben so oft begegnet. Unglückliche, die in Not und Gefahr sind, lasse ich mir da noch eher gefallen, aber die Schufte und Schurken, die Rohlinge und Boshaften empören mich um so mehr, je besser sie geschildert sind. Sie packen mich, klammern sich eisern und kalt um mein Gemüt und machen mich krank. Erst wenn sie ihr Teil kriegen nach Recht und Gerechtigkeit, ist mir wieder wohl. Allein moderne Dichter vorenthalten dem Leser oder Zuschauer diese Genugtuung zu häufig, sie lassen es dem Wicht gut gehen bis an sein Ende und machen sich so zu seinem Anwalt, während der redliche Kämpfer und Dulder ohne Barmherzigkeit vergehen muß. Das ist aber eine Galgendichtung. Die Welt lacht dazu, anstatt in sich zu gehen. Nur die ans Gute glaubenden Herzen leiden darunter.

So dankbar die Lumpen und Schurken auch zu schildern sind, ich habe es vermieden. Nur im Übermut der Jugend habe ich ihrer etliche gezeichnet. Später, da ich schon ordentlich gegerbt worden war, überwog die Empörung, der Abscheu vor solchen Vorstellungen, ich konnte literarisch höchstens noch mit solchen Gestalten verkehren, die, wenn auch mit großen Lastern und Abscheulichkeiten behaftet, wenigstens einen guten Kern in sich hatten, aus welchem hervor sie sich sühnen und erlösen konnten. Am wohlsten tun mir die einfachen, aber mutigen Helden des Lebens, die herzensinnigen Dulder und heiteren Philosophen, die an der argen Welt sich dadurch rächen, daß sie ihr ein munteres Schnippchen schlagen. Solchen Gestalten begegne ich im Buche, auf der Bühne und in meinen eigenen Schriften am liebsten.

Kommt mir aber doch einmal ein ruchloser Geselle überquer und in die Feder, dann schreibe ich ihn manchmal mit einer gewissen Leidenschaft nieder, es ist wie ein zorniges Brandmarken, das mich befreit und in dem ich die Galle über erfahrene Niederträchtigkeiten von mir sprühe. Solches Verdichten und Gestalten aufgehäufter Bitterkeiten kann eine wahre Lust sein. Darum treiben es auch viele so gern, denen im Leben schlimm mitgespielt worden ist. Wohl dem, der das Gift sich von seinem Herzen herausschreiben kann! — Aber wehe dem, der es in sich hineinliest! Der arglose Leser ist da weit schlimmer daran als der Dichter. Der Leser kommt ganz unschuldig zu dem Schlechten und Häßlichen, und wenn der Poet so selbstlos sein könnte, die Mitmenschen und die Nachkommen mit seinem Herzenselende zu verschonen, so gäbe ihm das eine moralische Größe. Der ist wahrlich auch ein Held, der mit seinem Weltleide ganz allein fertig zu werden sucht, das Schöne, Edle, Heitere in sich aber freundlich mit anderen teilt. — In der Zeit der Nervosität kommt das selten vor. Gott im Himmel, nur darum lasse mich gesund sein, daß ich Kraft habe, also nach meiner Einsicht zu handeln!

»Unser Ziel sei der Frieden des Herzens.« Das Sprüchlein schreibe ich seit Jahren den Leuten ins Stammbuch. Ich habe diesen Frieden lange besessen, es war Harmonie vorhanden gewesen zwischen meinen Idealen und den Bestrebungen des äußeren Lebens. Der Geist deutscher Klassiker war mit den christlichen Anbildern unschwer zu vereinigen gewesen, beide Richtungen trafen sich in der Humanität. So etwa um mein vierzigstes Lebensjahr aber kam der Zwiespalt. Die Welt, meine Umgebung, hatte sich ganz verändert, ich jedoch konnte von den Anbildern meiner Jugend nicht lassen. Die modernen Ideale brauche ich nicht erst näher zu bezeichnen, sie marschierten mit brutalen Schritten, Liebe und Gerechtigkeit zertretend, durch das Leben. Mein Stern war das Christentum. In dem bin ich erzogen worden, nach dem hat meine Seele sich gebildet, aus ihm hat sie Mut und Kraft gesogen, an ihm hat sie Halt gefunden. Es war nicht immer so sehr ein Christentum des Bekenntnisses und der Formen, als vielmehr eins des Lebens. Dieses Christentum hat mir den Frieden des Herzens bewahrt. — Und auf einmal wollte es nicht mehr stimmen mit den Anforderungen der Zeit. Das Evangelium wollte mit der Wissenschaft nicht mehr stimmen, das göttlich Schöne mit der neuen Ästhetik nicht mehr, die redliche Pflichterfüllung mit der Vergeltung, die Arbeit mit dem Kapitale nicht mehr, das Wohlwollen für alle Menschen mit den nationalen Tugenden nicht mehr.

Ich höre den Ruf, den Geboten der Zeit zu folgen mit meiner geringen Kraft; und ich kann das nicht, ich vermag von meinen Jugendidealen mich nicht zu trennen. Nicht immer ist es aber gelungen, den modernen Zumutungen entschieden die Tür zu weisen, und damit war die Zwietracht in mir selbst gegeben. — Was ist also zu tun? Wenn die alte, zur Natur gewordene Weltanschauung ihr gutes Recht an meiner Person sich nicht nehmen läßt, so müssen die neuen Eindringlinge zurückgeworfen werden, daß wieder ein heiterer, schaffensfroher Mensch sei.

Nun will ich auch noch über eine gewisse Mißbilligung sprechen, die meine Feder mehrmals ob ihrer »allzugroßen Freimütigkeit in geschlechtlichen Dingen« erfahren hat. Von Leuten mit gesunder, ernster Lebensanschauung, von Kennern des Menschen überhaupt und des ländlichen Volkes insbesondere, ist eine solche Mißbilligung zwar nicht gekommen. Einer, der das Volk nach allen Seiten hin, mit all seinen Vorzügen und Lastern zu schildern hat, wird freilich nicht immer Jugendschriftsteller sein können; auch die Backfische sind nicht herbeigerufen worden, um solchen Darstellungen zu lauschen. Wenn sie aber erschienen sind, so ist das Unglück nicht so groß, als mancher besorgte Vater, manche ängstliche Mutter etwa glauben mögen. Sind diese doch selbst Vater und Mutter und haben nicht die Absicht, ihre Kinder mit verbundenen Augen »blinde Kuh« herumzuführen, bis sie plötzlich ertappt und überrascht werden.

Ich habe, mit Verlaub, über die Keuschheit meine besondere Meinung. Unter dem Feigenblatt gedeiht die Keuschheit nicht, nur die Prüderie und die Lüsternheit. Daß es so ist, können wir im Leben jeden Tag sehen. Keine größere Verführerin als die Prüderie, denn sie verdeckt, und die Verdeckung macht lüstern, und dieses bringt zum Falle. Nicht das Wissen und der naturgemäße Freimut bringt zum Falle, sondern die Geheimnistuerei, die damit aufgeweckte Neugierde und Begierde.

Wir Erzähler haben uns in Darstellung von Liebesverhältnissen eher ein zu ängstliches Verhüllen und Verblümeln vorzuwerfen als das Gegenteil. In dem Bestreben, das Bestimmte anzudeuten und doch empfindsamen Seelen nicht zu klar zu kommen, geraten wir in die Gefahr der Zweideutigkeiten, die dann nach Lüsternheit riechen. Legt der mediceischen Venus ein Hemd an: das schöne Weib ist fort, und das interessante Frauenzimmer ist da. Die pikanten Verhüllungen von Tatsachen, bei denen ruhig betrachtet doch nichts Besonderes dahinter ist, steigern die Sinnlichkeit, und wer weiß, ob das, was man Unzucht nennt, im Menschengeschlecht bekannt wäre, wenn wir der Mutter Natur gehorchten. Die Mutter Natur tut nichts, worüber sie sich zu schämen brauchte.

Nicht zu leugnen, daß ich mit gewissen Andeutungen manchmal besondere Zwecke verfolge. Wer meine steirischen Schwänke »Da Pforer und sei Fiderl«, »Da Stiefelknecht« usw. kennt, der versteht mich. Es muß manchmal gezeigt werden, daß es nicht wahr ist, wenn manche Menschen vorgeben, für sie sei die Natur nicht vorhanden. Wir alle haben Ursache, demütig zu sein, und wer mir manchmal allzu hoffärtig wird, den zupfe ich gern ein wenig beim Ohrläppchen: Vergiß nicht, daß du ein Sohn Adams bist! Besonders Ehrenrühriges ist in dieser Verwandtschaftlichkeit ja nicht enthalten.

Im allgemeinen interessieren uns die Vorgänge der Liebe ganz ungeheuer, eben weil sie voller Geheimnisse sind und von uns nicht begründet und erklärt werden können. Je unbefangener, je näher der Sittlichkeit. Ich habe in meinem mannigfaltigen Leben häufig die Erfahrung gemacht, daß, je mehr und ängstlicher eine Person oder eine Gesellschaftsklasse verdeckt, je mehr hat sie

Ursache zu verdecken. Auf dem Lande draußen gibt es weniger unnatürliche Sünder und mehr »natürliche Kinder«. — Ich übe einstweilen als Menschenschilderer mein gutes Recht aus. Der sittlich Gesunde kann unbedenklich mit mir gehen, die übrigen seien gewarnt vor mir ...

III

Gleich im vorhinein — von Musik verstehe ich nichts, begreife es nicht einmal, daß man Musik verstehen kann, daß Musik zu verstehen ist. Verstehen, das ist ja eine Verstandessache; Musik aber gehört zur Kunst, und Kunst hat es nach meiner Meinung mehr mit der Empfindung, mit den Sinnen, mit dem Herzen zu tun.

Demnach wäre Kunst und folglich auch Musik eine allgemein menschliche Angelegenheit, und wenn es so steht, hätte allerdings auch ich das Recht, mitzusprechen, um zu sagen, wie auf einen musikalisch ganz ungebildeten Menschen die Musik wirkt. Es läuft bei der Kunstliebhaberei viel Heuchelei mit unter; eine erkünstelte Begeisterung für berühmte Meister und Werke verleiht einen so feinen und billigen Anstrich von Bildung. Seien wir in Gottes Namen lieber einmal ungebildet als unwahr.

Ich packe sogleich den Stier bei den Hörnern, die Musik bei Wagner. Mit Wagner selbst wäre vielleicht eine Verständigung möglich, die Wagnerianer jedoch werden mich gleich töten wollen. Um so eiliger habe ich's mit meinem Bekenntnisse. Der Musik von Bach, Haydn und Mozart, selbst von Verdi verdanke ich die seligsten Genüsse, das schicke ich voraus.

Oft in unseren Tagen, wenn die Wagnersche Musik gepriesen wird, ist mir angst und bang. Wohl halte ich den Meister von Bayreuth für einen bedeutenden Menschen, für einen beachtenswerten Dichter, für einen großen Philosophen — allein seine Musik, mit der weiß ich nichts anzufangen, sie tut einfach meinem Ohre weh. — Damit habe ich mir das Todesurteil gesprochen.

Aber der arme Sünder hatte auf dem Schafott noch ein Wort frei; von diesem alten Rechte mache ich Gebrauch. Soviel ich erfahren habe, ist die Wagnerfrage mehr Prinzipien- als Gefühlssache; die Wagnerapostel verlangen, gleich den Priestern, unbedingtes Glauben vorweg. Um selig zu werden, muß man wissen und glauben, daß in Wagners Zukunftsmusik die Kunst zur höchsten Vollendung emporgestiegen ist. Ich kenne Wagnerianer, sonst vernünftige und geistvolle Männer, die nicht erst fragen, ob in jemandem überhaupt Neigung, Gefühl und Bildung für Musik vorhanden sei, die es einfach für unnatürlich halten, daß jemand an einer Wagnerschen Oper nicht Gefallen finden könne, daß nicht jeder von ihr entzückt sein müsse. Und allein diese phänomenale Begeisterung läßt mich vermuten, daß in Wagners Musik etwas Großes sein wird — andere Beweise dafür habe ich nicht.

Vorurteil ist keines da. Die sozialen, humanitären Bestrebungen Richard Wagners waren mir von jeher sympathisch, kein Wunder daher, daß ich oft mit erwartungsvoller Sammlung und Andacht zu seinen Opern ging. Im Wiener Opernhause habe ich den vollendetsten Vorstellungen von Lohengrin, den Meistersingern usw. beigewohnt. Das meiste darin hat mich interessiert, vieles erregt, manches sogar erwärmt, aber wahrhaft ins Herz gegangen ist mir fast nichts. Das Ganze hat mich ermüdet.

Zwar will das nicht viel sagen, vermag es doch auch Schubert, Weber, selbst Beethoven selten genug, mir es anzutun. Wenn ursprünglich zur Stunde die Stimmung in mir nicht vorhanden ist, die Musik erzeugt sie nicht; ist aber die rechte Stimmung da, dann kann die Musik sie erhöhen zur Begeisterung und zum glühendsten Entzücken. Also wirkt die Musik in mir nicht schöpferisch wie ein Samenkorn, sondern anregend, kräftigend, Vorhandenes steigernd und ausbildend, wie Regen und Sonnenschein im befruchteten Erdreiche. Darum muß ich vorwegs dazu aufgelegt sein, wenn ich von Musik einen Genuß haben will; bin ich betrübt, so kann mich kein Mozart befreien, bin ich weltlich gestimmt, vermag mich kein Bach zu erheben, und zur Stunde trüber Verfassung sind mir die Klänge eines Strauß lästig wie summende Mükken unter schwülem Hochsommerhimmel.

Ich kenne keine Musiknote, ich bin in allen musikalischen Instrumenten ungeschult. Und doch gab, ja gibt es schwache Stunden, in welchen ich der Versuchung nicht widerstehen kann, zu vorhandenem Texte Melodien zu erfinden, oder auf Zither oder Klavier, die ich dazu noch gar nicht zu handhaben weiß, phantastische Stimmungsbilder zu komponieren. Zur Unterstützung meines Gedächtnisses habe ich die Tasten mit Nummern gemerkt, die ich dann je nach der Tonfolge einer Komposition der Reihe nach auf ein Blatt schreibe, um sie später wieder herabspielen zu können. Also habe ich in meiner Jugend zu vorhandenen Vierzeiligen ein paar einfache Melodien gedichtet und fixiert, die heute noch in meiner Heimatsgegend gesungen werden. — Vertraut bin ich nur mit jener Art von Musik, die der akademische Musiker zur Kunst eigentlich gar nicht zählen will — mit dem Volksliede.

Mein alter Schullehrer Michel Patterer hatte die Kunstmusik, wie sie eben damals bei uns in der Kirche war, und die Volksmelodie folgendermaßen voneinander unterschieden: Die Musik kann man machen, das Lied muß man finden. — Und ich glaube: wer ein Lied findet, das auf die Herzen einfacher Menschen wirkt und in denselben jahrhundertelang fortlebt, der hat mehr für die Menschheit getan als einer, der große Opern schreibt, welche nur von musikalisch geschulten Leuten vermittelst Kommentar »verstanden« werden können. Es gibt einfache Arien, man weiß nicht, wann und von wem sie gefunden wurden, sie sind vielleicht uralt, vererben sich unzerstörbar fort von Geschlecht zu Geschlecht, überdauern mancherlei musikalische Kunstrichtungen, sind ein goldener Faden, der die Herzen der Alten und Neuen miteinander verbindet, und bleiben jedem mundgerecht wie das Sprichwort. Das Sprichwort war der Keim zu den Lehren der Philosophen, das Volkslied war der Keim der Kunstmusik. Ich weiß, daß es auch eine gegenteilige Ansicht gibt, so als ob das Sprichwort ein Ausgang aus den Philosophen, das Volkslied ein Auszug aus der Kunstmusik wäre; diese Ansicht kann nur bedingt, vielleicht ganz ausnahmsweise richtig sein.

Die Musik des Volkes ist der Tanz, der Marsch, das Lied. Meine Sache war der Tanz, der Walzer, die Polka usw. nie; um so lieber bewegte ich meine Glieder nach dem Marsche. Aber es gibt auch einen Rhythmus, nach dem die Seele tanzt und marschiert — eben das Lied. Das Lied herzt sich ein. Je öfter ich eine bestimmte Melodie höre, je lieber wird sie mir. Ein altes Lied rührt mich leicht zu Tränen, und so habe ich mich schon gefragt, ob es wohl das Musikalische daran sei, welches mich bewegt, oder nicht etwa die Macht der Erinnerung, die Stimmung längst vergangener Zeiten, die durch das Lied aufgeweckt werden? Eine ähnliche Wirkung hat für mich auch der Duft einer Blume, des Waldes, der Geruch feuchter Erdschollen, des reifen Kornfeldes.

Nach dem Volksliede am nächsten kommt mir das, was der Kirchenmusik ähnelt; die getragenen, feierlichen Klänge nehmen mich mit. Doch, wie gesagt, muß ich ein Musikstück öfter hören, bis es anfängt, mir zu gefallen, und in der Kirchenmusik rauscht mir mein vergangenes Leben an der zitternden Seele vorüber. Haydns »Schöpfung« trat mich schon das erstemal (in meinem fünfundzwanzigsten Lebensjahre zu Graz) gewaltig an; vielleicht, weil die Kirchen- und Pastoralmusik schon in mir vorgearbeitet hatte. Da existiert eine alte Weihnachtsmesse von Schiedermeier (weiß gar nicht, ob ich den Namen richtig schreibe), die, sooft ich sie höre, mir mit ihren fast weltlich jauchzenden Hirtenklängen und süßen Wiegenmelodien alle Weihnachtsfreude meiner Kindheit wiederbringt. Wenn ich zum Beisatz nun eine moderne Oper nennen darf, so sage ich, daß der Sterbegesang in Verdis »Aida« auf mich wirkt, als hätte ich denselben in einem anderen Leben schon gehört.

Nach diesen meinen wenigen Kunstgenüssen ahne ich die Seligkeit, die aus den Himmeln der Musik niedergesunken ist auf andere.

Wie leicht müssen musikalische Naturen zu befriedigen sein! Die unglaublichsten Ungereimtheiten merken sie nicht, wenn es nur Musik gibt. Gott, was wäre darüber zu sagen! Ich dürfte, um Musik nach meiner Art recht genießen zu können, während einer Musik mit den leiblichen Augen nichts sehen müssen, keine theatralischen Gaukeleien (von wirklicher dramatischer Kunst kann bei einer Oper doch nur ausnahmsweise die Rede sein); kein Publikum, ich dürfte kein Händeklatschen, kein Bravogeschrei hören müssen — daß nichts mich störe und zerstreue, daß nichts vorhanden sei als die Musik und ich. —

Die Oper war übrigens immer etwas Widernatürliches. Als ich in meinem dreiundzwanzigsten Jahre das erstemal einer Oper beigewohnt — hatte ich mit einem Lachreiz zu kämpfen, wie seither weder bei einer Operette noch bei einer Posse. Daß da die Leute in den ernstesten Situationen einander ansangen, kam mir so über die Maßen komisch vor, daß ich insgeheim meinen Gott und Herrn anflehte, er möchte mich, da die Zuschauer gar so tief gerührt waren, doch vor dem Ausplatzen in Gelächter bewahren! — Man wird alles gewohnt, und so ist mir in der Oper das Lachen allmählich vergangen. Sagen und Fabeln von Hexenstücken und Geistererscheinungen können geglaubt werden, sind geglaubt worden; aber eine gesungene Einladung, ins Haus zu treten, eine schallend gesungene Liebeserklärung bei heimlichem Verhältnisse, ein gesungener Zweikampf, bei welchem die in höchster Wut streitenden und Sterbenden tadellos nach Noten singen — ist das im Leben je vorgekommen oder ist im Menschen ein Bedürfnis vorhanden, daß es vorkomme? — Was im Leben ganz und gar unmöglich ist, kann nicht das Höchste in der Kunst sein. Wenn mir eingewendet wird, daß auch der Bauer manchmal eine Liebeserklärung in Vierzeiligen singt, so sage ich, daß er die Liedform bloß zur Ausschmückung seines Werbens benutzt; die wirkliche Werbung wird er immer in der Form ernsthafter und vernünftiger Leute vorbringen, weil die gesungene, von welcher zwar jetzt gesagt wird, daß sie die höchste, potenzierteste sei, ihn einfach lächerlich machen würde. Ich glaube, daß die Menschen selbst auf dem Höhepunkt ihrer seelischen Entwickelung niemals in der Art kunstsinnig sein werden, daß sie singend einander Geheimnisse anvertrauen, singend morden, verzweifeln und sterben.

Und wenn man wirklich auch in der Oper einen großen musikalischen Genuß haben kann, wieso dulden wir, daß man gerade die schönsten Stellen mit dem wilden, alle musikalische Stimmung roh zerstörenden Applaus unterbrechen und vernichten darf! Mitten in einer Tragödie im Publikum ein Gassenhauer könnte mir nicht so zuwider sein als der Applaus mitten in der Oper oder im Konzert. Beim durch Applaus gestörten Drama kann man sich nötigenfalls mit Denken und Phantasie helfen; die Wirkung der Musik bleibt durch den Spektakel zerstört. Dankbare Ehrenbezeigung! wird man sagen. Gut, so seid entzückt, aber schädigt durch allzu laute Dankbarkeit nicht das, was euch entzückt hat. Wem fällt es ein, in einer Gemäldeausstellung die schönsten Bilder mit Kränzen und Bändern zu verdecken? Aber das musikalische Bild, mit welchem durch kostbare Mittel die Stimmung des Hörers mühevoll aufgebaut wurde, darf in seinen herrlichsten Nachklängen brutal unterbrochen werden! Ich bin so dreist, zu behaupten: wer das kann und entschuldigt, der hat von Musik noch weniger als ich.

Meine Jugend war überaus sangesfroh und musikfreudig. Doch scheint sich das mit dem Nahen des Alters verlieren zu wollen. Das gesetzte Alter bringt schon durch eine geläuterte Weltanschauung eine gewisse Harmonie in das menschliche Gemüt, wodurch vielleicht das künstliche Herstellen einer harmonischen Seelenstimmung leichter entbehrlich wird. Bei mir hat das Auge alle anderen Sinneswerkzeuge überholt; meinen größten Genuß und Lebensrhythmus finde ich im Anschauen der Naturschönheiten. Ein schönes, friedliches, sonnig-heiteres oder ein gewitterdüsteres, sturmdurchbraustes Landschaftsbild entwickelt in mir jene selige Hochstimmung, die man sonst bei Mozartscher, Bachscher oder Beethovenscher Musik empfinden wird.

Ja, auch das Anschauen der ewig vollendeten Natur, das Empfinden einer harmonischen inneren Welt, das Innewerden edler Menschen und Taten ist musikalischer Genuß, denn alle Schönheit und Güte ist Musik.

IV

Nichts ist nach meiner Ansicht für das innere Glück eines Menschen gefährlicher als der erwachte Ehrgeiz. Er ist so friedlos unersättlich wie der Geldgeiz, und wenn ihm nicht immer gefrönt wird, windet er sich in Qualen wie ein Verdammter. Die Befriedigung oder vielmehr Fütterung des Ungeheuers Geldgeiz hängt doch zum großen Teile von dem Individuum ab; Geld läßt sich mit eigener Tätigkeit erwerben, gewinnen, ergaunern. Der Ehrgeiz muß warten, lauern, bis ihn die Mitwelt freiwillig nährt; er kann nichts dazutun, denn sonst fällt ihm leicht das Gegenteil von dem zu, wonach er mit allen Sinnen seines Wesens dürstet.

Der Ehrgeiz, heißt es, sei dem Künstler, dem Dichter eine Triebfeder zum Taten und Schaffen. Darüber ließe sich streiten. Beim Kriegshelden mag das zutreffen; den Künstler denke ich mir vor allem für das Kunstwerk erglüht, er muß es schaffen, muß seiner Seele Gestalt geben, und sollte er darüber der Schmach verfallen. Weil nun aber die Künstlerlaufbahn eine Rennbahn geworden ist, weil die Gleichartigkeit so vieler Talente eine Konkurrenz hervorbringt, die der Geschäftskonkurrenz aufs Haar ähnlich sieht, und weil die Kunst auf den Markt geworfen wird, wo sie nach Sold begehrt, und weil die Welt lieber mit Ehre honoriert als mit Geld, so hat sich dementsprechend der Geldgeiz zum Ehrgeiz umgestaltet.

Es ließe sich auf dem Wege der Kultur-, speziell der Kunstgeschichte ausführen, daß der Ehrgeiz keine Naturnotwendigkeit des Künstlers ist, daß er wie eine Unart, wie eine Berufskrankheit dem Künstler, Dichter, Gelehrten anerzogen worden, und endlich daß er für den Strebenden und Ausübenden zeitweilig vielleicht vom Vorteile, für den Menschen aber fast immer zum Unheil ist.

Ich stehe auch in jenen Reihen, in denen der Ehrgeiz seine Opfer fordert. Links und rechts sehe ich sie sich erheben, links und rechts sehe ich sie fallen. Mit welcher Philosophie rüste ich mich? Mein Denken und Arbeiten ist von jeher darauf hinausgegangen, in meinem Gemüte ein wohltuendes Gleichgewicht zu erhalten, zu dessen Bewußtsein ich im Laufe meines Weltlebens gekommen bin und das mir wertvoller ist als alles andere, was die Leute an mir rühmen, lieben oder hassen mögen. Von allen Feinden dieser inneren Harmonie hat mir der Ehrgeiz am meisten zu schaffen gegeben. Zuerst macht er der Eitelkeit den Hof, die er ja fast bei allen jungen Leuten vorfinden kann.

Was da Neues aufsteht oder von einigem allgemeinen Interesse geschaffen wird, das verkündet die Publizistik. Ohne Vorurteil wird sie einen jungen Schaffenden, der noch keine Freunde und keine Feinde hat, einführen; gewöhnlich läßt sie dabei das Wohlwollen vorherrschen. Und welche Revolution richtet das in dem derart Eingeführten an! Ihm ist, als wären alle Augen der Welt auf ihn gerichtet, alle Herzen der Welt von ihm voll. Es fällt ihm nicht ein, zu erwägen, wie gleichgültig es ihn läßt, wenn er einen fremden Namen das erstemal in der Zeitung liest, wie kühl er das Lob vernimmt, das bedeutenden Männern öffentlich gezollt wird, und daß es ähnlich auch bei anderen Leuten sein könnte. Er hält sich für eine Ausnahme, und das ist die erste Täuschung, der er seine Seelenruhe opfert.

Mich hat ein klarsehender Mann zu rechter Zeit auf die Gefahr aufmerksam gemacht; Freund, du bist noch lange nichts; sie wollen erst etwas aus dir machen. — Selbstverständlich war ich über eine solche Verdunkelung anfangs empört, bald kam in mir aber doch die Vernunft zum Wort und die sagte: Den Wert hat die nachsichtige Beurteilung deines ersten Produktes, daß sie dich Freunde finden ließ, daß du durch sie dich jetzt deiner Neigung hingeben und vielleicht Schriftsteller werden kannst. — Von dieser praktischen Seite habe ich demnach das Zeitungslob gewürdigt, und von diesem Standpunkte aus muß jeder Autor und Künstler der Presse als der Ausruferin seines Könnens, als der Vermittlerin seiner Popularität dankbar sein.

Das ist eine Reklame, die jeder von uns bedarf, die keiner verschmähen wird und die unsere publizistischen Organe, nach ihrer eigenen Schätzung des Talentes oder des Verdienstes, schuldig sind zu leisten.

Nun kann's geschehen, daß der Autor oder Künstler den Publizisten zu beeinflussen sucht, auf daß letzterer die Fehler eines Werkes übersehe, die Vorzüge desselben darstelle und womöglich noch vergrößere; oder ein Schriftsteller tut das ungeheißen, um dem andern zu schmeicheln und etwa denselben zu einem gelegentlichen Gegenlob zu verbinden. Es soll ein ähnlicher Fall irgendwo vorgekommen sein, wenigstens herrscht in der Schriftstellerwelt die Neigung vor, dergleichen an allen Enden zu wittern.

Wenn einer, der für das große Publikum tätig ist, behauptet, ihm sei alle Reklame in die Seele hinein verhaßt, so ist das nichts als Ziererei, die sich eben unter der Maske der Bescheidenheit das, was sie scheinbar ablehnt, erschleichen will. Uns ist eine anständige Reklame das, was dem Wirt das Schild über seiner Haustür; aber ein Schild, stehe ihm das Wörtchen »der« oder »das« voran, muß blank sein und rein, eine Schutz- und Ehrentafel dem Träger. Wenn ein Verleger den Namen und die Darlegung wirklicher oder angeblicher Verdienste seines Autors mit Berechnung und Finten Millionen von Leuten in die Hände spielt, die Aufmerksamkeit und das Interesse dafür zu erregen sucht, so ist das dem Autor nach seinem persönlichen Gefühl wahrscheinlich selten angenehm; er wird erwägen, ob er durch eine aufdringliche Reklame nicht etwa einen Würdigeren verdränge, ob die Lärmtrommel dem Charakter seiner Schöpfung entspreche und ob seine Genugtuung wohl in dem Beifall der großen Menge bestehen könne? Aber da er einmal nicht verschmäht hat, ja bei seinem Hange, leben zu wollen, nicht verschmähen konnte, sein Produkt dem Verleger zu verkaufen, so hat er sich dem Kaufmann begeben, seine Schöpfung ist Ware geworden, und er hat weder Recht noch Mittel, dem Verleger die Geschäftsmanipulation — solange dieselbe in den Grenzen landläufiger Ehrenhaftigkeit bleibt — zu verbieten. Was hierin zu zähmen, zu mildern ist, das tut er; des weiteren sitzt er in seiner stillen Zelle, läßt die Feuerwerke draußen knattern und verzucken und an sich die innere Stimme Richter sein über das Gute und Schlechte, das er geleistet.

Dieser inneren Stimme werden auch etwaige Zeitungsartikeln nicht viel anzuhaben vermögen. Solange ein Autor an seinem Werke arbeitet, in ihm lebt, wird und muß er davon beseelt sein, so wie er es beseelt; ist es ihm aber einmal gegenständlich geworden, etwa gar in dem Grade, daß — was auch vorkommt — er Idee und Handlung einer betreffenden Erzählung vergessen hat, und er liest das Werk wie ein fremdes, dann wird es keiner so gut als er selbst beurteilen können.

Übrigens werden es die meisten Schaffenden trotzdem vorziehen, von der Presse unbegründet gelobt, als begründet getadelt zu werden. Mich würde vor öffentlichem Lobe nur ekeln, wenn es Koteriewesen oder anderer eigennütziger Wohlrednerei entspränge.

Zu Anfang meiner schriftstellerischen Laufbahn hat mir mancher wohlmeinend geraten, ich solle von Redaktion zu Redaktion gehen und mir Freunde erwerben. Wirklich habe ich meinen Fuß ein paarmal in große Zeitungswerkstätten gesetzt in der Absicht, für wohlwollende Notizen, die man mir Neuling wie ein Almosen gereicht, zu danken, aber jedesmal hat mich ein inneres Grauen, das den Fremdling in den Stuben der Zeitungsschreiber anzuwandeln pflegt, wieder unverrichtetersache zurückgeschreckt. Die Vorwürfe eines erfahrenen Freundes, daß ich das Geschäft nicht verstünde, daß die Herren nicht zu mir kommen würden mit der

Bitte, mich in ihren Blättern protegieren zu dürfen, daß ich's bei meiner Sprödigkeit und Blödigkeit zu nichts bringen würde — diese Vorwürfe habe ich willig ertragen und habe es bis heute nicht zu bereuen gehabt, die Journalistik niemals durch unwürdige Zumutungen geschändet zu haben.

Persönlichen Freunden, die der Schriftsteller in der Journalistenwelt schon durch die Ähnlichkeit des Berufes besitzen mag, kann er seine Achtung nicht besser bezeigen, als indem er ihnen gegenüber seine schriftstellerische Tätigkeit nicht vordränge, sondern alles vermeide, was einem Kokettieren mit ihrer kritischen Macht und Gunst ähnlich sieht. Eher mag der Autor Gelegenheit nehmen, solche literarische Freunde — für den Fall sie sein Verleger mit Rezensionsexemplaren bedenkt — zu mahnen, sich bei der Besprechung von der persönlichen Sympathie ja nicht bestimmen zu lassen. Übergeben sie das Buch zur Rezension einem Fernestehenden, um so besser.

Wer, um selbst den Schein von Kameraderie zu vermeiden, sich von allen journalistischen und literarischen Vereinen fernhält, der geht in seiner Vorsicht zwar weit; daß er zu weit ginge, ich getraue es mir nicht zu behaupten.

Mancher Rezensent hat die wunderliche Ambition, den Dichtern das Fach vorzuschreiben, in dem sie dichten sollen. Da soll der eine nur Theaterstücke dichten, der andere bloß Epen, der dritte nichts als Dorfgeschichten. Ein Wiener Journal hat mir seinerzeit mit jenem gewinnenden Wohlwollen, mit welchem hohe Herren zu armen Schluckern zu sprechen pflegen, wiederholt geraten, aus dem engen Bereiche meiner Fähigkeit, der steirischen Dorfgeschichte, ja nicht hinauszutreten, auf dem Parkett des Salons wäre ich unfehlbar verloren. Gewiß sehr wahr! Aber mich ritt der Teufel, ich setzte mich hin und schrieb lose Salon- und Künstlernovelletten einen ganzen Band, den ich unter fremdem Namen veröffentlichte. Über diese Novelletten sagte dasselbe Blatt liebenswürdige Worte, rühmte ihnen Witz, Grazie und Flottheit nach, meinte, daß dieses Buch offenbar der guten Wiener Gesellschaft entstamme und daß der Verfasser ein den feinen Ständen angehöriger, begabter Maler sein müsse.

Nun ja, derlei muntere Erlebnisse wird jeder Schriftsteller zu erzählen wissen.

Ich schreibe der Tageskritik, als immer nur dem flüchtigen Urteile eines einzelnen, der weder allemal die Zeit noch die Stimmung zur Hand hat, ein Buch seinem tatsächlichen Wert oder Unwert nach zu beurteilen — ich schreibe ihr nicht jenen Wert zu, dem man eine literarische Wohlanständigkeit zum Opfer bringen möchte. Ich darf das aussprechen, ohne den Verdacht auf mich zu laden, als hätte ich persönlicher Gereiztheit Luft zu machen; mir hat sich die journalistische Kritik freundlich bewiesen. Sie ist ein Gegenstand meiner Dankbarkeit, aber ein Gegenstand meines Ehrgeizes kann sie nicht sein.

Den Ehrgeiz müßte man doch an eine etwas weniger wandelbare Sache hängen. Wer sich da im Traum wiegt, daß man ihm Denkmale bauen, daß sein Name in der Geschichte seines Volkes dem künftigen Jahrhundert glänzen werde, daß seine Werke nach dreißig Jahren noch Staat machen würden, und was derlei Phantasiebilder mehr sind — der ist zu bedauern, der bitteren Enttäuschungen wegen, die ihn noch bei Lebzeiten treffen können. Mancher hat sich lange gesträubt gegen den Gedanken, daß eine scharf ausgeprägte literarische Richtung, ein eigenartiger Schriftsteller in den meisten Fällen Modesache ist, daß der Geschmack des Publikums sich plötzlich mit dem Wechsel der Saison ändern kann. Dann ist »erkünstelt«, was früher »Natur« gewesen, »läppisch«, was früher »naiv« war, »kokette Selbstbespiegelung«, was früher »liebenswürdige Offenheit«, »aufdringlich moralisierend«, was früher »von tiefem sittlichen Ernste« war, »komisch«, was früher wie »feiner Humor«, »traurig«, was sonst »tragisch erschütternd« gewirkt hat. Der Mann hat sich »überlebt«, »ausgeschrieben«, ist einer »widerlichen Manieriertheit verfallen«, und was derlei zu hören einem alternden Autor von der dankbaren Mitwelt eben passieren kann.

So habe ich vor und neben mir viele stehen und fallen gesehen und dabei wohl an das alte Lied gedacht: Heute ist's an dir, morgen ist's an mir.

Noch viel armseliger als der Ruhmsüchtige ist freilich der daran, welcher aus seinem Talente Geld prägen will. Selbst wenn's gelänge! Ist eine poetisch-beanlagte, eine Künstlernatur mit Geld, und was man damit kaufen kann, jemals selig zu machen?

Ich bin einmal so hablos gewesen, daß ich nichts mein nennen konnte als das Gewand am Leibe und das Ränzlein mit dem Arbeiterwerkzeug. Und käme es auf mich allein an, ich würde heute willig wieder zurückkehren in das friedliche Dachstübchen und nichts mitnehmen als die gesunde Arbeitsfreude.

Die Güter und der Ruhm, das sind recht hübsche Dinge, aber imponieren können sie nicht. Hätte ich sie, ich würde sie ertragen, wie ich schon manches auf dieser Welt ertragen habe, ohne dadurch groß oder klein geworden zu sein.

V

Ein Merkmal hervorragender, seltener, rücksichtslos tatkräftiger Männer ist die Einseitigkeit. Alexander sah sein Ideal in der Unterwerfung der Völker, Danton in der Vernichtung der Fürsten; die alten Griechen fanden ihren Zweck im heiteren Genusse des Lebens, die katholischen Heiligen in der Abtötung des Fleisches. Rousseau suchte das Glück der Menschen in der Einfachheit und Bedürfnislosigkeit, moderne Geister glauben es in der Alleswisserei und Allesgenießerei erjagen zu können. Nur wenige Sterbliche waren so groß als Goethe, der viel- und allseitig sein konnte, ohne zu verflachen. Die Vielwisserei ist noch nicht Vielseitigkeit; die wahre Vielseitigkeit bedeutet schöpferisches Gleichgewicht in der Weltanschauung.

Die Jugend ist einseitig; das ist ein Glück, denn es ist die Ursprünglichkeit. Das Alter kann es auch sein, das ist ein Jammer, denn es ist die Verbohrtheit. Bildung haben nenne ich die Fähigkeit besitzen, jedes Ding von seinen verschiedenen Seiten objektiv verstehend betrachten zu können. Der Keim zu solcher harmonischer Entwicklung liegt meiner Meinung nach in vielen Menschen, nur darf dieser Keim nicht mißkannt werden.

Ich war in meiner Jugend fast so einseitig wie ein großer Mann oder ein Tor. Meine Ansichten — ich hatte wirklich auch als Bauernjunge welche — über Fürsten, Staat und Volk waren echt mittelalterlich, ja manchmal fast ein wenig orientalisch. Das machten die alten Rittergeschichten und Märchen, die im Landvolke gangbar sind. Ich war stark extrem und verfocht meinen Standpunkt leidenschaftlich. Ja, ich suchte Gelegenheit, um für meine Sache Lanzen zu brechen; der Widerspruchsgeist stand auf, und das war schon die erste Lebensäußerung des Keimes zur Entwickelung. Ich suchte mir Gegner und widersprach ihnen, doch vielleicht nicht so sehr, um sie zu bekehren, sondern um sie zur Darlegung ihres Standpunktes herauszufordern, also um an der Sache eine neue Seite kennenzulernen. Das mag anfangs allerdings ohne derlei Absicht geschehen sein, aber da ich mich bei solchen Wortkämpfen allemal angeregt fühlte, da durch die Einwände des Gegners, die auch nicht immer glimpflichster Natur wären, meine Gedankentätigkeit angestachelt, meine rhetorischen Kräfte gewaltsam herausgefordert und dadurch geübt wurden, so fand ich nach und nach eine wahre Lust am Streiten über Tugend und Laster, Papst und Luther, Gott und Unsterblichkeit.

Daß in der Bauernschaft des Waldlandes nicht viele Gegner zu finden waren, weil mir jeder, mit dem ich anhub, alsogleich beigab — was ihm die wenigsten Gedankenauslagen verursachte —, das ist wohl leicht zu glauben. —

Ich erwog im Leben stets und verglich und gelangte endlich doch ganz unvermerkt sachte aus meiner ursprünglichen Stellung auf den objektiveren Standpunkt, von dem aus man die Welt von vorne und von hinten sehen kann. Duldsam bin ich gegen manches geworden, nur nicht gegen boshafte Auslegung von Dingen, die alle oder viele angehen.

Mich empört die stechende Zunge der Klatschbase, die von sich nur das Beste, von anderen das Schlimmste erzählt und das Gegenteil verschweigt. Mich empört ein Zelot, der sein Dogma allein preist und alle anderen Wege zum Himmel verdammt. Mich empört der Gelehrte, der seine Theorie als die einzig unfehlbare hinstellt, aus dem einen Grunde, weil er sie am besten begreift oder weil sie seinem Wesen am nächsten liegt. Mich empört der Politiker, der alle Tugenden der Menschen seiner Nation allein zuschreibt, alle Fehler und Armseligkeiten nur den fremden Nationalitäten andichtet, oft aus dem einzigen Grunde, weil sie — dasselbe treiben.

Die Welt ist voll von derlei Entstellungen, und ich bin noch nicht alt genug, um darüber zu lachen.

Gerade der Schriftsteller, Dichter und Künstler muß ernster als irgendein anderer der unbestechbaren Allseitigkeit in seiner Weltanschauung zustreben, denn nur darin liegt der Grund zu seiner sittlichen und künstlerischen Größe.

Wenn mir jemand etwas zuleide tut, ohne böse Absicht, so ist es leicht, die Vorzüge von ihm trotzdem vor Augen zu behalten; wenn mich jemand aber erwiesenermaßen absichtlich kränkt, zu unterdrücken strebt, und ich ihn als meinen Feind betrachten muß, da heißt es auf der Hut sein, daß ich ihm nicht unrecht tue. Alle seine schlimmen Eigenschaften werden sich mir wie wohlrednerische Schmeichler aufdrängen, ihn zu verschwärzen; da kann man sich nicht lebhaft genug seine guten vorstellen, nicht emsig genug seine Gründe suchen und erwägen, die ihn drängten zu einer Tat, in der das Unrecht geschah. Er hatte Gründe, er hatte sie gewiß, und entsprangen sie auch nur seiner Bosheit — wer kann für seine Artung? Sogar ein bißchen Sophisterei ist erlaubt, wenn die ehrliche Geradheit nicht ausreicht, seinen Feind zu entschuldigen.

Parteien, die mit einer sich theoretisch beigelegten oder praktisch angelebten »Überzeugung« durch dick und dünn, durch Recht und Unrecht gehen, konnten mich niemals brauchen und werden es niemals können. So sehr überzeugungstreu kann ich nicht sein, daß ich just mir und meiner Sache das zutraue, was ich allen anderen absprechen muß — die Unfehlbarkeit.

Also erwächst bisweilen aus solchem Widerspruchsgeist sein scheinbares Gegenteil, die Duldung. Aber aus einer solchen Duldung entsteht die Gleichgültigkeit, höre ich einwenden. Ich frage, was der Gleichgültigkeit näher steht, wenn ich eine Sache nur von einer Seite auffassen kann und die übrigen gleichgültig ignoriere, oder wenn ich allen ihren Seiten Interesse und Beachtung entgegenbringe?

Ziemlich sicher ist, daß bei solcher Anlage das Gewissen leicht bleibt, und auch der Geldbeutel. Und ebenso sicher ist, daß eine solche Anlage, wenn sie allgemein verbreitet wäre, der menschlichen Entwicklung nicht vom Vorteile sein würde, denn diese Entwicklung geht eher auf dem Wege der Leidenschaften als auf dem des Rechtes vor sich. Der ruhige Beobachter muß freilich immer wieder zugestehen: Auf dieser Welt hat alles Platz und daher Berechtigung, es fragt sich nur: wo und wann? Der Tyrann, der Fanatiker, der Bösewicht muß ebensogut dasein als dessen Gegensatz, es handelt sich ewig nur um's Gleichgewicht der Welt.

Ein Ding von mehreren Seiten zu betrachten, das hat übrigens auch jener Redakteur verstanden, und zwar in seiner besonderen Weise. — Zu einem mir bekannten Zeitungsschreiber kam eines Tages der Gründer einer Bank.

»Wollen Sie, lieber Doktor, über das neue, für die Volkswirtschaft so eminent wichtige Geldinstitut ein hübsches Artikelchen in Ihr Wochenblatt schreiben?«

»Danke. Ich glaube, daß Ihr Geldinstitut für Sie zwar viel, aber für andere nichts wert ist.«

»So scheint es Ihnen. Wenn Sie jedoch erfahren, daß wir in der Lage sind, für einen Artikel in einem kleinen Blatte hundert Gulden zu zahlen? Große Blätter honorieren wir noch besser.«

»Honorieren? Der Schriftsteller kennt eine andere Ehre und wird trockenes Brot essen.«

»Bedenken Sie aber, daß selbst ein trockenes Stück Brot zwei Seiten hat und daß man die eine derselben recht gerne mit Butter zu bestreichen pflegt. Also hundert Gulden!«

»Der Ehre eines Schriftstellers gegenüber ist Ihr Anerbieten eine Null!«

»Schön, so könnten wir diese Null hinten am Hunderter anhängen.«

»Sie bieten 1000 Gulden? Dann wollen wir die Sache von einem andern Standpunkte aus auffassen.«

Der Zeitungsschreiber schrieb einen glänzenden Artikel über das neue Geldinstitut und unterhalb desselben folgende Notiz:

»Wir sind zu diesem Artikel mit 1000 Gulden bestochen worden. Das Geld schenken wir dem hiesigen Gemeinde-Armenhaus zu besonderen Almosen für jene, die der oben besprochenen Bank ins Garn gegangen sein werden.

Die Redaktion.«

Das war der andere Standpunkt, von dem aus der Mann die Sache auffaßte.

VI

Wenn die Schriftsteller und Poeten von jeher ehrlich und mannhaft ihr eigenes Wesen, Leben und Erfahren dargetan hätten, die Weltliteratur wäre eine bedeutendere, psychologisch vertieftere und auch allseitigere, als sie's ist, weil gar so viele singen, was sie nicht fühlen, und sagen, was sie nicht wissen.

So unbedeutend ist keines Menschen Leben, daß es — ins rechte Licht gestellt — nicht für die übrigen von Interesse sein könnte. Ist es nicht breit, so ist es tief; und wäre es auch seicht, um so leichter wird es von der Menge begriffen werden.

Verächtlich ist nur die Selbstgefälligkeit, die Beschönigung seines Ich; das ist ein Betrug, eine Fälschung des Tatbestandes.

Wer seine Vorzüge darstellt, der muß sich entschuldigen; wer seine Schwächen und Fehler bekennt, der darf sie rechtfertigen, indem er die Geschichte derselben nicht verschweigt.

Wer jedes dritte Wort um ihn mißhört und nicht gesteht, daß er taub ist, der muß sich gefallen lassen, wenn man ihn für dumm hält. Und wie das wurmt, wenn man für dumm gehalten wird, das hat mehr oder minder jeder schon erfahren. Nur einen habe ich gekannt, der sich den Vorwurf der Dummheit ruhig gefallen ließ — er war nämlich gescheit genug. Ein zweiter wieder wollte lieber für gut gelten, denn für gescheit; auch ein Original. Ein dritter war bereit, alle Niederträchtigkeiten und Schurkereien zu vollführen, wenn er dadurch seine Schlauheit konstatieren konnte. Ein vierter stellte sich aus Klugheit einfältig, und ein fünfter dachte: Wenn ich mich gebe, wie ich bin, so macht mir das am wenigsten Mühe, und die anderen führe ich doch ad absurdum, weil kein Mensch glaubt, daß einer so ist, wie er sich stellt.

Mit diesem letzteren hätte nun ich schier die meiste Ähnlichkeit, nur daß ich bestrebt bin, mit den Leuten ins klare zu kommen, anstatt sie ad absurdum zu führen.

Ohne Widersprüche geht's freilich selbst beim einfachsten Wesen nicht ab. Gröber ist selten einer gewesen als ich, und »liebenswürdiger« haben sie selten einen genannt. Aber ich habe mir auf meine Grobheit niemals was zugute getan und mich meiner Liebenswürdigkeit niemals geschämt. Das Gebot der Nächstenliebe habe ich nie höher geschraubt als: Du sollst deinem Mitmenschen nichts Böses tun. Traurig in einer Welt, in der man solch einen Gesellen schon liebenswürdig nennen muß!

Doch, du Verwegener, nun frage ich dich — das heißt mich: Du willst keinem was zu leiden geben? Dem einen ist es leid, daß du existierst; der andere haßt dich, weil du ihm keine Ursache gibst, dich zu hassen! — Über diese Erklärung bin ich sehr geschmeichelt, aber sie ist denn doch zu höflich. Jeder erzieht sich seine Feinde selber; mir sind manche mißraten. Manchem meiner Weggenossen habe ich Gutes mit Üblem vergolten, habe ihn unabsichtlich gekränkt und absichtlich gescholten — er hat mir verziehen und ist mein Freund geblieben. Manch anderem habe ich Liebes gewollt, bin ihm treuherzig genaht und seines Glückes wegen glücklich gewesen — das ist zwar all nichts Gutes, aber auch nichts Böses, und er ist doch mein Feind geworden. Freunde verliert man durch Mißerfolge, Feinde gewinnt man durch Erfolge, das ist selbstverständlich; aber daß letztere sich selbst die gutmütigsten Menschen auf viel einfachere Weise machen können, wird seltener erwogen. Wer mit kleinlichen Leuten zu tun hat, der mag darauf gefaßt sein: Ein unbeantworteter Brief, ein Verabsäumen der Neujahrsgratulation, das zufällige Übersehen in einer Gesellschaft, die harmlose Äußerung einer Meinungsverschiedenheit, die gedankenlose Unterlassung eines Grußes auf der Straße usw. — das sind Dinge, von denen die Wohl- oder Übelgesinnung der Alltagsleute abhängt. Liegt dir was dran? Sie können dir dein Leben nicht verschönen, aber sie können dir deine Tage vergällen.

Ich muß mich einer heillosen Eigenschaft anklagen, durch die ich schon so viele gute Alltagsleutchen bitter verletzt habe. Was sagst du dazu? Da war ich eines Tages in einer distinguierten Gesellschaft, dort wurde Musik gemacht, man wurde sich einander vorgestellt, und alles war recht artig. Heute begegnen mir auf der Promenade Damen aus jener Gesellschaft, sie blicken mich an, und selbstredend erwarten sie, von mir gegrüßt zu werden. Ich glotze ihnen vorbeitrottend ins Gesicht und — grüße nicht. Ist das nicht eine wahre Flegelei? Ist das nicht der lächerlichste Hochmut und Größenwahnsinn? Weil er ein Dutzend Bände Bauernlümmeleien zusammengeschustert hat und ihn nachsichtige Journale einen beliebten Volksschriftsteller, satirische Blätter einen Dichter von Gottes Gnaden genannt haben, so glaubt er, sich jetzt ein Betragen anmaßen zu dürfen, das geradezu beleidigend, frech ist. Der Hausknecht grüßt; der Dienstmann, dem man einmal zehn Kreuzer zu verdienen gegeben hat, wird jahrelang grüßen, und so ein Bengel, mit dem man sich in Gesellschaft gutmütig abzugeben nicht verschmäht, hat die Unverfrorenheit... In der Tat, was ein Bauer ist, das bleibt ein Bauer!

Dieses sagen die nicht gegrüßten Damen? Gott bewahre, dieses würde ich über jenen nicht grüßenden Herrn sagen, wenn mir die Ursache seines Verhaltens unbekannt wäre. Nun weiß ich aber zufällig, daß er den betreffenden Damen eine noch viel größere Beleidigung zugefügt hat, als sie geahnt, er hat die Frauen, mit denen er wenige Tage früher einen so vergnügten Abend verlebte, nicht gegrüßt, weil er sie — nicht mehr erkannt hat.

Ist das glaublich bei einem Manne, von dem man annehmen muß, daß er seine fünf Sinne hat, weil bisher das Gegenteil noch nicht genugsam erhärtet worden? — Doch, mit den armseligen fünf Sinnen ist nicht viel getan. Was hilft mir das Gehör, wenn mir der Sinn für Musik fehlt? Wie verwerte ich die Fähigkeit, ein fremdes Antlitz zu sehen, wenn es mir nach kurzer Zeit wieder aus dem Gedächtnisse entschwindet?

Und das ist es, wobei ich mir am dümmsten, um nicht zu sagen, noch am dümmsten vorkomme. Mir fehlt das normale Physiognomiengedächtnis, ein Umstand, dem durch eine große Kurzsichtigkeit noch Vorschub geleistet wird. Mir muß jemand einen tieferen Eindruck machen, entweder durch große Vorzüge oder große Gebrechen, wenn mir seine Gestalt in Erinnerung bleiben soll. Ein Gespräch mit jemandem, die Wärme seines Händedruckes oder die Kälte seines Grußes wird mir bleiben, seine Gesichtszüge werde ich vergessen haben. Vielleicht, daß mir bei einer weiteren Begegnung noch dämmert: Den oder die muß ich schon irgendwo gesehen haben! — Ei freilich, du warst gestern abend mit ihnen im Gasthaus beisammen.

Nun wird mir einer sagen: Lieber Freund, man kann die regel de tri[1] vergessen, man kann einen Regenschirm vergessen, man kann vergessen, seinen Schneider zu zahlen, man kann vergessen, ein Mädchen zu heiraten, dem man's versprochen hat, das Gesicht einer reizenden Dame kann man nicht vergessen, man darf nicht.

---

[1] Rechenmethode, aus drei gegebenen Zahlen eine vierte unbekannte zu berechnen, die mit den drei gegebenen eine Proportion bildet.

Um Gottes willen, wie soll ich's anstellen?

Wozu ist der Knoten im Sacktuch erfunden?

Ach, ihr habt leicht scherzen. Ich möchte weinen, wenn ich daran denke, daß mich meine in Rede stehende Gedächtnisschwäche bei einem großen Teil meiner Mitmenschen schon um die unschätzbaren Prädikate »bescheiden« und »liebenswürdig« gebracht hat. Und wäre es auch darum! Denn der Mensch lebt nicht allein von Prädikaten. — Ich ergreife diese Gelegenheit, um allen Ernstes zu versichern, daß es nicht in meiner Natur liegt, irgend jemand absichtlich zu verletzen.

War jener Frau in der Tat herzlich dankbar, die ich auf der Ringstraße in Wien am Kleide streifte, um dann flüchtig: »Entschuldigung!« murmelnd davonzuhasten; denn sie eilte mir nach, zupfte mich am Arm und rief: »Warum grüßen Sie mich nicht?«

Ich stotterte, sie jetzt anblickend, daß ich wohl schon das Vergnügen gehabt haben dürfte, nur wüßte ich im Augenblick nicht, wann und wo.

»Ist das Ihr Ernst?« lachte die Dame. »Sie haben ja vor zwei Tagen bei mir gespeist!« Es war eine der bekanntesten und liebenswürdigsten Frauen der Wiener Gesellschaft.

»Ihr Dichter schwebt stets in hohen Regionen, daher muß man sich's schon gefallen lassen, wenn eure irdische Hülle einen einmal schier über den Haufen rennt.«

So sagte sie, worauf ich entgegnete, daß diese landläufige Meinung — als habe der Dichter auf der Gasse kein Auge für die Welt, weil er vom Idealen, von der Phantasie ganz erfüllt sei — in den meisten Fällen nicht richtig sein dürfte. Derlei Gesellen dächten auf der Gasse, auf dem Spaziergange gewöhnlich an gar nichts, was der Mühe wert ist, gedacht zu werden. Und sie wären dessen auch froh.

»Also, was muß man denn tun«, sagte sie, »um sich in Ihrem Gedächtnisse zu befestigen?«

»Nur nichts Gutes, gnädige Frau! Denn das vergißt man am sichersten.«

VII

Gescheite Leute sagen, daß dem Menschen seine eigene Gesellschaft besser anschlage als fremde, oder wenigstens nicht schlechter. Im ganzen mag's stimmen, einzelne Beispiele widersprechen, es kommt eben darauf an, wer es ist. Ein schlechter Kerl wird in seiner eigenen Gesellschaft noch schlechter.

Der Trieb nach Gesellschaft und Geselligkeit ist am meisten ausgebildet bei Durchschnittsmenschen. Es gibt Leute, die nicht einen Augenblick mit sich selbst allein sein mögen, jeder Tropf ist ihnen lieber als ihre eigene, sonst so werte Persönlichkeit. Es gibt Leute, denen der Verstand stillsteht, wenn sie allein sind, die nur mit dem Munde oder mit den Ohren denken, nur sprechend oder hörend eine gewisse Gehirntätigkeit entwickeln. Solche brauchen Gesellschaft, um sich als leidliche Vernunftwesen zu fühlen. Es gibt Leute, die einen solchen Überfluß an Weisheit in sich spüren, daß sie damit hausieren gehen müssen. Es gibt Leute, die sich ganz hohl vorkommen, wenn sie nicht alltäglich eine erkleckliche Tracht von Neuigkeiten und Tratsch in sich aufnehmen können. Solche brauchen Gesellschaft, suchen Gesellschaft, würden ohne Gesellschaft abmagern und trübsinnig werden. Ferner gibt es Leute, denen, sooft sie allein sind, lauter unangenehme Sachen einfallen. Um den Dämonen zu entkommen, fliehen sie zur Herde. Hetzhunde sind auch die heimlichen Qualen eines bösen Gewissens.

Derlei Flüchtlinge vor sich selber bevölkern zum großen Teil unsere Unterhaltungszirkel, Wirtshäuser und Geselligkeitsvereine. Es dürfte nicht sehr viele Theaterfreunde geben, die, wie weiland König Ludwig, ganz allein einem Theaterstücke beiwohnen könnten; man geht doch nicht gerade ins Theater, um Schauspiele, sondern um Leute zu sehen. Ja selbst in die Kirche gehen viele lieber, wenn sie mit Leuten gefüllt ist.

Am deutlichsten kann man die Leutelust auf öffentlichen Promenaden beobachten. Wie leuchten die Gesichter! Sehen und gesehen werden! Wo das Gewoge am lebhaftesten, das Gedränge am dichtesten ist, dorthin, dorthin!

Der Mensch kommt in Herden vor. »Oaner is a Mensch, mehrer seins Leut, und viel seins scha Vieher!«

Ausnahmemenschen pflegt man in der Gesellschaft Ausnahmestellungen einzuräumen. Aber gerade Geistesaristokraten hätten zu zeigen, daß sie gesellschaftlich nichts voraushaben wollen, daß sie alle gesellschaftlichen Normen einhalten wollen, um nur ja nicht aufzufallen. Ich kannte einen berühmten Mann, der in Gesellschaft stets befangen war, weil er immer fürchtete, gegen die Form zu verstoßen, der deshalb im Verkehr mit Leuten sich überaus förmlich und banal gab. Welch ein Gegensatz zu jenen »Genies«, die in übermäßigem Bewußtsein ihres Wertes ihren Launen freien Lauf lassen und daher mehr interessant als angenehm sein mögen.

Wenn ein Mensch unter Leuten sitzt, so gewinnen die Leute, der Mensch verliert gewöhnlich. Der Mensch, wenn er strenge ist, wird auf der Heimkehr von einer Gesellschaft selten mit sich zufrieden sein. Entweder er hat anderen unrecht getan oder sich selber. Er beging schon ein Unrecht an sich, weil er dem erstbesten Gesellen offenen Einblick in sein innerstes Wesen gestattete. Jeder tiefe Mensch sollte auf seine Stirn schreiben: Fremden ist der Eintritt verboten!

Allerdings ist dem Menschen ein Bedürfnis vorhanden, sein inneres Wesen manchmal nach außen zu kehren, einem andern Menschen zu. Auf diesem Zuge unseres Wesens beruht die Ohrenbeichte, die eine tiefere Bedeutung hat, als der weltliche Sinn eingestehen mag. Ein großer Menschenkenner war's, der die Ohrenbeichte aufgebracht hat; mancher arme Sünder, der nicht zugrunde gegangen an der Sünde, ginge zugrunde an dem Geheimnis. Freilich tut in diesem Sinne ein treuer Freund denselben Dienst wie der Priester; was aber sollen die Niederen und Verachteten anfangen?! Doch es ist ein Unterschied, ob man sich einem Seelenfreunde mitteilt oder einem Fremdling, und es gibt Geheimnisse, die man weniger einem einzelnen anvertrauen mag als der Allgemeinheit. So beichten manchmal die Dichter.

Als mich einst der Gelehrte Rudolf Falb zum erstenmal in eine größere Gesellschaft führte, gab er mir unter anderen Verhaltungsmaßregeln schmunzelnd auch die: »Und dann merken Sie sich, junger Freund, daß man in guter Gesellschaft so wenig wie möglich von sich selber spricht, sondern immer nur von Dingen, die einen nichts angehen.« Bei den Bauern aber heißt's: »Still sei, das geht dich nichts an.« So ist halt ein Unterschied zwischen gebildeten und ungebildeten Leuten.

Nun haben einfältige Leute manchmal den Fehler, daß sie das, was sie nichts angeht, auch nicht innert, darüber also auch nicht mit jener Geistesmunterkeit zu plaudern vermögen wie andere, die sich mit löblicher Selbstverleugnung in Verhältnisse und Angelegenheiten Fremder, Abwesender versenken und aus den bescheidensten Quellen der Alltäglichkeit ihre geistige Nahrung schöpfen. Salongespräche sind wie Feuilletons, sind die Kunst, mit vielen zierlichen Worten nichts zu sagen oder, noch besser, das Gegenteil von dem zu sagen, was man denkt. »Wie geht es Ihnen?« wirst du gleich beim Eintritt zuvorkommend befragt. Wehe dir, wenn du die Frage beantworten wolltest! Man wartet eine Antwort auch gar nicht ab, unter dem Scheine der Teilnahme ist es die frostige Gleichgültigkeit, die dich umgibt. Hol's der Teufel, was man da für ein Flächling werden muß!

Wie ich mich dreinfinde? Mir fehlt das richtige Talent, das sonst so manches andere reichlich ersetzt, das Talent der Geselligkeit. Mir graut vor dem Menschen, wo er in Herden vorkommt. Er macht mich krank. Ein mir gleichgültiges Gespräch, bei dem ich mittun muß, verstimmt mich, verursacht eine Abspannung, die oft tagelang anhält. Will ich in Gesellschaft warm werden, so muß ich mich leben und sagen dürfen. Ich habe es versucht. In erstbester Gesellschaft packte ich aus, was mir am Herzen lag, bot meine Anschauungen über Leben, Kunst, Politik, Religion, ohne Rücksicht darauf, wer Zuhörer war. Aristokraten und hohen Staatsbeamten legte ich mein demokratisches Glaubensbekenntnis vor, machte mich lustig über Ordensjägerei. Offizieren gestand ich meine Abneigung vor dem Kriege. Priestern klagte ich den schlimmen Einfluß mancher konfessionellen Dogmen auf wahre Religiosität und Sittlichkeit. Professoren ergötzte ich mit Meinungsäußerungen über Dünkelhaftigkeit und Pharisäertum der Gelehrtenwelt. Finanzmänner unterhielt ich mit meiner Entrüstung über die Geldgier und Bestechlichkeit unserer Zeit und mit der Prophezeiung einer furchtbaren Revolution. Vor Frauen machte ich die Kleidermode lächerlich, und Künstlern bestritt ich den Wert des Ruhmes. Ist das nicht weltmännisch? Sprach ich nicht mit jedem über sein Fach? — O heiliger Simplizius!

Zumeist zog ich in Gesellschaften bei Meinungsverschiedenheiten den kürzeren, nicht als ob die Sache, die ich vertrat, zu schwach gewesen wäre, vielmehr, weil meine Stimme zu schwach war. Recht hat im Kampfe die stärkste Faust, im Gespräch die beste Lunge. Wer mit der Sache spielen kann, sie ins Lustige zieht, der ist in der Gesellschaft der Löwe. Im Grunde ist er nur der Fuchs. Wer ein Salongespräch zu vertiefen trachtet und nicht mitspringen will, wenn die Gesellschaft vom Theater auf die Pferde, vom Pferd auf die Schokoladenbonbons, von diesen auf den Fastenprediger, von diesem auf Karlsbad, von da auf Kautschukmäntel, von diesen auf den Finanzminister hüpft und vom Finanzminister auf den Hund kommt, wer sich mit demselben sprudelnden Interesse, mit dem er eben erst Bismarcks Politik behandelt hat, nicht im nächsten Augenblick ebenso beredt mit einem Serviettenband befassen kann — der gehe nicht in den Salon, er besitzt die nötige Bildung nicht. Wer in feine Gesellschaften geht, der muß die Hosen und Meinungen nach der neuesten Mode tragen.

Doch gibt es Menschen, die auch in Gesellschaft nicht Leute werden, sondern Menschen bleiben. Sonntagsmenschen, mit denen zu verkehren Sonnenschein ist. Auch bei solchen gibt es Meinungsverschiedenheiten, ja bei ihnen erst recht. Aber das sind fröhliche Geistesschlachten, herzerquickend und stets gegenseitig fördernd. Hier zu fallen ist ehrenvoller, als dort zu siegen.

In unseren gewöhnlichen Stadtgesellschaften war ich stets noch unbedeutender geworden. Ich durfte nicht sprechen, wie mir der Schnabel gewachsen ist, nicht sagen, wovon das Herz voll war, mußte eine Natur verleugnen und einer Unnatur huldigen. Der eine wollte witzig sein und wurde läppisch; der andere wollte temperamentvoll sein und wurde brutal; der dritte wollte artig sein und wurde langweilig. War dieser dritte nicht ich? War ich einfach langweilig — gut. War ich unausstehlich — um so besser.

Wie oft stößt man in Gesellschaft auf wohlwollende Menschen. Besonders Professoren hatten sich häufig meiner trostlosen Unwissenheit erbarmt und mich in Unterhaltungen gezogen, bei denen sie Gelegenheit hatten, mir in Eile etwas beizubringen. Aber ein bissel stark gleichgültig war mir der Kursus; es ist ganz verzweifelt, wie wurstig mir zum Beispiel die vergleichende Sprachkunde, die Theorie der Künste oder die Theorie der Akustik ist. Ein Schriftsteller, der nicht weiß, was vor ihm gedacht und geschrieben wurde! Und dann kommt so einer mit nagelneuen Ideen daher, die schon vor tausend Jahren aller Welt bekannt waren! Nun eben — mancher gebärdet sich, als ob er der erste Mensch auf Erden wäre. Bei mir trifft's zu, ich bin für mich der erste und der letzte, der Adam und der Ahasver zugleich — ein solches Ungetüm kann man im Salon wohl nicht brauchen.

Die meisten Leute stellen das Talent, zu amüsieren, so hoch, daß sie lieber schlecht erscheinen wollen als dumm. Weil die Schlechtigkeit amüsanter ist. Aber es gibt auch eine geistreiche Dummheit; gerade dort, wo sich einer anstrengt, sehr geistreich zu sein, ist gewöhnlich was Dummes zu verstecken.

Das armseligste war, wenn ein grausames Geschick so spielte, daß mir die Aufgabe zufiel, im Salon, im Theater, auf Spaziergängen eine Dame zu unterhalten. Einem jungen Menschen stünde die Tölpelhaftigkeit und Sprödigkeit nicht einmal übel an — es könnte recht wohl Befangenheit eines Liebenden sein. Mir waren — nachdem ich die Meine einmal hatte — in diesem Sinne alle anderen Frauen und Mädchen höllisch gleichgültig. Mein ungeschicktes Benehmen entstammte lediglich der Angst, die Etikette zu verletzen. Da konnte eine Salonpuppe noch so gespreizt und dumm sein, ich war immer noch um einen Grad gespreizter und dümmer. Rückte eine mit den bekannten liebenswürdigen Redensarten vor, so suchte ich es im Schweiße meines Angesichts wettzumachen, was natürlich fast allemal kläglich mißlang. Am besten ging's noch bei den Blaustrümpfen und ihren Antipoden, den einfach erzogenen, schlichten, natürlichen Mädchen. Mit jenen schwatzt man eins über schöne Literatur, über Theater und Malerei, bei längerer Robot auch über Gott und Unsterblichkeit. Und geht man ganz als Zuhörer auf, so ist man der allerbeste Gesellschafter. Wirklich angeregt hat mich immer nur das ungelehrte, stillkluge Mädchen und die verständige, sich ungeziert verhaltende Frau. Vor dem Hausverstand hatte ich überhaupt zu aller Zeit zehnmal mehr Respekt als vor aller Gelehrsamkeit und Geistreichigkeit, die ich in ihrem Bereiche zwar zu achten weiß, die mir aber bei sonst unbedeutenden Leuten unsäglich zuwider ist. Eins von den zweifelhaften Elementen ist in der Salongesellschaft fast immer vorhanden, und so kommt man aus dem Unbehagen nicht heraus, und in der Befangenheit begeht man Ungereimtheiten, wenn auch nicht allemal in dem Maße, wie jenes Landmädchen aus der Zeit des lachenden Philosophen eine beging, das in einer feinen Tischgesellschaft zur Tafel geladen war. »Wenn bei Tisch Fleisch kommt«, hatte ihre Mutter sie belehrt, »so lege die Beine fein auf den Teller.« Und das Naturkind legte richtig die Beine auf den Tisch.

In früheren Jahren hatte ich in unserem vereinsreichen Stadtleben allerhand Ausschuß- und Komiteesitzungen mitmachen müssen. In einigen Dingen waren meine Ansichten gerade nicht unpraktisch, aber sie kamen nicht zur Geltung. Ein anderer sagte vielleicht später dasselbe mit dem richtigen Schwung in der Stimme — und siehe, die Sache war auf der Höhe. — Über das Bedenken, Blödsinn zu schwatzen, setzt sich der richtige Vereinsredner mit Leichtigkeit hinaus. So machte ich bei solchen Sitzungen endlich nur mehr den stummen Zuhörer, der an der Weisheit der Redner sich erbaute und — ergötzte.

War die Gesellschaft freier, dann wurde es auch in mir lebendig. Ich wurde bummelwitzig und machte Späße. Späße über mich selber. Das ist auch gefährlich. Die Selbstironie wird meist mißverstanden; lobt man sich ironisch, so nehmen sie's für Ernst; tut man seine Fehler und Schwächen dar, so halten sie's für Koketterie. Wie jemand auch einmal etwas sagen und tun kann, das nicht der Eigenliebe entspringt — den Philistern ist es unfaßbar.

Von allen größeren Geselligkeiten zurückgezogen, lebte ich nur noch mit wenigen vertrauten Freunden, die wir uns wöchentlich einmal zusammenfanden zu fröhlichem Tun. Aber auch hier ist nicht jede Stunde glücklich. Dann geht man betrübt nach Hause. Weiß man sich selbst einer Rücksichtslosigkeit, einer Taktlosigkeit schuldig, dann sagt man sich noch in stiller Nacht: Das war eine abscheuliche Stunde. Verbanne dich zur Strafe in die Einsamkeit und lerne in den Fährlichkeiten wilder Elemente die Menschen besser achten. An Särgen lerne die Reue, an Gräbern gedenke der Härte, in der du mit ihnen umgingest, da sie noch Menschen waren, leidend, irrend wie du! — Erst in der Einsamkeit kommen solche Gedanken, in Gesellschaft kommen sie nie. Aber was ist das für eine Menschenliebe, die nur dann sich meldet, wenn man von Menschen fern ist? Die Ursache, daß es so ist, liegt nicht immer in anderen, manchmal auch in dir selbst, mein liebes ego! Meide die Leute, wenn du unter ihnen Gefahr läufst zu entarten, aber liebe sie in Gedanken, tue ihnen Gutes aus der Ferne, dann werden sie wenigstens geistig deiner Seele eine gedeihliche Gesellschaft sein. In der Zurückgezogenheit wird man auch bedürfnisloser, sanfter, fröhlicher. Sobald man die Brutalität des großen gesellschaftlichen Lebens aus den Augen verliert, erscheint die Welt wieder in reinerem Lichte.

So hat sich im Laufe der Zeit und Erfahrungen ein leidenschaftlicher Hang nach Einsamkeit in mir ausgebildet, den man krankhaft nennen könnte, wenn er nicht so heilsam wäre. In Einsamkeit habe ich meine geringen Fähigkeiten gepflegt, in Geselligkeit habe ich die größten Dummheiten gemacht.

Der Leser hat nun gesehen, daß auch das einfachste Menschenleben seine Widerhaarigkeiten hat und daß ein liebes Ich durchaus keine so einheitliche Person ist, als es gut wäre. Der Mensch ist in seinem Dasein nur zweimal ein völlig Ganzes: im gedankenlosen Genusse der Jugend und in der bedingungslosen Ergebung des Alters.

NACHWORT

Peter Rosegger war ein lebenslanger Autobiograph, vertrat er doch die Auffassung, »daß ein Mensch, ob bedeutend oder unbedeutend, überhaupt nichts Besseres zu geben habe als sich selbst«. In seinen Werken freilich — das gilt besonders für die »Waldheimat« — wurden Wahrheit und Dichtung fest durcheinandergeschüttelt, um jenen Cocktail aus naiver Handlung, sprühender Schalkhaftigkeit und bitterernsten Lebensweisheiten zu mischen, an dem seine Leser so viel Geschmack fanden, daß sie »immer wieder Vervollständigungen verlangten«. Sie wünschten »des Dichters Leben möglichst lückenlos zu haben«. Und so entstand das Buch.

Hier wollte der Autor aber nicht dichten, nur bekennen. »Zwischen artiger Selbstbespiegelung und rücksichtsloser Bloßstellung ist ein sehr schmaler Fußsteig für die schlichte Wahrheit.« Darin lag für ihn die Schwierigkeit gegenüber der Schilderung anderer Personen. Für den Siebzigjährigen war sein junges Ich, der Waldbauernbub, so fern, daß er fast schon ein »anderer« war; und so sind denn unwillkürlich sogar im »Weltleben« die Jugenderinnerungen vielfach poetisch verklärt. Auch in der Form hat Rosegger sich — wie so oft — nicht von den üblichen Regeln leiten lassen. »Diese Blätter sind zu verschiedenen Zeiten entstanden, aus Anlaß der Geschehnisse, Erlebnisse und Bestrebungen, die mich erfüllten und die mich zur Stunde zwangen, sie niederzuschreiben. Sie hängen deshalb auch nicht zusammen wie eine richtige Biographie, haben hingegen vielleicht den Vorteil größerer Vertiefung in einzelne Gegenstände, seien es nun Dinge oder Personen.«

Abgesehen von dem gegenwärtigen Trend des Lesepublikums zu Biographien, war die Nachfrage und das Interesse für die privaten Details auf Roseggers Lebensweg zu jeder Zeit besonders lebhaft, wie jahrzehntelange Erfahrung an den Gedenkstätten in seiner Waldheimat bestätigt. Die vorliegende bearbeitete Neuauflage trägt diesen Leserwünschen Rechnung. Sie wird dem einen unbekannte Fakten vermitteln, dem anderen wissenswerte Wesenszüge ergänzen und allen wieder den tatkräftigen Humanisten nahebringen. Nachdem Peter Roseggers Bedeutung als Gesellschaftskritiker allmählich wiederentdeckt wurde, könnte und sollte seine ethisch orientierte, durch und durch integre Persönlichkeit gerade heute wieder zu einem menschlichen Leitbild werden.

Krieglach, im Herbst 1977   *Charlotte Anderle*